한국자본주의 역사 바로 알기

한국
자본주의
역사
바로 알기

지은이 박승호
기획 전국금속노동조합

나름북스

차례

들어가며 _9

1장
한국자본주의의 역사를
어떤 관점에서 볼 것인가?

자본주의의 등장 _19
제국주의가 세계자본주의를 완성하다 _22
경제현상은 경제적으로 표현된 계급관계 _25
한국 계급투쟁의 역사가 한국자본주의의 역사 _29

2장
일본 제국주의에 의한
식민지 자본주의(19세기 말~1945)

19세기 말 제국주의와 세계자본주의 _49
동학농민혁명과 봉건제의 해체 _52
대한제국 시기 의병들의 항쟁 _56
일제의 '무단통치'와 식민지 조선의 원시축적: 토지조사사업 _63
일제의 '문화정치'와 식민지 자본주의의 형성 _69
세계대공황과 일제 침략전쟁하의 식민지 자본주의 _77
식민지 자본주의의 유산 _86

3장

해방 후 원조경제(1945~1961)

2차 세계대전 후의 세계정세: 냉전체제와 복지국가,
그리고 신식민주의 _91

남한 노동자, 민중의 반제·반봉건 계급투쟁과
미 제국주의에 의한 좌절 _97

한국전쟁과 남한에서의 실질적 반봉건혁명 _102

이승만 정권과 원조경제: 재벌의 탄생 _107

4.19혁명과 장면 정권 _114

4장

박정희체제와 개발독재:
파쇼적 재벌체제(1961~1987)

신식민지체제와 제3세계의 군사독재정권 _123

5.16군사쿠데타와 박정희 군사독재정권 _126

한·미·일 삼각 분업체제와 차관경제, 그리고 대외의존적 경제구조 _129

개발독재와 재벌체제의 형성 _134

선진국 계급투쟁의 격화와 신자유주의 시대로의 이행 _140

1960년대 말 차관경제의 위기와 민주노조운동의 대두,
민주화운동의 확산 _148

유신체제와 중화학공업화 정책: 재벌체제의 확립 _153

유신체제하의 계급투쟁과 부마항쟁, 그리고 광주민중항쟁 _163

전두환 군사독재정권과 3저 호황: 파쇼적 재벌체제의 완성 _171

5장

박정희체제의 해체와
신자유주의체제로의 이행(1987~1997)

초국적 자본의 신자유주의 세계화 공세와 지구적 자본주의 _185

6월 민주항쟁과 7~9월 노동자대투쟁: 계급 간 세력관계의 변화 _192

노태우 정권과 '계급전쟁'의 시대(1987~1992) _196

지배세력 내부 세력관계의 변화: 국가 우위에서 재벌 우위로 _200

김영삼 정권과 계급지배 전략의 변화: 신자유주의적 세계화 전략 _205

재벌의 세계화 전략과 중복·과잉투자, 그리고 경제공황 _212

1996년 말 정리해고법 반대 총파업투쟁 _218

1997년 IMF 사태: 신자유주의체제로 이행하는 전환점 _224

6장

신자유주의적 재벌체제:
재벌독재체제(1997~)

지구적 자본주의의 위기와 세계적 거품경제(1997~2007) _237

김대중 정권과 신자유주의 구조조정을 통한
신자유주의체제로의 이행 _243

재벌, 노무현 정권하에서 세계적인 초국적 자본으로 도약하다 _252

2008년 세계금융공황과 세계자본주의의 제4차 구조위기 _262

이명박 정권(2008~2012)과 재벌의 '금권정치' _276

박근혜 정권(2013~2016)의 '신공안통치'와 재벌의 '금권정치' _285

7장

신자유주의적 재벌체제 20년:
사회 양극화와 '헬조선', 그리고 '촛불혁명'

1인당 국민소득 3만 달러 시대 _299

재벌의 경제력 집중 심화 _302

재벌의 양극화─5대 재벌로의 집중 _308

재벌의 황제경영식 소유·지배구조와 문어발식 기업 확장 _311

재벌의 초국적 자본화와 국내 제조업의 공동화,
한국경제의 저성장 기조 _314

배당을 통해 본 한국경제의 주인─재벌과 외국계 초국적 자본 _322

사회 양극화의 주범은 노동 유연화 공세─노동계급의 비정규직화 _329

장시간 노동체제의 지속 _340

최악의 산업재해 지속 _344

노동계급 다수의 무권리 상태 지속 _347

'잠재적 실업자'인 영세자영업자 _353

신자유주의적 재벌체제의 최대 피해자인 사회적 약자층─
노인, 청년, 여성 _357

'헬조선'과 '촛불혁명' _366

마치며 _381

참고문헌 _384

　이 책은 민주노총 금속노조의 요청에 따라 '한국자본주의의 역사'에 관한 조합원용 교재로 집필되었다. 필자는 특히 젊은 세대를 염두에 두고 집필했다. 현재 진행 중인 '촛불혁명'이 '헬조선' 대한민국에서 '흙수저'인 2030 젊은 세대가 주도적으로 참여해 일으킨 반란이기 때문이다. 이런 현재적 맥락에서 보면, 이 책은 한국자본주의가 어떻게 시작되어 변화, 발전해 왔으며 21세기에 '헬조선'에 이르게 되었는가 하는 역사적 과정을 분석한 글이다.

　역사 서술과 분석은 사과나 배처럼 자연물로서 객관적으로 주어지지 않는다. 역사는 보는 사람의 위치에 따라 다르게 보이기 때문이다. 역사를 보는 사람의 입장과 관점에 따라 역사적 사실이 취사·선택되고, 똑같은 역사적 사실들도 그 연관이 달라지는 법이다. 우선, 필자가 서 있는 위치는 노동자, 민중의 입장이다. 노동자, 민중의 처지에서 역사를 보려고 했다. 노동자, 민중을 '개·돼지'나 '미개인'으로 생각하는 자본가나 권력자들이 보는 역사와는 다를 수밖에 없다.

　다음으로, 입장이 같더라도 보는 시각 또는 관점에 따라 역사가 다르게 보일 수 있다. 시각 또는 관점의 차이도 입장의 차이만큼이나 역사에 대한 우리의 이해를 바꿔놓을 수 있다. 특히 자본주의가 상품생산사회 또는 시장경제인 한 물신숭배 현상이 어디에서나 나타나기 때문에 그렇다. 재화나 서비스는 물론이고 인간조차 돈으로 환원되고 환산되는 자본주의에서는 모든 게 거꾸로 뒤집혀 있다. 그 대표적인 예가 돈, 시장, 경제 물신숭배다. 돈, 시장, 경제는 사람이 만들고, 운영하며, 꾸려가는 것인데, 사람들은 사과나 배와 같은 자연의 사물로 생각하기 일쑤다. 자신의 행위의 산물인데도 자신과 독립적으로 존재하는 사물의 세계처럼 여긴다. 자본주의 자체도 자연과 같은 제도로 느껴진다. 사람의 힘으로는 어쩔 수 없고 거역할 수 없는 자연현상처럼 말이다. 필자는 이 뒤집혀 있는 생각이나 연관을 바로잡고자 했다. 한국자본주의도 이 땅에 사는 사람들이 만들어왔고 변화, 발전시켜 왔다. 자본주의가 계급사회인 한, 한국자본주의의 형성, 발전의 역사는 이 땅에 사는 사람들의 계급투쟁의 역사다. 또 정치뿐만 아니라 경제도 계급투쟁의 표현 또는 반영이고, 산물이다.

시각 또는 관점에 하나 더 추가되어야 할 것은 세계자본주의라는 관점이다. 이 관점은 너무나 분명한 상식임에도 불구하고 자주 무시되거나 간과된다. 외딴 섬처럼 자기완결적인 독립된 체제로서 한국자본주의, 미국자본주의, 일본자본주의는 존재하지 않는다. 자본주의는 애초부터 세계자본주의였고, 그 포괄 범위가 유럽 차원에서 전 지구적 차원으로 확장되었을 뿐이다. 이는 한반도의 역사에서 선명히 드러난다. 일본 제국주의에 의해 식민지 자본주의로 자본주의가 이식되었고, 해방과 분단 후에도 한국경제는 미국 제국주의에 의해 규정받으며 변화, 발전해 왔다. 세계자본주의의 이런 규정성을 도외시하거나 하나의 '외적 조건'으로 취급해서는 한국자본주의의 역사를 있는 그대로 파악하기 어렵다. 필자가 한국자본주의 또는 한국경제라 부르더라도 이는 세계자본주의의 규정하에 있는 한국자본주의를 의미한다. 필자는 '일국자본주의론'을 배격하는 관점에서 한국자본주의의 역사를 보려고 했다.

따라서 필자는 한국자본주의의 역사를 노동자, 민중의 입장에서 세계자본주의의 규정을 받으며 이 땅에서 펼쳐진 계급투쟁의 역사로 분석했다.

현재 한국경제의 본질적 특징으로 두 가지를 들 수 있다. 재벌체제와 신자유주의체제가 그것이다. 현 시기 경제를 지배하고 주도하는 것이 독점자본이라는 점은 한국만의 고유한 특징이 아니라 세계자본주의의 일반적 현상이다. 20세기 초부터 독점자본이 세계자본주의를 지배, 주도하고 있다. 여기서 한국의 특수성은 재벌체제다. 재벌의 유사한 전례로는 20세기 초의 금융자본이나 2차 세계대전 이전의 일본 재벌을 들 수 있다. 그러나 한 나라의 경제에 전면적, 체계적 지배력을 행사하고 이를 바탕으로 사회 전반에 대한 지배력과 금권정치를 행사하는 재벌체제는 전례가 없다. 다음으로, 세계자본주의는 1980년대 이래 신자유주의적 자본주의다. 현대는 신자유주의 세계화 시대이다. 한국경제의 특수성은 신자유주의 세계화가 극단적으로 진행된 신자유주의체제라는 점이다. 세계 최고의 노인 빈곤율과 자살률, 그리고 세계 최저의 출산율로 상징되는 '헬조선'은 바로 극단적인 신자유주의적 사회 양극화의 결과다. 필자는 현재의 한국자본주의를 '신자유주의적 재벌체제'로 규정한다. 한국자본주의의 현대사는 박정희-전두환 군사정권의 개발독재에 의해 형성, 완성된 '파쇼적 재벌체제'가 1997년 IMF 사태를 계기로 '신자유주의적 재벌체제'로 전환해 온 역사다.

이 책은 7장으로 구성되었다. 1장에서는 한국자본주의의 역사를 보는 관점을 다룬다. 2~6장에서는 조선 말 동학농민혁명부터 2016~2017년 '촛불혁명'에 이르기까지 한국자본주의의 역사를 크게 다섯 시기로 나누어 다룬다. 7장에서는 신자유주의적 재벌체제 20년 동안 형성된 한국경제의 구조와 특징을 분석하고 '촛불혁명'을 다룬다.

1장에서는 한국자본주의의 역사를 왜 세계자본주의의 규정성 속에서 분석해야 하는지, 그리고 경제현상이 왜 경제적으로 표현된 계급관계와 계급투쟁인지 살펴본다. 그리고 그 관점에서 한국자본주의의 역사를 한국에서 일어난 계급투쟁의 역사로 개괄적으로 서술한다.

2~6장에서는 한국자본주의의 역사를 크게 다섯 시기로 구분해 각각을 시대순으로 분석한다. 2장 일본 제국주의에 의해 식민지 자

본주의로 형성되고 발전하는 시기(19세기 말~1945), 3장 일제 패망 이후 미국 제국주의에 의한 원조경제 시기(1945~1961), 4장 군사독재정권에 의해 압축적 경제성장을 이뤄 '한강의 기적'이라 불리는 박정희체제 시기(1961~1987), 5장 1987년 6월 민주항쟁과 7~9월 노동자대투쟁으로 계급 간 세력관계가 크게 바뀌며 박정희체제가 해체되고 1997년 IMF 사태를 계기로 신자유주의체제로 전환하는 이행기(1987~1997), 6장 IMF 사태 이후 한국경제가 신자유주의 패러다임으로 전환된 신자유주의적 재벌체제 시기(1997~) 등 다섯 시기를 분석한다. 각 장의 서술은 세계자본주의의 규정을 받는 한국 자본주의라는 관점에 따라 각 시기의 세계자본주의의 주요 변화를 먼저 서술하고, 이 땅에서 벌어진 계급투쟁을 분석한 후 그에 따른 한국경제의 변화와 발전을 분석한다. 각 시기 가운데 세계사적 변화가 시기의 중간에 일어났던 4장(박정희체제와 개발독재)과 6장(신자유주의적 재벌체제)의 경우 세계자본주의의 변화가 두 차례로 나뉘어 서술된다.

7장에서는 1997년 IMF 사태 이후 형성된 신자유주의적 재벌체제 20년 동안 구조화된 극단적인 사회 양극화의 현실을 실증적으로 분석한다. 그럼으로써 1인당 국민소득 3만 달러 시대임에도 불구하고 '헬조선'으로 추락한 한국사회의 실체가 재벌독재체제임을 밝힌다. 5대 재벌로의 경제력 집중, 재벌의 황제경영식 소유·지배구조, 재벌의 초국적 자본화와 국내 제조업의 공동화, 한국경제의 주인인 내외 초국적 자본, 노동계급의 비정규직화, 재벌체제의 변함

없는 본질로서 저임금-장시간 노동체제와 세계 최악의 산업재해 및 대다수 노동자 무권리 상태의 지속, 신자유주의적 재벌체제의 최대 피해자인 노인·청년·여성 등을 자료에 기초한 실증분석을 통해 밝힌다. 끝으로 '촛불혁명'의 역사적 맥락과 의의를 분석한다.

필자가 한국자본주의의 역사 분석에서 중점을 두고 해명하려 한 점은 세 가지다. 첫째는 한국자본주의의 형성, 발전 과정에서 세계자본주의의 규정성이다. 이는 식민지, 반(半)식민지 경험을 한 제3세계 나라들에서 일반적으로 나타나는 제국주의의 규정성이다. 한국자본주의의 출발점은 물론이고 변화, 발전 과정의 주요 고비마다 일본, 미국 제국주의의 역할이 결정적으로 작용했음을 역사적 사실로 밝히려고 했다. 둘째는 경제적으로 보면 한국자본주의의 역사는 재벌과 재벌체제의 형성, 변화·발전의 역사이지만, 그 이면의 실체는 노동자, 민중이 외세와 지배계급에 맞서 벌인 계급투쟁의 승리와 패배의 역사라는 점을 밝히려고 했다. 셋째는 파쇼적 재벌체제에서 신자유주의적 재벌체제로 전환하는 과정, 구체적으로 1987년 6월 민주항쟁과 7~9월 노동자대투쟁 이후부터 1997년 IMF 사태까지의 이행기에 벌어졌던 노동자, 민중과 지배세력 사이의 계급투쟁에서 노동자, 민중이 패배해 신자유주의체제로 전환되었고, 지배세력 내부의 주도권 경쟁을 거쳐 국가 우위에서 재벌 우위로 바뀌었다는 점을 밝히려고 했다.

이 책은 학술서가 아닌 대중적 교재로 집필되었다. 대부분의 역사적 사실과 분석이 수많은 연구자들의 연구 성과에 의거한 것이지만 쉽게 읽을 수 있도록 직접적인 인용을 제외하고는 그 출처를 일일이 밝히지 않았다. 참고문헌에 분석의 근거가 되었던 주요 문헌과 논문을 제시했다. 필자의 사정으로 인해 예정보다 훨씬 늦게 원고가 완성되었는데도 재촉하지 않고 기다리며 원고를 정성 들여 검토해준 금속노조 교육실과 교육위원회 동지들께 미안함과 감사의 마음을 전하고 싶다. 원고를 다듬고 분량을 줄여 쉽게 읽을 수 있는 책으로 만드는 데 수고해준 나름북스 출판사 관계자분들께도 감사드린다.

이 부족한 책이 '헬조선'의 현실을 극복하고자 고민하고 분투하는 이 땅의 노동자·민중, 특히 젊은 세대가 한국자본주의의 역사를 이해하고 활로를 모색하는 데 조금이라도 도움이 된다면 필자로서는 더할 나위 없이 보람될 것이다.

2020년 1월
박승호

1장

한국자본주의의 역사를
어떤 관점에서 볼 것인가?

자본주의의 등장

인류 역사는 서유럽을 기준으로 보면 원시공동체, 고대 노예제, 중세 봉건제, 근대 자본주의로 이어져 왔다. 인류 초기 원시공동체 사회의 생산력은 워낙 낮았기에 공동노동과 공동분배로 겨우 생계를 유지할 수 있었다. 생산력이 발전하고 잉여가 늘면서 원시공동체 사회는 점차 계급사회로 변화했다. 공동체 내부의 계급 분화는 밖으로는 부족 간의 전쟁으로 발전했고 전쟁포로의 노예화로 이어졌다. 이런 전쟁노예 외에도 채무노예, 형벌노예 등을 기반으로 성립된 것이 고대 노예제 사회다. 고대 노예제는 노예들이 자신의 인간성을 부정하는 노예 소유주들에 대해 반란을 일으키거나 도망하는 등의 저항으로 인해 붕괴되었다. 그 후에 등장한 영주와 농노의 계급사회가 중세 봉건제다. 중세 봉건제 역시 생산을 담당했던 농노들이 영주계급의 지배와 수탈에 맞서 도망가거나 반란을 일으키는 등 계급투쟁이 격화되면서 결국 붕괴되었다.

그렇다면 자본주의 사회는 어떻게 등장했을까? 17세기 영국의 청교도혁명(1649), 18세기 프랑스대혁명(1789)에서 부르주아계급(유산계급)이 신분제를 타파해 자유민주주의 사회로 전환되고 자본가와 노동자가 발생했다고 알려져 있다. 그러나 실제로는 생산을 담당했던 농민들이 토지를 빼앗겨 무산계급이 되었고, 이때 토지를 빼앗은 신흥 지주들이 유산계급이 되었다. 서유럽에서는 14세기 말부터 농노들의 반란에 의해 사실상 농노제가 붕괴되자 해방된 농민들은 독립자영농이나 소작농의 형태로 생산력을 발전시켜 15~16세기에 '민부시대'를 열었다. 이런 농민들이 '엔클로저운동'과 같은 폭력적인 토지 수탈로 무산자로 전락했다. 결국, 폭력적인 토지 수탈이 자본주의 사회 양대 계급의 '출생의 비밀'이다. 부르주아계급은 혁명이 성공한 후 지배계급이 되어 '그들만의 민주주의'를 누렸다. "1801년 영국에서는 1,500만의 인구 가운데 254명의 하원의원 대부분이 겨우 5,723명의 유권자에 의해서 선출되었다."(포스터, 1986: 44) 오늘날처럼 산업자본가를 중심으로 한 부르주아계급이 서유럽에서 봉건귀족세력이나 지주세력의 정치적 영향력을 능가해 확실하게 정치적 지배계급으로 우뚝 선 것은 매뉴팩처를 거쳐 산업혁명(1760~1830년대)으로 경제 권력을 장악한 이후인 19세기 중엽이었다.

자본주의 성립 과정을 통해 알 수 있는 중요한 사실은 자본주의 사회가 계급사회라는 점이다. 토지를 빼앗기고 농촌에서 쫓겨난 농민들은 국가권력에 의해 폭력적으로 임금노동자로 전환되었다. 농촌에서 쫓겨난 농민들은 유랑하면서 걸식을 하거나 도둑질로 목숨을 부지했다. 이런 거지, 도둑, 부랑자가 대규모로 발생하자 15세기 말과 16세기 전체에 걸쳐 서유럽의 모든 나라에서 부랑자에 대해 국가가 법을 만들어 가혹하게 통제해 임금노동자로 전환시켰던 것이다. 그 후 생산수단의 사적 소유를 매개로 일단 자본가/노동자의 생산관계가 확립되면 자본가는 노동자에게 임금을 지불하고도 이윤을 남겨 자본축적을 지속할 수 있었다. 노동자는 자신의 노동력을 계속 파는 것 외에는 다른 도리가 없다. 그래서 자본/노동의 생산관계가 재생산되고 이윤이 계속 생기며 자본축적은 더 큰 규모로 이루어진다. 자본/노동관계가 확립된 후에 자동적으로 이루어지는 이런 자본축적과 구별해, 최초의 자본/노동관계가 만들어지는 과정, 즉 자본가와 임금노동자가 역사적으로 형성되는 과정을 자본의 '원시축적'이라 부른다.

한편, 자본주의 성립기에 자본가 쪽에 자본이 모인 것도 아메리카에서 금·은의 발견, 원주민의 절멸과 가혹한 노예화, 동인도의 정복과 약탈, 아프리카 노예사냥과 노예무역, 유럽 나라들의 전 지구적 무역전쟁 등이 주요 계기였다. 특히 식민제도가 큰 역할을 했다. 유럽 외부 세계에서의 직접적 약탈, 토착민의 노예화, 살인강도 등 잔인한 폭력에 의해 획득한 재물이 유럽 본국으로 흘러와 자본으로 전환되었다. 따라서 원시축적 과정에서 프롤레타리아의 창출뿐 아니라 화폐자본의 축적도 폭력적으로 이루어졌다. "자본은 머리에서 발끝까지 모든 털구멍에서 피와 오물을 흘리면서 이 세상에 나온다"고 말할 수 있다(마르크스, 2015: 1041).

산업혁명을 거쳐 자기 발로 서게 된 자본주의하에서 자본가들은 아동과 여성을 공장노동에 끌어들였고, 하루 12~16시간의 장시간 노동과 초저임금으로 노동자 가족 모두를 착취해 높은 이윤을 남겼다. 엥겔스는 19세기 초의 영국, 특히 잉글랜드 노동계급의 처지에 대해 "인간성을 상실하고 타락해버린, 지적·도덕적으로 동물과 다를 바 없으며, 육체적으로도 쇠약한 인간들"이라고 기록했다. 영국 산업혁명기 노동계급의 처지는 '민부시대'의 독립자영농은 말할 것도 없고 봉건제 말기 농노보다 더 비참했다. 노동계급은 1810년대 기계파괴운동 등과 같은 반란, 봉기와 함께 노동조합운동과 노동자정당운동을 조직하고 처지 개선을 위해 투쟁해 왔다.

자본주의가 형성되는 역사적 과정에서 핵심적인 것은 자본가와 노동자라는 양대 계급의 등장이다. 자본/노동의 생산관계가 확립되어야 그 후에 자본/노동관계가 재생산되고 확대되는 자본축적이 이루어질 수 있기 때문이다. 결국 자본주의의 역사란 자본/노동관계가 어떻게 형성되고 확대 재생산되는가를 중심에 두고 살펴보아야 한다.

제국주의가
세계자본주의를 완성하다

경제를 말할 때 우리는 한국경제, 미국경제, 일본경제, 중국경제 등을 떠올린다. 자본주의를 일국자본주의로 보는 것이다. 그리고 세계경제는 일국경제들이 모여 이뤄진 것으로 생각한다. 이는 우리가 일상적으로 경험하는 경제현상이나 경제문제가 각 나라 단위로 이루어지기 때문에 자연스러워 보인다. 국내총생산(GDP), 금리, 물가상승률, 경제성장률, 무역통계 등 주요 경제지표가 모두 각 나라 단위로 측정되고 발표된다. 그래서 각 나라 경제가 독립적으로 진행되는 것처럼 보인다. 그러나 세계자본주의의 역사를 들여다보면, 현실은 그렇지 않다. 일국 단위 경제의 독립성은 착각이고 환상이다. 역사적으로 자본주의는 일국자본주의로 발전하지도 않았고, 그런 일국자본주의들이 모여 세계자본주의를 구성한 것도 아니었다.

자본주의 생산양식이 최초로 등장한 것은 영국이었지만, 유럽에서 자본주의의 성립과정은 일국자본주의가 아니라 유럽자본주의로서 형성되었다. 처음부터 자본주의는 세계자본주의로 출발했던 것이다. 다만 초기에는 세계자본주의의 범위가 유럽에 한정되었다. 물론 자본주의의 성립기인 원시축적 과정에서 화폐자본이 쌓이는 데에 인도, 아프리카, 중남미 대륙 등에 대한 식민제도가 큰 역할을 한 것은 분명하다. 하지만, 당시의 식민제도는 주로 자원과 노예 약탈에 의지했으며, 이 대륙들에 자본주의 제도를 이식하지는 않았다. 서유럽에서 최초로 발생한 자본주의가 유럽 및 북아메리카 이외의 지역으로 확장된 것은 19세기 말~20세기 초 제국주의에 의해서다. 유럽에서 충분히 발전해 성숙한 자본주의는 대불황(1873~1896)이라는 자본주의 역사상 최초의 구조적 위기에 직면해 그 탈출구를 식민지 개척에서 찾았다. 유럽의 자본주의 나라들은 더 높은 이윤, 더 싼 원료, 그리고 상품의 판매처 확보를 위해 식민지가 필요했다. 유럽 나라들은 유럽 이외 나라들을 정치·군사적으로 정복해 현지에 식민지권력을 세우고 자본주의적 생산관계인 자본/노동관계를 새롭게 만들었으며 현지의 자연경제를 파괴해 상품생산을 확장했다.

영토 정복으로서의 제국 또는 제국주의는 고대나 중세에도 존재했다. 그러나 자본주의 시대의 제국주의는 자본을 수출해 자본주의적 생산관계를 새롭게 만들고 자본주의적 상품생산을 강요한다는 점에서 자본주의 이전의 영토 정복과 구별된다. 이른바 자본주의적 제국주의다. "병합과 통치는 … 주로 1880년에서 1914년 사이에 이루어졌으며, 유럽과 아메리카 바깥에 존재하는 대부분의 세계는 형식적으로 하나 또는 몇몇 국가들의 공식적인 통치 아래 또는 비공식적인 정치적 지배하의 영토들로 분할되었다. 이를 담당했던 나라들은 주로 영국, 프랑스, 독일, 이탈리아, 벨기에, 미국, 일본이었다."(홉스봄, 1998: 155) "1876년과 1915년 사이에 지구 땅의 약 4분의 1이 약 6개국에 의해 식민지로 분배되고 재분배되었다."(홉스봄, 1998: 157) 그 결과, 20세기 초에 세계자본주의는 유럽 및 북아메리카를 넘어 전 지구로 확장되어 완성되었다. 자본주의의 포괄 범위가 지구 전체로 확대된 것이다. 일본 제국주의에 의해 1910년 대한제국이 일본에 병합되고 1945년까지 36년간 식민 통치를 경험한 우리 역사가 이를 잘 보여준다.

유럽, 일본 등 선진국이 내부 계급투쟁을 통해 봉건제를 타도하고 자본주의로 이행한 데 반해, 이들 나라를 제외한 아시아, 아프리카, 중남미 등 비서구 지역의 나라들은 이 선진국의 제국주의에 의해 자본주의가 외부에서 이식되었다. 즉 스스로의 내부 계급투쟁을 거쳐 자본주의가 성립된 것이 아니었다. 이는 2차 세계대전 이후에 독립한 대부분의 제3세계 나라들에서 자본주의의 성립과 발전이 선진국과 달리 제국주의의 지배와 영향을 받아 이루어졌다는 것을 말해준다. 이를 제3세계 나라들의 자본주의 발전을 좌우한 '제국주의의 규정성' 또는 '세계자본주의의 규정성'이라 말할 수 있다. 식민지를 경험한 한국자본주의의 역사는 바로 일본 제국주의, 그리고 1945년 해방 이후 미국 제국주의의 규정을 받으며 이루어졌다. 이런 세계자본주의의 규정성을 무시하고 한국자본주의 또는 한국경제를 이야기하는 것은 공허하다. 따라서 한국자본주의의 역사에서 세계자본주의의 규정성은 외적 요인이나 외부조건에 그치는 것이 아니라 한국자본주의 내의 계급투쟁에서 지배계급의 한 구성요소로 보아야 한다.

경제현상은
경제적으로 표현된 계급관계

프랑스대혁명 후 부르주아계급은 "자유, 평등, 박애"를 외쳤지만, 혁명 후 나폴레옹 법전을 통해 자신들의 재산권을 보장하고 노동조합과 파업은 금지했다. 부르주아만이 민주공화국의 시민이었다. 노동자는 집회, 시위, 총파업 등 투쟁을 벌인 끝에 20세기 초에야 보통선거권을 쟁취했다. 노동자가 자본주의 사회의 시민이 된 것은 부르주아혁명 덕분이 아니라 한 세기가 넘는 노동자들의 투쟁에 의해서였다.

그러면 20세기 이후 자본주의는 진짜 자유민주주의 사회가 되었는가? 빈부와 상관없이 성인이면 누구나 선거에서 한 표를 행사하고, 노동자는 자본가와 자유계약을 맺는다. 그 어디에도 봉건사회의 신분제 같은 폭력과 강제가 없으니 평등한 사회로 보인다. 그러나 기업 내의 자본/노동관계는 노동시장에서의 노동력 상품 매매관계와 완전히 다르다. 자본가와 노동자의 관계는 노동력 상품 매매관계라는 측면에서는 자유롭고 대등한 관계이지만, 노동력을 사용하는 관계(사용자/근로자관계)라는 측면에서는 지배/예속관계다. 자본주의 사회는 이처럼 이중적이다. 겉으로 보면 자본주의는 상품생산사회 또는 시장경제로서 모든 사람이 서로 상품교환관계를 맺고 있다. 모두가 상품 생산자이거나 소유자로서 상품을 매개로 자유롭고 대등한 관계를 맺는다. 물건 상품, 서비스 상품, 노동력 상품 등 상품세계가 사람들의 관계를 주도한다. 이 때문에 사람들은 상품세계인 시장에 법칙이 있을 것이라고 추론한다. 경제학의 아버지인 애덤 스미스는 시장을 지배하는 법칙을 '보이지 않는 손'이라 불렀다. 이는 시장에 인위적으로 개입해서는 안 되는 자연 질서가 존재하고, 자연법칙과 동격인 시장법칙에 순응해야 한다는 생각으로 이어졌다. 그래서 가격, 금리, 주가지수, 이윤율, 환율, 경제 성장률 등 시장 경제지표에 따라 사람들이 움직이게 되었다.

여기서 실상을 따져볼 필요가 있다. 자본주의 이전에는 인류의 생존에 필수적인 노동에 상품의 매개가 없었다. 주인/노예관계, 봉건영주/농노관계라는 직접적인 사회관계 하에서 노동이 이뤄지고 사회적 분업을 통해 의식주를 해결했다. 이 사회적 분업이 자본주의 사회에 와서 처음으로 상품을 매개로 한 상품교환관계를 통해 이루어졌다. 직접적 사회관계가 아닌 상품을 매개로 간접적 사회관계를 맺는 것이다. 이는 자본주의에서만 나타나는 특징이다. 노동력 상품의 매매를 중심으로 한 겉모습은 자유롭고 대등한 상품교환관계지만, 실제로는 자본/노동의 사회관계는 지배/예속관계, 즉 계급관계다. 대한항공 재벌가의 '갑질' 그리고 아시아나항공의 '갑질문화' 등 우리 사회에서 자주 쓰는 '갑질'이라는 말이 자본/노동관계의 이런 이중적 성격을 잘 드러내준다. 원래 갑을관계는 상품교환관계의 두 당사자를 법률적으로 또는 계약서상에서 '갑과 을의 관계'로 표현한 것이다. 그런데 '갑질'의 내용이 조선시대 노비 취급과 다를 바 없다는 것이야말로 자본주의 사회에서 자본가와 노동자의 관계의 이중적 성격을 그대로 드러내준다. 겉으로는 상품교환관계인데 실제로는 지배/예속관계인 것이다. 자본주의가 자유민주주의 사회라고 말하면서도 "계급·계층"이라는 말이 사라지지 않는 것도 이 때문이다.

상품생산을 통해 사회적 분업을 하며 나타나는 자본주의 사회의 특징을 이해하는 것은 매우 중요하다. 정부가 인위적으로 시장에 개입해선 안 된다거나, 경제에 정치논리를 적용하면 안 된다는 주장 등 일상적 담론이 모두 시장과 경제에 대한 환상에 근거한다. 시장이나 경제가 직접적으로 표현하는 것은 상품교환관계이고 이의 실제 모습은 자본/노동의 계급관계다. 중요한 것은 겉모습과 실제 모습으로 두 관계가 연결되어 있다는 점이다. 계급관계가 실체이고 상품교환관계는 그림자다. 상품교환관계는 간접적일지라도 사람들 간의 사회관계, 특히 계급관계를 반영한 것이다. 그런데 우리는 '시장'이나 '경제' 자체가 마치 실체인 것처럼 여긴다. 이것은 환상이고 착각이다.

그렇다면 그림자인 상품교환관계 또는 시장/경제의 끊임없는 변화를 가져오는 것은 무엇인가? 그것은 계급관계의 변화다. 자본가의 착취와 억압 때문에 노동자는 끊임없이 투쟁할 수밖에 없다. 또한 자본가도 노동자에 맞서 투쟁한다. 이처럼 자본가와 노동자의 끊임없는 계급투쟁에 따라 '계급 간 세력관계'가 끊임없이 변화하고, 이를 반영해 경제나 시장도 끊임없이 변화한다. 따라서 한국자본주의의 역사를 살펴볼 때, 계급관계를 중심으로 사회관계가 계급투쟁에 의해 어떻게 형성되고 변화되는가를 먼저 알아보고, 그러한 계급 간 세력관계가 경제에 어떻게 반영되고 표현되는지 살펴보아야 한다.

한국 계급투쟁의 역사가
한국자본주의의 역사

지금까지의 논의를 통해 우리는 한국자본주의의 역사를 살펴볼 때 필요한 기본적인 관점 세 가지를 얻을 수 있다. 첫째, 자본주의 역사를 바로 알기 위해서는 자본/노동관계가 어떻게 형성되고 확대 재생산되는가를 중심에 놓아야 한다. 둘째, 식민지 또는 반(半)식민지를 경험하고 제국주의에 의해 자본주의가 이식된 여타 제3세계 나라들과 마찬가지로 한국자본주의 역사도 제국주의의 규정 또는 세계자본주의의 규정이 어떻게 작용했는가를 주요하게 분석해야 한다. 달리 말하면, 세계자본주의와 제국주의의 규정은 외적 요인이 아니라 한국자본주의의 내적 요인으로 다뤄야 한다. 셋째, 경제성장(즉 자본축적) 과정에서 질적인 경제문제인 축적방식, 경제구조, 경제정책 등의 변화는 물론이고 여러 경제지표의 양적인 변화도 계급관계와 계급투쟁에 따른 계급 간 세력관계의 변화라는 사회적·역사적 맥락에서 분석되어야 한다. 즉, 경제현상과 경제적 변화는 자연현상과 같은 자립적인 실체가 아니다. 세 가지 관점을 한마디로 요약하면, 한국자본주의의 역사란 세계자본주의의 규정을 받는 한국에서의 계급투쟁의 역사다.

이런 세 가지 관점을 기준으로 보면 계급투쟁과 계급 간 세력관계의 변화에 따라 한국자본주의의 역사는 다섯 시기로 구분할 수 있다.

첫째, 일본 제국주의에 의해 식민지 자본주의로 형성되고 발전하는 시기다(19세기 말~1945). 세계자본주의는 제국주의를 통해 전 지구적으로 그 범위를 확대했다. 조선 후기 농민 반란이 점차 확산해 1894년 동학농민혁명에서 그 절정에 달했다. 이 농민혁명이 일본 제국주의에 의해 패배하면서 대한제국은 자신의 힘으로 근대로 이행할 길이 막혔다. 대한제국은 1910년 일본 제국주의에 병합되어 식민지 자본주의로 변화되었다. 그러나 일제는 의병들의 저항에 의해 을사조약 뒤 5년이나 지연된 1910년에야 대한제국을 식민지로 병합했다. 이후 식민지권력인 조선총독부가 토지조사사업(1910~1918)을 통해 농민들로부터 사기적 방법으로 토지를 빼앗았다. 이것이 식민지 조선에서의 원시축적이다. 프롤레타리아(무산자)가 광범하게 등장한 것이다. 1920년대부터 해방될 때까지 조선의 식민지 자본주의는 일본제국주의의 필요와 요구에 따라 자본/노동 관계가 확대 재생산되면서 발전했다.

둘째, 1945년 일제 패망 이후 미국 제국주의에 의한 원조경제 시기다(1945~1961). 2차 세계대전이 끝난 후 해방된 조선은 미국과 소련에 의해 남북으로 분단되었다. 사회주의권이 소련에서 동유럽과 중국 등 동남아시아로 확장되고, 다른 한편 서유럽의 자본주의가 위기에 처하자 미국 제국주의는 세계자본주의체제를 지키기 위해 '냉전'을 선언하고 냉전체제를 만들어냈다. 이에 따라 한반도에는 남북분단체제가 형성되었다. 남한 노동자, 농민 등 민중은 미국 제국주의에 맞서 분단체제에 반대하고 통일된 조국을 건설하기 위해 반제 반봉건 계급투쟁을 격렬하게 벌였으나, 미 제국주의에 패배했다. 그 연장선상에서 '내란'(civil war)의 성격을 띤 한국전쟁 (1950~1953)이 일어났다. 해방에서 한국전쟁까지의 격렬한 계급투쟁과 내전, 그리고 미 제국주의의 남한 지배는 세계적인 냉전체제의 최전선으로서 한반도 분단체제를 굳혔다. 이 시기에 남한 내에 형성된 계급 간 세력관계는 1987년 6월 민주항쟁과 7~9월 노동자 대투쟁 이전까지 한국자본주의가 발전할 방향을 결정했다. 미 제국주의를 포함한 지배계급의 압도적 우위의 계급 간 세력관계에서 자본축적이 이루어졌다. 이 과정에서 남한은 토지개혁을 통해 실질적인 반봉건혁명을 이루었다. 한국전쟁으로 인해 막대한 인적·물적 손실을 본 남한은 이승만 정권하에서 미국의 원조에 기대 경제를 복구했다. 이 시기의 경제활동이 원조에 의존해 이루어졌기 때문에 '원조경제'라 부른다. 또한 일제로부터의 귀속재산을 민간에 나누어주고 원조물자를 배분하는 과정에서 재벌이 처음으로 등장했다. 재벌은 애초부터 정경유착에 의한 특혜를 통해 손쉽게 독점기업으로 등장했고, 이후 한국자본주의를 대표하게 된다. 부정부패와 부정선거로 일관한 이승만 독재정권은 1960년 4.19혁명에 의해 민중의 힘으로 타도되었다. 4.19혁명 이후 장면 정권하에서 노동자, 민중의 투쟁이 활성화되었으나, 1961년 5.16군사쿠데타에 의해 군사독재정권이 들어서면서 계급투쟁은 중단되었다.

셋째, 군사독재정권에 의해 압축적 경제성장을 이뤄 '한강의 기적'이라 불리는 박정희체제 시기다(1961~1987). 선진국은 미국의 패권 아래 1970년대 초까지 '황금기'를 구가하며 장기 고도성장을 누렸다. 그런데 2차 세계대전 이후 미국의 패권 아래 형성된 신식민지 지배질서는 제3세계 노동자, 민중의 투쟁에 의해 흔들리기 시작했다. 1959년 미 제국주의를 몰아낸 쿠바혁명의 성공과 사회주의화, 베트남 민족해방투쟁의 격화로 1964년 미국이 직접 개입하는 등 제3세계 지배질서가 흔들렸다. 미 제국주의는 제3세계 나라들이 사회주의체제로 넘어가는 것을 막기 위해 중남미와 아시아 지역에서 군사쿠데타를 배후 조종하고 군사독재정권에 의한 급속한 자본축적(이른바 경제개발)을 추진했다. 1960년대에 제3세계의 수많은 나라에서 군사독재정권이 등장해 자본주의적 공업화를 추진했다. 박정희 군사독재정권은 반공이데올로기를 앞세우고 남한 노동자, 민중의 저항을 원천봉쇄함으로써 저임금/장시간 노동체제를 확립했다. 노동자 초과착취와 저곡가정책을 통한 농민 수탈은 독점재벌의 초과이윤을 만들어주었다. 박정희체제하에서 재벌은 군사독재정권에 의존한 온갖 특혜, 부동산투기, 독점적 시장 지배 등을 통해 1980년대 전반기에 독점자본으로서 한국경제를 지배하는 물적 토대를 완성했다. 이런 독점재벌의 완성은 박정희 정권이 파쇼적 탄압으로 노동자, 민중의 저항을 봉쇄함으로써 가능했으므로 박정희체제는 바로 '파쇼적 재벌체제'라 부를 수 있다. 이것이 '한강의 기적'이라 미화된 '개발독재'의 실상이다.

한국경제는 박정희체제에서 급속한 공업화=자본축적을 성공적으로 달성했다. 1960~1970년대에 박정희 정권의 이농정책으로 농촌에서 살기 어렵게 된 농민들은 농촌을 떠나 도시의 노동자, 빈민이 되었다. 저곡가정책과 광범한 이농은 일제하 토지조사사업에 의한 원시축적에 이어 한국경제에서 두 번째로 중요한 원시축적의 계기였다. 박정희체제하에서의 경제성장은 한·미·일 삼각 분업체제와 수출지향형 대외의존적 경제구조를 만들었다. 일본의 자본과 자본재, 그리고 기술을 도입해 한국의 저임금 노동력으로 생산하고, 이로 인해 가능했던 가격경쟁력을 가진 생산물을 미국시장에 판매하는 분업체제였다. 이런 분업체제는 주로 한국을 냉전체제에서 자본주의적 경제개발의 성공사례(이른바 쇼윈도)로 만들고자 한 미 제국주의의 구상에 따라 성립되었다. 미국은 이승만 정권 말기부터 경제개발계획을 한국 정부에 강요했고, 한일국교정상화를 통해 경제개발에 필요한 자본을 조달하라고 압박했다. 또 미국의 시장을 한국에 특혜적으로 열어주었다. 물론 한국에 과잉자본을 수출하고 저임금 노동력을 착취하려는 일본 자본의 이해관계도 작용했다. 경제개발이 이처럼 초과착취를 기초로 한 것이기 때문에 국내수요가 부족했다. 즉, 한국의 경제개발계획은 애초부터 수출주도로 기획되었고, 국제경쟁력을 확보하는 데 필요한 '규모의 경제'를 위해 독점기업을 정책적으로 키우는 방향으로 추진되었다. '냉전체제(분단체제)-군사독재정권의 개발독재-재벌체제'는 지배계급의 압도적 우위의 계급 간 세력관계에서 유기적으로 형성된 한국사회와 한국경제의 구조였다.

한편, 1970년대를 전후해 세계자본주의는 자본주의 역사상 세

번째 구조위기에 접어들었고, 동시에 선진국에서는 격렬한 계급투쟁이 발생했다. 1968년 유럽혁명 이래 노동계급의 투쟁이 유럽을 중심으로 폭발적으로 제기되었다. 또한 1974년과 1979년 두 차례의 석유파동을 계기로 발생한 공황은 세계자본주의를 장기침체로 몰아넣었다. 1968년 유럽혁명에서 시작해 1980년대 초까지 선진국 대부분 나라에서 계급적 공방을 주고받으며 격화되었던 계급투쟁은 자본가계급의 승리로 끝났다. 노동계급의 패배로 2차 세계대전 이후 형성된 세력균형이 깨지고 계급 간 세력관계는 자본에 크게 유리해졌다. 1980년대 초부터 자본가계급은 일방적인 구조조정 공세를 취해 노동의 유연화, 노조 무력화, 복지국가 해체, 공공부문의 사유화, 자본규제 완화·철폐, 세계화(개방화) 등 신자유주의 시대를 열었다.

한국경제는 1960년대 말부터 경제위기에 빠졌다. 1960년대의 경제개발과 고도성장은 주로 외국의 차관을 들여와 저임금의 노동력을 이용해 섬유 등 경공업 제품을 만들어 수출하는 단순가공 무역형 공업구조에 기초했다. 그런데 1960년대 말부터 세계경제가 장기침체로 전환되면서 보호무역주의가 강화되자 수출판로가 막히게 되었다. 1969년 차관기업의 절반 정도가 부실화되었고, 1971년부터 파산기업이 수백 개에 달했다. '차관경제'가 파산위기에 몰린 것이다. 이런 경제위기하에서 자본가들이 노동자의 해고, 조업단축, 임금체불, 부당노동행위 등으로 대응함에 따라 노동자들의 저항이 터져 나오기 시작했다. 이는 1970년 전태일 열사의 분신투쟁을 계기로 급속히 확산했다. 그뿐만 아니라 도시빈민, 소상인 등 광범한 민중의 자연발생적 투쟁, 더 나아가 대학생, 기자, 대학교수 등 중간층의 민주화 투쟁도 터져 나왔다. 1971년 총선과 대선에서 박정희 정권은 아슬아슬하게 정권을 유지할 수 있었다.

이런 경제적, 사회적, 정치적 위기에 대한 박정희 정권의 대응이 1972년 유신체제다. 박정희 정권은 그동안의 형식적이고 허울뿐인 자유민주주의의 겉모습마저 벗어던지고 파시즘 체제로 전환했다. 파시즘 체제로서의 유신체제의 핵심은 노동계급과 노동운동의 체계적 탄압 및 저임금/장시간 노동구조의 유지, 강화였다. 결국 유신체제란 노동자, 민중의 저항으로 위기에 처한 박정희체제를 유지, 강화하기 위한 것이었다. 유신체제하에서 박정희 정권은 선진국 계급투쟁의 산물인 신국제분업체제에서 중화학공업을 넘겨받음으로써 급속한 중화학공업화를 이룩했다. 한국경제는 다시 고도성장을 할 수 있었다. 또 이 과정을 주도한 재벌은 한국경제를 지배할 물적 토대를 완성했다. 1970년대 유신체제하에서 전태일 열사의 분신투쟁을 계기로 등장한 민주노조운동은 소수지만 완강하게 투쟁했다. 대학생과 종교인, 지식인 등 중간층에 의한 민주화투쟁도 광범하게 퍼졌다. 1979년 세계공황과 함께 중화학공업의 중복·과잉투자는 한국경제를 심각한 불황으로 밀어 넣었다. 이런 경제위기 속에서 노동자의 생존권 투쟁과 유신체제에 반대하는 민주화운동이 확산했다. 그 정점을 이룬 YH무역 노동자 투쟁과 부마항쟁에 의해 1979년 박정희 정권은 내부 분열하며 붕괴했다.

12.12쿠데타로 권력을 장악한 신군부 세력은 1980년 5월 광주에서 수천 명을 학살해 민중항쟁을 진압하고 전두환 군사독재정권을 수립했다. 전두환 정권은 노동자, 민중의 폭발적 저항에 따른 유신체제의 위기를 군사쿠데타와 민중학살이라는 무력으로 억압함으로써 유신체제의 수명을 연장했다. 그래서 이는 제2의 유신체제이고 박정희체제의 연장이다. 전두환 정권은 재벌의 중화학공업 중복·과잉투자를 강제 산업구조조정을 통해 합리화했다. 재벌들을 업종별로 교통정리한 중화학투자조정을 실시하는 한편, 막대한 재정을 투입해 부실기업을 정리하고 사양 산업을 합리화했다. 전두환 정권이 재벌체제를 합리화한 것이다. 노동자, 민중에 대한 억압과 통제는 유신체제 때보다 더욱 강화되었다. 전두환 정권하에서 재벌 간 과잉경쟁이 합리화되고 노동계급에 대한 파쇼적 통제가 유지됨으로써 재벌체제는 더욱 안정적인 경제적 지배력을 확보했다. 1986~1988년에는 저금리·저유가·저달러라는 세계경제의 호조건을 만나 3저 호황 국면을 누렸다. 특히 1986년 최초로 경상수지 흑자를 냈다. 파쇼적 재벌체제가 완성된 것이다. 그러나 1980년 광주민중항쟁을 계기로 학생운동과 노동자, 농민, 도시빈민 등 민중운동이 급진화했다. 이후 1987년 6월 민주화투쟁과 7~9월 노동자대투쟁이라는 거대한 대중투쟁으로 터져 나올 노동자, 민중의 분노가 쌓였다.

넷째, 1987년 노동자, 민중의 대투쟁으로 계급 간 세력관계가 크게 바뀌며 박정희체제가 해체되고 1997년 IMF 사태를 전환점으로 신자유주의체제로 이행하는 이행기 또는 과도기다(1987~1997).
과도기는 변화된 세력관계에서 새로운 경제체제를 수립하기 위
한 격렬한 계급투쟁의 시기다. 이 시기는 또한 세계자본주의에서
는 신자유주의 경제패러다임이 전 세계로 확산하는 시기였다. 특히
1989~1991년 동유럽과 소련의 붕괴라는 세계사적 사건에 의해 신
자유주의 세계화는 거침없이 질주했다. 이런 전환기에 한국사회도
격변을 겪었다. 우선 전두환 정권에 의해 수명이 연장된 박정희체
제는 1987년 6월 민주항쟁과 7~9월 노동자대투쟁에 의해 더 이상
유지될 수 없게 되었다. 계급 간 세력관계가 크게 바뀐 것이다. 또
한 지배세력 내부의 자본/국가 간 관계에서도 변화가 일어났다.

1980년대 초 독점자본의 물적 토대를 확보한 재벌은 국가의 통
제와 규제에서 벗어나려 했다. 군사독재는 청산되고 대통령 직접선
거라는 형식적 민주주의가 회복되었다. 이는 지배계급 내부의 세력
관계에 큰 변화를 가져왔다. 군사독재라는 국가 우위의 지배질서
가 무너지고 자본(재벌) 우위의 지배질서로 지배세력 내부의 세력
관계가 점차 바뀌었다. 문민정부인 김영삼 정권의 정치군부 청산과
1994년 OECD 가입을 계기로 한 자본자유화 조치로 지배세력 내
부의 주도권은 재벌에게 넘어갔다. 이런 세력관계 변화를 상징적으
로 보여주는 것이 1992년 대선에서 현대재벌 정주영의 대통령선거
출마였다.

더 중요한 측면은 한국 노동계급이 7~9월 노동자대투쟁을 통해
지배계급의 파쇼적 억압을 뚫고 하나의 사회정치세력으로 등장한

점이다. 계급 간 세력관계가 노동자, 민중에게 유리하게 바뀐 상태에서 1987~1992년 노태우 정권 시기는 계급전쟁의 시기였다. 재벌과 노태우 정권은 변화된 계급 간 세력관계를 인정하지 않고 노동자대투쟁 이전의 초과착취(저임금/장시간노동)와 정치적 억압(노동자 무권리)의 시대, 즉 박정희체제로 되돌아가기 위해 '위로부터의 계급투쟁'에 적극 나섰다. 재벌과 노태우 정권은 노동운동에 대한 파쇼적 탄압을 계속했다. 노동자대투쟁을 통해 대중적으로 등장한 민주노조운동은 전노협으로 조직되어 생존권 투쟁과 함께 체제변혁적 요구를 내걸고 노태우 군사정권에 맞섰다. 그래서 계급전쟁이 격렬하게 벌어졌다.

노태우 정권의 민주노조운동과 전노협에 대한 탄압은 성공하지 못했다. 탄압에 의한 계급투쟁 봉쇄에 한계를 느낀 재벌과 지배세력은 김영삼 정권이 들어선 1993년을 전후해 계급지배 전략을 바꾸었다. 재벌이 전략 변화에 앞장섰다. 소사장제와 같은 노동의 유연화, "마누라와 자식만 빼고 다 바꾸자"는 삼성재벌 이건희의 신경영 전략, "세계는 넓고 할 일은 많다"는 대우재벌 김우중의 세계화 전략 등 신자유주의 세계화 전략으로 전환을 모색한 것이다. 김영삼 정권은 신노동 정책과 세계화 정책으로 재벌의 전략 변화를 뒷받침했다. 이때부터 대기업 정규직 대 중소·영세·비정규직 노동자로 노동계급 내부가 분할되기 시작했다. 이른바 분할지배전략이다. 이와 맞물려 노동운동 내부의 노선투쟁을 거쳐 체제변혁적 운동노선의 전노협은 청산되고 사회개량적 운동노선의 민주노총이 1995

년 건설되었다.

한편, 이 시기 재벌은 초국적 자본으로 성장하기 위한 세계화 전략에 따라 반도체, 철강, 자동차, 조선, 석유화학 등 주요 산업에서 경쟁적으로 중복·과잉투자에 나섰다. 이런 과잉투자가 동아시아 신흥국에서 동시에 발생하면서 '대마불사'를 자랑하던 재벌들이 1996년 말부터 줄줄이 부도가 나기 시작했다. 경제공황으로 발전한 것이다. 이처럼 중복·과잉투자가 공황으로 발전하는 과정에서 김영삼 정권은 1996년 말 정리해고법을 날치기로 통과시켰다. 한국 노동계급은 총파업으로 반격해 정리해고법의 시행을 2년 연기시켰다. 그 후 경제위기는 더욱 심각하게 진행되었고 미국, 일본 등 초국적 자본세력은 이 위기를 한국자본주의에 대한 신자유주의 구조조정의 기회로 만들기 위해 적극 개입했다. 미국과 IMF 등 초국적 자본세력은 구제금융의 대가로 한국에 신자유주의 구조개혁을 강요했다. 공황이 외환위기로 발전하고 IMF협약이 체결되는 과정은 미국, 일본 등 외국계 초국적 자본세력이 주도했고 이들에 의한 경제신탁통치가 시작됐다. 경제주권을 상실한 것이다. 반(反)노동자·민중적인 IMF협약에 민주노총과 노동계급이 맞서 싸우지 않음으로써 IMF 사태는 초국적 자본세력과 재벌 및 한국 지배세력의 뜻대로 흘러가게 되었다. 그 결과 팽팽하게 대치하던 계급 간 세력관계가 자본에 유리하고 노동에 불리한 방향으로 급격히 기울었다. 이후 김대중 정권은 한국경제에 대한 신자유주의 구조조정을 본격화하고 한국경제의 패러다임을 신자유주의체제로 바꾸었다.

다섯째, 1997년 IMF 사태 이후 한국경제가 신자유주의 패러다임으로 전환된 신자유주의적 재벌체제 시기다(1997~현재). 한국경제는 IMF 사태를 계기로 이전의 파쇼적 재벌체제에서 본격적인 신자유주의 경제패러다임으로 전환되었다. 김영삼 정권 때부터 시작된 재벌과 지배세력의 전략 변화가 IMF 사태를 전환점으로 한국경제의 패러다임을 확실하게 신자유주의적으로 바꾼 것이다. 1987년 노동자, 민중의 대투쟁에 의해 계급 간 세력관계가 변화됨으로써 파쇼적 재벌체제 유지가 어려워진 상태에서 1997년 IMF 사태 때까지 한국 내에서는 향후 한국사회의 방향을 둘러싸고 계급투쟁이 거세게 벌어졌다. 계급 간 대치가 팽팽히 지속했기 때문에 재벌과 지배세력은 신자유주의 세계화 전략을 실시할 수 없었다. 그것을 잘 보여준 것이 1996년 말 정리해고법 반대 총파업의 대중적 성공이었다. 그러나 IMF 사태를 거치며 계급 간 세력관계가 바뀌었다. 재벌과 지배세력은 IMF 등 초국적 자본세력의 힘을 빌려 신자유주의 세계화 전략을 관철시킬 수 있었다. 특히 재벌은 국가와의 관계에서 우위로 올라섬으로써 지배세력 내에서 주도분파로 발돋움했다. 겉모습으로도 실제로도 한국경제와 한국사회의 지배분파가 된 것이다. 즉, 한국사회는 군사독재체제에서 10여 년 과도기의 계급투쟁을 거쳐 재벌독재체제로 바뀌었다.

1990년대 초반 소련과 동유럽의 붕괴로 신자유주의 세계화가 전 세계에 가속화하며 각 나라 내부에서, 그리고 세계적 차원에서 착취와 수탈이 증가함에 따라 사회는 더욱 양극화되었다. 노동자, 민중의 빈곤화를 가져온 것이다. 이는 당연히 수요부족을 일으켜 만성적인 저성장과 과잉설비·과잉생산 경향을 더 나쁘게 만들었다. 만성적인 저성장은 생산적 투자를 줄이고 금융적 투기를 부추겼다. 그 결과, 경제의 투기활동이 더 많아지고 가계와 기업은 부채를 더욱 늘렸다. 이에 따라 나타난 현상이 거품 성장과 붕괴의 반복이다. 이는 경제를 불안정하게 하고 세계 노동자, 민중의 삶을 황폐하게 만들었다. 이런 생활 악화에 맞서 전 세계 노동자, 민중은 1994년부터 신자유주의 세계화에 반대해 대중적으로 싸우기 시작했다.

세계자본주의는 1997년 동아시아 경제위기 때부터 과잉생산 위기를 드러내기 시작했다. 그 후 정보기술(IT)산업을 중심으로 한 주식시장의 거품 조성과 2000년 거품 붕괴가 이어졌다. 이 위기를 극복하기 위해 초저금리의 돈을 무제한 공급함에 따라 또 다른 거품인 주택거품이 조성되었다. 이 주택거품은 파생금융상품과 맞물려 오랜 기간 지속되다 2006년 붕괴되면서 2008년 세계금융공황으로 발전했다. 세계자본주의의 과잉생산 위기가 나타나고 노동자, 민중의 저항이 점차 격화되자 미국을 중심으로 한 초국적 자본세력은 2001년 9.11 사건을 명분으로 '테러와의 전쟁'을 선포한다. 그리고 각국 내부적으로는 파시즘화를 통해 신자유주의에 저항하는 노동자, 민중의 투쟁을 압살하고 대외적으로는 세계화를 거부하는 제3세계 나라에 전쟁을 일으켜 돌파구를 찾으려 했다. 미국 주도의 2001년 아프가니스탄, 2003년 이라크 침략전쟁이 그것이다. 그러나 이는 성공하지 못했다. 두 나라를 군사적으로는 점령했으나 두 나라의 민중이 저항함에 따라 정치적으로 안정을 찾지 못하면서 식민지로 만들어 누리려 했던 경제적 성과를 얻지 못했다.

한국경제는 김대중/노무현 민주당 정권(1998~2007) 10년을 거치며 신자유주의 패러다임으로 바뀌어 신자유주의체제가 확립되었다. 김대중 정권 초기 2년간 미국과 IMF 등 초국적 자본세력은 IMF의 경제신탁통치로 신자유주의적 제도개혁을 강제했다. 김대중 정권은 노동·금융·기업·공공부문 등 4대 부문 구조조정을 통해 한국경제를 신자유주의체제로 바꾸는 구조개혁을 5년 만에 '압축적으로' 달성했다. 이에 따라 한국경제는 전 지구적 자본주의에 더욱 깊숙이 통합되었고 초국적 자본세력의 한국경제에 대한 지배력은 대폭 강화되었다. 박정희체제의 수출지향형 대외의존적 구조는 더욱 심해졌다. 또한 재벌의 한국경제에 대한 지배력도 더욱 커졌다. 파쇼적 재벌체제가 신자유주의적 재벌체제로 바뀐 것이다.

노무현 정권은 김대중 정권의 정책을 이어받아 신자유주의체제를 더욱 확실하게 굳혔다. 김대중 정권 5년의 신자유주의 정책은 사회 양극화의 심화와 노동자, 민중 생활의 파탄, 산업 양극화와 경제의 불안정화 등 신자유주의체제에 전형적인 현상을 가져왔다. 신자유주의적 재벌체제는 노무현 정권 초인 2003년 '신용카드 대란'으로 그 위기를 드러내기 시작했다. 2004년 말에는 재벌들이 '비상경영'을 선언하고 노무현 정권이 '위기관리체제'로 돌입하는 등 위기가 표면화되었다. 이런 경제위기에 대해 노무현 정권은 신자유주의 세계화를 더 강화하는 방향으로 대응했다. 강도 높은 노동 유연화로 비정규직을 더 많이 만들어내는 한편, 전면개방을 위해 '호랑이 등에 올라타자'며 여러 나라와 자유무역협정(FTA) 동시협상에 들어갔다. 그 핵심인 한미FTA가 2007년 체결되었다. IMF 사태 이후 10년의 신자유주의 개혁과 그에 따른 생활 파탄에 대해 노동자, 민중은 2007년 대선에서 수구 보수세력인 한나라당을 선택함으로써 김대중/노무현 자유주의 보수정권을 심판했다.

2008년 세계금융공황을 계기로 세계자본주의는 제4차 구조위기에 들어섰다. 초국적 자본세력은 저금리와 무제한의 돈 공급, 그리고 대규모 구제금융과 경기부양 정책 등을 통해 1929년 세계대공황 같은 세계자본주의 체제의 전면 붕괴를 겨우 막았다. 그러나 세계경제는 경기를 회복하지 못하고 장기불황 또는 장기침체에 빠졌다. 저성장, 저금리, 저인플레이션 등이 새로운 정상 상태, 즉 '뉴노멀'이 되었다. 이명박/박근혜 수구 보수정권은 9년여 동안 친자본·반노동 정책(이른바 '친기업 정책')을 노골적으로 실시해 신자유주의적 재벌체제가 재벌독재체제로 자리 잡게 했다. 재벌은 공공연한 '금권정치'로 한국사회 전체에 대한 독재체제를 확립했다. 친재벌 정책으로 재벌의 경제적 지배력은 더욱 커졌고, 사회 양극화는 더욱 심해졌다. 이명박 정권은 중국 수출 덕분에 2008년 세계금융공황의 충격에서 큰 어려움 없이 벗어났고, '4대강 사업'이라는 토목사업을 통해 겨우 경기를 부양했다.

2012년부터 중국경제의 성장이 둔화하자 그 여파가 박근혜 정권에 미치기 시작했다. 한국경제의 대중국 수출의존도가 매우 높았기 때문이다. 이에 따라 재벌의 투자는 크게 줄고 경제성장은 더욱 낮아졌다. 사회 양극화로 가계부채는 급격히 늘어났다. 2015년부터는 수출 감소와 그에 따른 실물경제 위축이 시작되었다. 이런 경제위기에 대한 박근혜 정권의 대응은 재벌을 위한 노동개혁과 '선제적' 구조조정이었다. 경제위기의 부담을 노동자, 민중에게 떠넘기고 재벌의 생존을 보장하기 위해서였다. 노동개혁 추진 방식은 박정희체제 때의 파쇼적 방식이었다. 1997년 IMF 사태 이래 신자유주의적 재벌체제로 바뀐 20년 동안 한국사회의 양극화는 점차 심해졌다. 그 폐해가 집중된 청년세대와 노인세대에서 '헬조선'이라는 말이 나왔다. 극심한 사회 양극화는 2014년 세월호 사태, 2016년 박근혜/최순실/이재용의 국정농단 사태에 이르러 노동자, 민중이 촛불혁명으로 떨쳐나서게 했다. 촛불혁명은 한국사회의 계급 간 세력관계를 다시 바꾸었다. 그러나 노동자, 민중이 정치적으로 조직화되지 못한 한계로 인해 지배세력 내에서 수구 보수세력을 밀어내고 자유주의 보수세력으로 정권을 교체하는 수준에 머물렀다. 촛불혁명에 의해 등장한 문재인 자유주의 보수정권은 '촛불정부'를 표방하며 적폐청산과 사회개혁을 추진하고 있다. 신자유주의적 재벌체제에 대한 구조개혁으로 '소득주도성장, 혁신성장, 공정경제'를 내세우고 있다.

2018년을 전후해 세계정세와 한반도정세에서 역사적 대전환이 나타나고 있다. 세계자본주의는 세계불황이 장기화하며 미중 무역전쟁과 패권전쟁을 중심으로 한 보호무역주의 확산, 기존 세계질서의 해체로 나아가는 지정학적 위기 등으로 2008년 세계금융공황에 이은 제2차 경제붕괴에 직면해 있다. 한반도 분단체제는 북한의 '핵무력 완성'을 계기로 비핵화 협상 국면이 열림으로써 한반도 평화체제로 점차 전환되고 있다. 이런 역사적 대전환기에 자유주의 보수정권인 문재인 정부는 수구 보수세력의 완강한 저항과 경제위기에 직면하자 적폐청산과 사회개혁을 밀고 나가기보다는 동요하며 '역주행'하고 있다. 수구기득권체제의 몸통인 재벌체제의 해체를 중심으로 한 적폐청산과 근본적인 사회대개혁은 다시 노동자, 민중의 과제로 남아 있다.

2장

일본 제국주의에 의한
식민지 자본주의(19세기 말~1945)

19세기 말 제국주의와
세계자본주의

19세기 말부터 1945년 2차 세계대전이 끝날 때까지의 세계자본주의는 자본주의를 전 지구에 퍼뜨린 "제국의 시대"(1875~1914)이자 두 차례의 세계대전과 1929년 대공황을 경험한 "파국의 시대"(1914~1945)다. 제국주의와 자본주의의 야만에 맞서 노동자, 민중이 봉기한 "혁명의 시대"이기도 하다.

영국 산업혁명(1760~1830) 이후 초기 자본주의가 유럽에 빠르게 퍼졌으나 대불황(1873~1896)으로 인해 자본 간 경쟁은 치열해졌고, 점점 '규모의 경제'를 누리는 소수의 대기업으로 집중이 이루어졌다. 제1인터내셔널(1864~1876), 제2인터내셔널(1889~1914)을 통해 노동계급이 독자적 사회정치세력이 되고, 계급관계의 위기 속에서 과잉자본이 발생하자 이의 출구로 자본수출이 모색되었다. 이것이 제국주의의 핵심 원인이다. 제1차 세계대전(1914~1918)은 제국주의 나라들, 즉 선발 선진국과 후발 선진국 간의 식민지 쟁탈전이었다. 독일, 오스트리아, 오스만투르크 등의 동맹국이 패배하고 영국, 프랑스, 러시아, 미국의 연합국이 승리한 제1차 세계대전은 1919년 베르사유에서 강화조약을 맺고 끝났다. 한편, 전쟁 중이던 1917년 러시아에서 사회주의혁명이 일어나 소비에트정권이 수립되었다. 세계 역사상 최초로 노동자, 민중의 성공한 사회혁명이었다. 러시아혁명의 성공은 이후 전 세계 노동자, 민중을 고무시켰다. 제1차 세계대전을 전후해 식민지, 반식민지 나라들에서도 반외세 반봉건 민주주의혁명이 일어났다. 중국의 신해혁명(1911), 이란입헌혁명(1906~1909), 멕시코혁명(1910~1917), 터키혁명(1919~1922) 등이 대표적이다.

이후 유럽에서는 미국의 '과학적 관리'(테일러주의)와 결합한 포드주의가 '산업 합리화'의 이름으로 확산했다. 이는 노동계급에 대한 대대적 공격이었다. 임금은 삭감되고 노동강도는 증가했으며 노동시간도 늘어났다. 러시아 혁명의 성공에 고무된 유럽 노동계급의 광범한 혁명적 공세가 진압된 후 노동운동은 침체되고 노사협조주의가 강화되었기 때문이다. 그 결과는 이윤의 거대한 증대와 1920년대 중반 이후의 호황이었다. 그러나 이 호황과 투기 붐은 동시에 극심한 사회 양극화를 가져와 결국 1929년 대공황(1929~1945)으로 이어졌다. 역사상 최악의 공황이자 제2차 구조적 위기인 대공황으로 자본주의 경제시스템은 완전히 붕괴했다. 대공황에 대한 제국주의 나라들의 대응은 두 방향으로 나타났다. 후발 선진국인 독일, 이탈리아, 일본 등에서는 지배계급이 노동운동을 폭력적으로 탄압해 무력화시키고 파시즘으로 나아갔으며, 대외침략을 시작했다. 독일의 나치즘, 이탈리아의 파시즘, 일본의 군국주의가 그것이다. 선발 선진국은 노동운동이 고양되면서 계급타협적인 케인스주의적 혼합경제로 나아갔다. 미국 루스벨트 정부의 뉴딜정책과 프랑스의 인민전선 정부, 영국 보수당 처칠 수상의 베버리지 보고서("요람에서 무덤까지"라는 복지국가 모델) 등이 이를 보여주었다.

불황이 장기화하자 1939년 독일의 폴란드 침공으로 제2차 세계대전이 발발했다. 제2차 세계대전(1939~1945)은 후발 선진국인 독일, 이탈리아, 일본 중심의 추축국을 한편으로 하고, 영국, 프랑스, 미국 등 선발 선진국을 중심으로 한 연합국을 다른 편으로 해 벌어진 세계적 규모의 전쟁이다. 1941년 독일이 소련을 침공함으로써 소련도 연합국에 참가하게 되었다. 제1차 세계대전과 마찬가지로 대공황 탈출구를 찾기 위한 식민지 쟁탈전인 제2차 세계대전은 사망자만 5,200만 명에 이른 인류 역사상 최대의 재앙이었다. 대공황과 2차 세계대전은 세계사를 크게 바꾸었다. 자본주의의 정당성과 위신은 크게 떨어졌고, 사회주의가 널리 확산했다. 동유럽의 대부분 나라는 파시즘에 저항하는 인민전선 정부를 거쳐 사회주의로 전환되었다. 식민지, 반식민지 상태에 있던 나라들에서 민족해방투쟁이 고양되며 대부분 독립했다. 인도차이나의 북베트남 등 몇 나라와 북한이 사회주의로 전환했다. 중국에서도 내전을 거쳐 1949년 중화인민공화국이 성립되었다. 전 세계 인구의 3분의 1이 사회주의국가의 국민이 되었다. 식민지 조선은 일본의 패전으로 해방됨과 동시에 남한에는 미군, 북한에는 소련군이 진주함으로써 분단되었다.

동학농민혁명과 봉건제의 해체

조선의 양반지배층은 전정(토지에 매기는 세금), 군정(군역에 매기는 세금), 환정(춘궁기에 곡식을 대여) 등 3정이라는 조세제도를 통해 수탈을 일삼았다. 이에 더해 제국주의 열강들의 무력으로 조선이 강제로 개항되면서 소작농으로 몰락해 더욱 궁핍해진 농민들은 19세기 들어 반란을 일으켰고 농민항쟁은 차츰 조직적 투쟁으로 발전했다. 지역별, 산발적, 일회적 봉기를 넘어서지 못했던 농민항쟁이 전국적 규모의 공동투쟁으로 발전하는 계기를 만들어준 것이 동학이었다. 몰락한 양반 최제우가 만든 민중종교 동학은 "하늘의 마음이 곧 사람의 마음이며", "내 마음이 곧 너의 마음"이라는 인간 평등을 강조했다. 양반/상놈의 신분 차별에서 벗어나려는 민중의 염원을 반영한 것이다. 또 서양의 위협과 악질 지주/탐관오리에 반대하는 '보국안민' 사상은 반침략·반봉건의 성격을 띠었다.

전북 고부군수 조병갑의 온갖 학정에 맞서 1894년 1월 전봉준이 주도한 농민봉기가 동학농민혁명의 도화선이 되었다. 제1차 농민전쟁에서 농민군이 4월 전주성을 점령하자 농민봉기는 전라도를 넘어 함경도를 제외한 전국으로 번졌다. 민 씨 정권은 5월 농민군을 회

[그림1] 19세기 농민항쟁 지역

유하는 한편, 청에 군대 파견을 요청했다. 청군의 파병을 빌미로 일본도 군대를 파병했다. 8월 평양전투에서 청을 물리친 일본은 조선 정부에 대한 내정간섭을 더욱 강화했고, 9월 일본군의 보호를 받은 갑오정권은 농민군 회유정책을 바꿔 일본군에게 농민군 토벌을 요청했다. 제2차 농민전쟁은 8월 말 농민군 지도자 김개남의 영향을

농민항쟁의 지도자 전봉준(왼쪽)과 김개남

받은 몇만 명이 남원에서 다시 봉기를 결의함으로써 시작되었다. 2
차 농민전쟁은 남북의 모든 동학교도가 참여했다. 호남을 중심으
로 충청·경상·경기·강원·황해도에서 농민군이 반봉건·반침략 투쟁
에 나섰다. 농민군은 일본군·정부군·민보군의 연합세력에 맞서 싸
웠으나 훈련·조직·화력에서 크게 뒤졌다. 농민군은 최대 격전이 벌
어진 우금치 전투에서 일본군에 패하는 등 거의 모든 전투에서 패
배했다. 농민군 지도자 김개남, 전봉준, 손화중이 12월과 1895년 1
월에 체포되어 처형됨으로써 두 차례에 걸친 농민전쟁은 끝났다.

　1894년 농민전쟁은 조선 후기부터 쌓인 봉건사회의 모순이 폭발
해 일어난 대규모 농민항쟁으로서 반봉건 계급투쟁의 성격을 지닌

일종의 내전이었다. 농민군은 봉건지배세력인 민 씨 정권, 친일 개화파 관료와 지방의 보수적인 양반 지배층에 맞서 투쟁했다. 1차 농민전쟁에서 농민군이 관군을 물리친 데서 드러나듯이, 외세인 일본군이 개입하지 않았다면 승리할 수 있었던 싸움이었다. 그러나 봉건지배세력은 청군이나 일본군을 끌어들여 농민군을 굴복시켰다. 그래서 농민전쟁은 반외세·반침략의 성격도 동시에 지녔다. 농민군의 패배로 봉건적 신분제의 폐지, 토지제도 개혁, 외세의 경제 침탈 저지는 좌절되었다.

이 시기 봉건지배세력 내부의 개혁파인 친일 개화파의 입장은 일본의 메이지유신과 비교되는 조선 지배계급의 '위로부터의 개혁'의 한계를 그대로 드러냈다. 1884년 김옥균 등 개화파의 갑신정변은 일본의 배신으로 '삼일천하'의 에피소드로 끝났다. 개화파는 청에 기댄 민 씨 정권을 일본의 힘을 빌려 타도하고 일본의 메이지유신을 모델로 한 부르주아개혁을 시도했다. 그러나 봉건제 청산의 핵심인 봉건적 토지소유 제도를 그대로 두고 외형적인 개혁만을 추구했다. 이들은 농민의 지지와 힘이 아닌 외세인 일본에 의존해 봉건제 청산을 추진하려 했고, 양반 지주세력의 이해관계를 넘어설 수 없었다.

1894년 동학농민혁명은 개화파가 주축인 친일 갑오정권이 농민군의 폐정개혁안을 일부 받아들여 개혁정책을 시행하게 했다. 갑오정권은 입헌군주제를 지향하고 노비제와 신분제를 타파했다. 그러나 양반지주 출신인 이들은 농민들의 아래로부터의 체제변혁을 막기 위해 개혁을 추진했다. 그래서 봉건적 토지제도의 개혁방안이 없었고, 기본적으로 지주의 이익을 옹호했다. 더 나아가 일본군의 힘을 빌려 농민군을 진압했다. 따라서 동학농민혁명의 패배는 봉건제를 청산하고 자주적으로 근대로 이행할 조선의 역사적 기회가 사라졌음을 의미한다. 그러나 동학농민혁명은 봉건제를 사실상 해체했다. 동학농민혁명의 압력으로 1895년 갑오정권은 노비제와 신분제를 폐지할 수밖에 없었다. 서유럽과 마찬가지로 우리나라에서도 봉건제를 해체시킨 것은 농민들의 계급투쟁이었다. 봉건적 수탈에 맞서 19세기 내내 농민들의 반란과 봉기가 이어졌고, 동학농민혁명의 마지막 일격으로 봉건제가 붕괴한 것이다. 더 나아가 동학농민혁명의 전통이 일제의 침략에 맞선 의병전쟁으로 이어져 농민들의 계급투쟁은 반외세 투쟁으로 발전했다.

대한제국 시기 의병들의 항쟁

청일전쟁에서 승리한 일본은 조선에 대한 배타적 지배권을 확보했다. 이에 맞서 러시아가 조선에 개입하면서 조선은 그야말로 제국주의 열강의 각축장으로 전락했다. 1895년 일본이 왕후 민 씨를 살해한 을미사변 이후 1896년 고종이 러시아 공사관으로 피신한 아관파천 등으로 러시아의 조선에 대한 영향력이 커졌다. 이에 일본은 러시아의 남하정책을 저지한다는 명분으로 영국, 미국과 동맹관계를 맺었다. 일본이 러시아의 남하정책을 막아주는 대가로 미국과 영국은 일본이 조선을 '보호국화'하는 것을 국제적으로 승인했다. 이때부터 이권 침탈이 대대적으로 이루어졌다. 조선의 경제는 점차 일본자본주의에 종속되는 식민지형 구조로 바뀌었다. 지주와 부농의 사회경제적 처지는 한층 좋아졌고, 소농과 빈농은 끊임없이 몰락했다. 소작도 할 수 없게 된 농민은 농촌에서 품을 팔거나 도시, 개항장, 광산 같은 곳으로 나가 노동자가 되었다.

이런 상황에서 양반유생들은 1895년 을미사변과 단발령을 계기로 반개화·반일운동으로서 의병운동을 일으켰다. 1896년 유인석, 이강년, 민용호 등 곳곳의 유생들은 '위정척사'(바른 것을 지키고 그릇된 것을 물리친다)의 기치를 내걸고 친일 갑오정권을 반대하는 의병을 일으켰고 이후 고종의 환궁운동을 벌였다. 이들 초기 의병은 동학농민전쟁과 개화파의 근대 개혁에 불만을 품고 일어났다는 점에서 수구적 성격을 지녔다. 양반유생들의 반근대화·반일·반외세 운동이었고, 이들은 왕실을 지지하는 정치세력이었다.

조선의 지배층은 형식적인 근대 개혁을 추진했다. 1897년 고종은 황제즉위식을 갖고 대한제국 정부 수립을 공포했다. 1899년 만든 대한제국 헌법은 모든 권한을 황제에게 집중한 '전제군주제' 헌법이었다. 민간 차원에서 지주와 자산가 중심의 부르주아 개혁운동으로 1896년 서재필을 중심으로 독립협회가 결성되어 기관지 〈독립신문〉이 발간됐다. 이들은 서구식 근대화를 추진하려 했으나, 민중은 무지몽매한 존재이므로 계몽과 지도의 대상이라는 '우민관'을 지니고 있었기 때문에 민중의 정치 참여를 반대했다.

농민들의 항쟁은 1898년에 다시 전국 곳곳에서 터져 나왔다. 소작료 인하를 요구하는 항조운동, 부당한 조세 수취에 저항하는 항세운동 등 자연발생적 농민봉기가 잇달았다. 또 고부·흥덕 등지에서 봉기한 영학당, 해주·재령 등 황해도와 소백산맥 지역에서 봉기한 동학당 같은 무장집단이 나타나기 시작했다. 이들 무장농민 세력의 반봉건·반침략 투쟁은 1900년을 고비로 사라졌는데, 남은 세력은 활빈당으로 흡수되었다. 활빈당은 십여 명에서 수백 명에 이르는 비밀 무장결사체로서 충청도, 경기도, 낙동강 동쪽의 경상도, 소백산맥 부근의 전라도를 중심으로 활동했다. 토지개혁과 외국상인 출입금지, 이권침탈 반대 등 반봉건·반침략을 지향했다. 활빈당은 1905년 을사조약이 강제 체결된 뒤 온 나라에서 타오르던 의병봉기에 앞장섰다.

1904년 러일전쟁을 일으켜 승리한 일본은 1905년 미국과의 '가쓰라–태프트밀약', 영국과의 '2차 영일동맹' 등으로 일본의 조선 지배를 인정받았다. 일제는 1905년 군대를 동원해 왕궁을 포위한 가운데 이른바 을사5적을 앞세워 통감부 설치와 외교권 박탈을 뼈대로 한 '을사조약'을 강요했다. 대한제국의 외교권은 사실상 일본이 행사하게 되었고, 대한제국은 일본의 '보호국'이 되었다. 일제는 '을사조약' 이후 대한제국의 재정과 화폐유통체계를 장악하고 납세를 두 배로 늘렸으며 토지 기초조사 작업으로 토지세도 대거 징수했다. 이렇게 조선 민중을 착취한 결과 1910년의 재정규모는 1906년의 3배에 이르렀다. 일제의 이런 폭력적인 수탈과 조세 부과, 상권 장악 등으로 땅과 일자리를 잃은 농민과 소상인은 고향을 등지고 만주나 연해주로 떠났다. 1910년 한일병합 직전까지 고향을 떠난 사람이 60만 명에 달했다.

을사조약 이후 일제의 침략에 대해 양반유생 출신의 운동과 농민 등 민중의 운동은 전혀 다른 방향으로 전개되었다. 양반유생 출신은 개화파의 운동에 이어 계몽운동을 전개했다. 일제가 모든 반일 정치활동을 금지하고 탄압하자, 1906년 이후 계몽운동은 반일 정치운동 대신 문화운동으로 자신의 역할을 제한했다. 사립학교를 세우고, 여러 신문과 잡지를 창간해 대중에게 애국사상을 불어넣었다. 이런 맥락에서 1907년 국채보상운동이 일어났다. 일제가 합법적인 문화운동마저 탄압하자 일부 계몽운동가는 신민회라는 비밀 결사를 조직했다. 이들 내부에서 실력양성론과 독립전쟁론으로 노선이 나뉘고 내부 토론에서 독립전쟁론이 채택되면서 신민회는 만주에 독립군 기지를 만들기로 결정, 이민을 모집하고 자금을 모았다. 양반지주와 자산가 출신의 계몽운동은 이후 신민회 내부의 두 노선에 따라 서로 다른 길을 걷게 되었다. 안창호 등이 주장한 실력양성론과 문화계몽운동은 1920년대 국내 민족개량주의운동으로 이어졌다. 이들은 의병을 오히려 '나라를 망하게 하는 망령된 행동'을 일삼는 '폭도'로 보았다. 반면, 독립전쟁론과 만주 독립군기지 건설 운동은 1920년대 만주에서 일어난 독립군활동의 중요한 밑거름이 되었다.

농민 등 민중은 의병봉기로 대응했다. 1905년부터 활빈당 등 농민 무장세력의 주요 활동지였던 경기·강원·충청·경상북도 일대에서 의병들이 봉기했다. 을사조약 체결 뒤에는 봉건유생들도 곳곳에서 의병을 조직했다. 농민 무장집단과 결합한 의병부대는 신돌석 같은 평민 출신 의병장의 주도하에 유격전을 벌여 헌병분견소, 군청 등 일제의 통치기관을 습격하고, 침탈 도구인 철도·우편취급소·세무소·광산 등을 파괴했다. 의병들의 반일항전 기세가 갈수록 높아지면서 광산노동자, 학생들도 의병부대에 합류했다. 1907년 군대 해산을 계기로 수많은 군인이 의병대열에 참여하자 의병운동은 전국으로, 전 계층으로 빠르게 확산했다. 항쟁지역도 전국 340여 개 군 가운데 몇 개 군만이 빠질 만큼 말 그대로 전국적 양상을 띠었다. 또한 의병부대의 구성에서도 민중적 성격이 강화되어 갔다. 유생과 농민, 해산군인뿐만 아니라 노동자·소상인·지식인·승려·화적 등 여러 계층의 민중이 참여했고, 의병장도 양반 출신보다 평민 출신이 더 많아졌다. 의병장 가운데 양반유생 출신은 25%에 지나지 않았고, 농민·노동자·해산군인·포수 등 평민이 그 나머지를 차지했다.

1908년 초 서울진공계획이 실패한 뒤 1909년까지 의병운동은 하루에도 여러 차례 전투를 치를 만큼 절정기를 맞았다. 그 가운데 대중적 기반이 튼튼한 호남지역의 의병운동이 가장 치열했다. 호남의 의병부대가 일제에 큰 타격을 주고 장기 항전체계를 마련하자, 일제는 1909년 9월부터 2개월간 해안과 육지에서 호남지역을 완전히 봉쇄한 뒤 마치 빗질을 하듯 '남한대토벌작전'을 벌였다.

1907년 영국 기자 매켄지가 촬영한 항일의병.

그 결과 호남지역은 잿더미가 되었고 호남의병이 사실상 궤멸함으로써 의병전쟁도 퇴조하기 시작했다. 호남의병 토벌에 성공한 일제는 조선 식민지화를 서둘러 1910년 8월 29일 '한일병합'을 선언했다. 1911년 말까지도 일제는 경상북도 산악지대와 황해도 일대에서 의병을 토벌한다며 대학살극을 벌였다. 의병들은 만주와 연해주 등지로 옮겨가 만주에는 홍범도·이동휘 등이, 연해주에는 이범윤·최재형 등의 독립군 세력이 자라게 되었다. 나라 안에 남아 있던 의병들은 일본군과 최후의 항쟁을 벌였다. 1915년 황해도에서 맹위를 떨치던 채응언이 평안남도에서 체포되어 처형됨으로써 항일 의병전쟁은 막을 내렸다. 살아남은 의병들은 민중 속으로 몸을 감추어 광산노동자, 화전민, 농민으로 되돌아갔다. 이들은 의병전쟁을 치른 경험을 바탕으로 1919년 3.1운동 때 지방의 반일봉기에 밑거름이 되었다.

1905년부터 10년 남짓 진행된 의병전쟁은 일제의 식민지화 획책을 막고 국권을 회복하는 데는 실패했다. 일제의 막강한 무력 때문이었다. 그러나 의병전쟁은 동학농민혁명에 이어 근대로 자주적으로 이행할 길을 열기 위해 모든 계층이 참가한 반봉건·반침략 민족운동이었다. 우선 일제의 조선 식민지화 획책을 저지하려 했고, 일제 침략세력과 이에 기생하는 매판관료, 친일 주구집단인 일진회원·순검·헌병보조원 등을 타도하는 데 온 힘을 기울였다. 또 일제 침략 첨병인 헌병분견소·순사파견소·수비대 등을 집중적으로 공격하고, 일제 침략의 중추신경인 군사시설·운송수단·통신수단을 파괴해 큰 피해를 주었다. 제국주의 침략이 집중되었던 통상무역, 토지와 이권 침탈도 적극적으로 저지했다. 의병들은 스스로 방곡령을 실시해 쌀 수출을 막고, 일본인의 농장이나 일본인 지주의 소작료 징수원을 습격해 일제에 큰 경제적 손실을 입혔다. 이처럼 의병들은 실력 양성을 주장하며 제국주의 이권 침탈을 근대화의 일환으로 받아들이던 문화계몽운동가들과 달리, 반일·반제국주의 의식이 투철했다.

의병전쟁은 또한 민중의 계급적 요구를 받아 안은 반봉건투쟁이었다. 반봉건투쟁의 대상은 주로 봉건적 수탈에 혈안인 국가와 양반지주들이었다. 일제의 통감부 정책에 저항한 대표적인 항쟁은 세금탈취투쟁이었다. 또 지방지배층인 양반지주, 부호층도 공격했다. 이는 추수곡이나 소작미 탈취 양상으로 나타났다. 아울러 의병전쟁은 양반유생 출신의 합법주의적 문화운동과 달리 일제를 상대로 벌인 비타협적 무장항쟁이었다. 그리하여 의병전쟁은 일제의 식민지화 정책에 실질적인 타격을 입혔고, 일제가 을사조약을 강제 체결한 뒤 '한일병합'을 선언하기까지 무려 5년여 동안 식민지화를 지연시키는 데 결정적인 역할을 했다.

일제의 '무단통치'와 식민지 조선의 원시축적: 토지조사사업

일제는 한일병합 뒤 조선총독부를 설치하고 1919년 3.1운동 때까지 무단통치로 식민지 수탈체제를 만들었다. 일제가 식민지 통치의 주요 수단으로 헌병경찰제도를 실시한 것은 의병전쟁으로 대표되는 식민지 저항운동이 그만큼 치열했기 때문이다. 초대 조선총독 데라우치의 "조선인은 우리 법규에 복종하든지 아니면 죽음을 각오하든지 그 어느 것을 택하지 않으면 안 된다"는 말처럼 일제는 폭압의 공포정치를, 다른 한편으로 식민지 노예교육을 실시했다. 1911년 '조선교육령'을 공포해 "조선인을 천황에게 충량한 신민으로 양성하고, 일본 국민다운 품성을 함양하는 것" 등을 식민교육의 정책 목표로 내세웠다. 그리고 일본인 교사를 채용해 일본어와 일본 역사·지리 등을 가르쳤다. 또 식민교육정책에 따라 민족교육을 하던 사립학교를 대대적으로 정비했다. 1908년 2,000곳 남짓이던 사립학교는 1919년 700여 곳으로 줄었다. 강습소와 야학 등의 민간 교육기관도 탄압했다. 아울러 일본의 조선 지배를 정당화하고 민족 의식을 말살하기 위해 '한일동조동근론', '임나일본부설', '정체성론' 등 식민사관을 만들어 조선 역사를 왜곡·날조했다.

일제가 식민지 수탈체제를 확립하는 데 두 가지가 중요했다. 토지조사사업과 회사령이다. 일제는 1912년 '토지조사령'을 공포해 본격적으로 토지조사사업에 나서 1918년까지 실시했다. 이는 '근대적' 토지소유제도를 확립한다는 빌미로 안정적인 토지세를 확보하려는 것이었다. 또 더 중요한 것으로, 농민들로부터 토지를 수탈해 식민지 조선에서 프롤레타리아를 광범하게 만들어내려는 것이었다. 일제는 토지소유관계를 정리한다면서 30~90일 안에 토지소유자가 신고하면 그 땅을 신고자 소유로 인정하겠다고 선전했다. 지주들은 거의 자기 토지를 신고했다. 그러나 많은 농민은 신고절차도 복잡하고 나라마저 빼앗긴 상태에서 일제의 지시에 따르기를 꺼렸다. 토지조사 사실조차 모르는 농민도 많았다. 사업이 끝나고 조선총독부는 신고되지 않은 많은 토지를 국유지로 만들었다. 또 황실 소유지와 공유지인 역토와 둔토를 비롯해 전국에 흩어져 있는 미개간지·개간지·간석지와 산림 등을 모두 국유지로 만들었다. 1911년 '산림령'과 1916년 '임야조사사업'으로 전체 산림의 60%를 국유림으로 편입해 빼앗았다. 1911년 '조선어업령'으로 좋은 어장은 거의 일본인 어부에 넘어갔다. 광산개발권도 대부분 일본인이 차지해 1913년 현재 광산의 75%가 일본인 소유였고, 조선인 소유 광산은 1%에 불과했다.

토지조사사업의 결과 이제까지 실제로 토지를 소유했던 수백만의 농민이 토지에 대한 권리를 잃고 영세소작인 또는 화전민·자유노동자로 전락했다. 반면 조선총독부는 전 국토의 40%에 해당하는 전답과 임야를 차지하는 대지주가 되었다. 토지조사사업이 끝난 1918년 논의 64.6%, 밭의 42.6%가 소작지가 되었다. 전체 농가 수 3.1%에 해당하는 지주가 경지면적의 50.4%를 차지했고, 자작농이 19.7%, 자작 겸 소작농과 소작농이 77.2%나 되었다. 조선총독부의 토지세 수입은 1910년 600여만 원에서 1918년 1,156만9,000여 원으로 2배가량 늘었고, 1918년 일본으로 수출된 쌀은 1910년에 비해 5배로 늘었다. 일제는 이 과정에 전통적 경작권을 비롯한 농민의 여러 권리를 부정하고 지주의 소유권만을 인정해 지주층을 식민지 농업정책의 협력자·동반자로 포섭했다. 총독부는 국유지로 편입된 토지를 동양척식주식회사나 일본인에 헐값으로 팔아넘겼다. 1915년에는 일본인 지주가 전체 경지면적의 10%를 넘게 소유했다. 주로 곡창지대인 호남과 경기도에 집중되었다. 토지조사사업은 자본주의적 토지소유제도의 확립을 구실로 지주의 소유권을 강화한 식민지지주제를 확립하는 한편, 토지로부터 완전히 분리되거나 절반쯤 분리된 프롤레타리아를 광범하게 만들어냈다. 이들 소작농은 이후 식민지 자본주의가 자본축적을 본격화할 때 임노동자의 주요 공급원이 되었다. 따라서 토지조사사업은 식민지 조선에서의 '원시축적'이라 할 수 있다.

한편 일제는 1910년 '조선회사령'을 공포했는데, 이는 개항 뒤 성장하던 조선인 자본을 억제하고 일본자본주의의 요구에 맞게 조선의 산업을 재편하려는 것이었다. 회사를 설립하거나 일본 외 다른 나라의 회사가 조선에 본사 또는 지사를 세우려 할 때는 조선총독의 허가를 받게 했다. 조선에 회사를 세우거나 해산할 수 있는 모든 권한을 조선 총독이 가졌다. 그 결과, 1919년 민족별 자본 구성은 조선인 기업이 11.6%, 일본인 기업이 78.4%, 조일 합동기업이 8.9%로 일본 자본이 압도적이었다. 이처럼 1910년대에 일제에 의해 식민지 수탈체제가 확립됨에 따라 조선은 일본에 쌀을 중심으로 한 원료를 수출하고 일본 공산품을 소비하는 전형적인 식민지가 되었다.

1917년 기준 전체 인구의 85%를 차지하던 농민(농림업)의 처지는 더욱 나빠졌다. 토지조사사업 뒤 지주와 소작농이 늘었다. 지주들은 5할이던 소작료를 20~30% 더 높여 소작농을 착취했고, 지세·비료 등 농업경영비까지 소작인에 떠넘겼다. 농업만으로 살기 힘들었던 농민은 농한기가 되면 부근의 공사장이나 광산, 부두에서 날품을 팔아 모자라는 생활비를 보충했다. 고향을 등지고 도시로 나가 노동자가 되거나 산에 들어가 화전을 일구고, 아예 만주나 연해주로 떠나는 사람도 늘었다. 1919년 공장노동자 수는 4만여 명에 달했고, 광산, 부두, 토목건설, 서비스 부문의 단순노동에 종사하는 자유노동자가 10만여 명에 이르렀다. 조선 노동자는 하루에 12~16시간이나 일했지만, 임금은 같은 직종에서 일하는 일본인 노동자의 3분의 1에서 절반 정도에 지나지 않았다. 일제의 무단통치 아래 조선 민중은 민족적 차별과 정치적 억압을 받으며 높은 소작료, 장시간노동, 저임금에 시달렸다. 조선 민중의 이런 처지가 1919년 3.1운동의 사회경제적 배경이 되었다.

3.1운동은 정치적으로는 당시 국제정세에 크게 영향을 받았다. 1917년 러시아혁명의 성공과 소비에트공화국 레닌의 '민족자결의 원칙'은 억압받는 수많은 식민지·반식민지 민족에 강한 영향을 미쳤다. 또 미국의 윌슨 대통령이 '민족자결주의'를 선언한 것도 식민지 피억압 민족에게 독립의 '환상'을 불어넣었다. 레닌과 달리, 윌슨은 '민족자결'의 대상을 승전국이 지배하는 식민지를 뺀 일부 패전국 식민지에 국한했다. 1차 세계대전 뒤 새로운 사조로 나타난 '민족자결'은 나라 안팎 우리 민족에게 반일 독립운동을 크게 고무시켰다. 부르주아 민족주의자들은 윌슨의 민족자결주의를 '세계개조의 신시대'로 받아들여 열강의 도움으로 독립할 좋은 기회로 여겼다. 그러나 윌슨의 민족자결주의는 승전국인 일본의 식민지인 우리 민족과는 아무런 관계가 없었다. 제국주의 열강들은 일본 식민지인 조선의 독립을 인정하지 않았다.

1919년 독립선언을 별도로 준비한 학생대표와, 천도교·기독교·불교계의 지도자 및 언론·교육계의 지식인 등 이른바 '민족대표'들이 3월 1일 탑골공원에서 독립선언식을 갖기로 했다. 그런데 민족대표들은 "내일 많은 학생과 시민이 모이면 군중심리에 따라 뜻밖의 동요가 있을지도 모른다"는 이유로 학생들과의 약속을 어겼다. 민족대표들은 3월 1일 요릿집 태화관에 모여 독립선언서를 읽은 뒤 경무총감에게 전화해 연행·구속을 자청하는 등 스스로 투항해버렸다. 탑골공원에서는 학생 주도로 독립선언식이 거행되었다. 같은 시각에 평양·의주·원산·진남포 등 6개 도시에서도 독립만세 소리가 울려 퍼졌다. 이후 만세시위는 서울과 주요 6개 도시에서 중소도시로, 다시 시골 장터로 이어졌다. 3월 말과 4월 초에는 전국적인 시위로 발전하며 절정에 이른다. 점차 농민과 노동자가 운동을 이끌었고 시위 양상도 비폭력의 틀을 넘어섰다. 학생들은 등교거부, 동맹휴업 등으로 시위를 이어갔다. 노동자들은 시위와 동맹파업으로 운동에 앞장섰다.

일제가 평화적인 만세시위를 무자비하게 탄압하자 농민들은 낫·괭이·몽둥이 등으로 무장했다. 또 면사무소, 군청 등을 습격해 세금징수 장부 등을 불태우고 헌병주재소나 경찰관서를 습격해 순사를 살해하거나 쫓아버렸다. 투쟁대상도 확대되었다. 금융조합, 시장 관리인 같은 일제의 착취기구나 그 대리자들, 그리고 일본인 지주나 상인, 고리대업자 등을 타격했다. 2개월에 걸쳐 200만 명이 넘는 민중이 3.1운동에 참가했다. 전국 232개 부·군 가운데 229개의 부·군에서 1,491건의 시위를 벌였고 160개 남짓의 일제 통치기관을 파괴했다. 4월 말에 들어 일제의 야만적인 탄압으로 3.1운동은 막을 내렸다. 일제 통계에 따르면, 3월 1일에서 5월 말까지 학살된 사람이 7,979명, 부상자가 1만5,961명, 검거자가 4만6,948명이었다.

3.1운동은 민족해방운동사에 중요한 분기점이 되었다. 우선 항일운동의 주된 흐름으로 공화주의운동을 뿌리내렸다. 3.1운동의 결

과 우리 역사에서 처음으로 공화주의를 내세우는 임시정부가 들어섰다. 또 3.1운동의 주체로 참여한 농민·노동자의 의식이 높아지며 이들 민중이 이후 민족해방운동의 주력으로 등장했다. 비폭력운동의 한계를 느낀 농민·학생·노동자 등이 시위를 주도하는 과정에서 폭력으로 나아갔지만, 조직화·무장화하지 못함으로써 큰 희생을 치렀다. 이후 만주와 연해주로 망명한 시위 참가자들은 독립군 단체에 참가해 무장항쟁에 나섰다. 끝으로, 일제는 조선민족의 강한 저항에 부딪혀 '무단통치'에서 '문화정치'로 통치방식을 바꾸지 않을 수 없게 되었다.

일제의 '문화정치'와 식민지 자본주의의 형성

3.1운동 이후 '문화정치'를 내세운 일제는 1920년대에 산미증식계획을 통해 조선에서 대량 생산한 쌀을 일본으로 빼내어 일본노동자의 저임금을 유지하려 했다. 다른 한편, 일본 독점자본의 조선진출을 원활하게 하기 위해 회사령을 폐지했다. 일제의 식민지경제정책은 철저히 일본자본주의의 필요와 요구에 따른 것이었다.

우선 '문화정치' 자체가 기만이었다. 악명 높던 헌병경찰제를 외관상 보통경찰제로 바꾸었지만, 실제로는 반일운동을 효과적으로 탄압하려고 경찰과 군대를 더욱 강화했다. 경찰관서와 경찰의 수는 3.1운동 이전보다 3배 넘게 늘었고, 경찰 경비도 3배 이상 늘어총독부 예산에서 가장 많은 비중을 차지했다. 1925년에는 조선 민중을 감시, 억압하기 위해 치안유지법을 만들었다. 일제는 조선인에 언론·출판·집회·결사의 자유를 일부 허용했다. 그 결과 〈동아일보〉, 〈조선일보〉 등 조선인 신문이 발간되었다. 그러나 철저한 검열로 식민지 지배를 인정하는 한도 안에서만 '자유'를 누릴 수 있었다. 또 조선민족이 열등하다고 널리 교육·선전해 우리 민족에게 패배주의와 허무주의를 강요하고 식민지 노예로 길들이려 했다. 일제는 이런 기만적인 문화정치를 미끼로 3.1운동 뒤 흔들리던 조선인 대지주와 자본가, 지식인 등 부르주아 민족주의 상층부를 식민지 지배체제 안으로 끌어들여 민족을 분열시키려 했다. 일제는 "친일분자를 귀족·양반·부호·교육가 등에 침투시켜 여러 친일단체를 조직케 할 것, 친일적인 민간유지에게 편의와 원조를 제공하고 수재교육의 이름 아래 조선청년을 친일분자의 인재로 양성할 것, 조선인 부호 자본가를 일본자본가와 연계시킬 것" 등 6가지 친일파 육성방침을 세웠다. 조선인 대지주·예속자본가·지식인 등 부르주아 민족주의 상층부는 1920년대 일제의 '문화정치'에 포섭되었다. 이들은 일제가 실시한 회사령 철폐, 산미증식계획 등 식민지경제정책에 적극적으로 참여했다.

한편 산미증식계획은 일본의 식량부족 문제를 해결하기 위한 것이었다. 일제는 1차 세계대전으로 막대한 자본을 축적해 독점자본주의 체제를 확립했다. 일본에서는 늘어난 노동계급의 식량이 부족해 대규모 '쌀 소동'이 일어났다. 이를 해결하기 위한 것이 식민지 조선에서의 산미증식계획이었다. 일제는 쌀 중심의 단작경영을 강요하고 많은 자본을 투자해 토지개량사업을 실시했고 조선에서 많은 양의 쌀을 빼앗아갔다.

[표1] 쌀 생산과 수출·소비량

연도	총생산량 (천 석)	일본 이출량 (천 석)	조선인 1인당 미곡 소비량(석)	일본인 1인당 미곡 소비량(석)
1920	12,708	1,750	0.63	1.12
1921	14,882	3,080	0.67	1.15
1922	14,324	3,316	0.63	1.10
1923	15,014	3,624	0.65	1.15
1924	15,174	4,722	0.60	1.12
1926	14,773	5,429	0.53	1.13
1927	15,300	6,136	0.52	1.09
1928	17,298	7,405	0.54	1.13
1929	13,511	5,609	0.45	1.11
1930	13,511	5,426	0.45	1.08

출처: 조선은행조사부, 『조선경제연감』, 1948. 역사학연구소(2016), 160쪽에서 재인용.

산미증식계획에 따른 수리조합 건설과 농사 개량을 빌미로 한 비료, 종자, 개량농구의 구매 강제를 통해 일본 독점자본이 농촌에 침투했고, 이는 조선 농민의 몰락을 촉진했다. 다른 한편, 농사 개량을 위한 자금이 지주에 지급되고 수리조합을 지주 중심으로 운영하게 하여 식민지 지주제는 강화되었다. 수리사업에 따라 쌀 생산량은 크게 늘었으나, 소농민은 수리조합비와 온갖 세금을 떠안으며 갈수록 몰락했다.

　회사령은 1920년 철폐되었는데, 이는 일본 독점자본이 조선에 자유롭게 들어올 수 있는 길을 열어주기 위한 것이었다. 1910년대에 조선에 들어온 일본자본은 대부분 상업이윤을 노리는 중소자본이었기 때문에 회사령을 통해 조선인 자본의 성장을 억제하고 일본인 자본의 활동을 지원해야 했다. 그러나 1차 세계대전을 거치며 일본 독점자본주의가 확립되자 이제 일본 독점자본이 조선에 쉽게 들어올 수 있도록 자본이동에 대한 제한을 없앨 필요가 있었다. 1910년대 말부터 1920년대 후반까지 일본 독점자본은 주로 제사, 면방직, 식료품(맥주, 제당) 등 경공업 부문에 들어왔다. 조선인 자본은 양조업, 정미업, 요업, 직물업 등 전통적인 부문과 고무신공업, 양말공업, 생선기름 제조업 등으로 활발하게 진출했으나 경기 침체와 일본 독점자본의 압박으로 곧 정체되고 말았다. 1920년대 자본의 민족별 구성은 일본인 자본이 70% 정도로 압도적이었고 조선인 자본은 10%에도 미치지 못했다. 나머지 조선인·일본인 합작자본도 실제로는 거의 일본인 자본이었다. 1920년에서 1928년 사이에 공장 수는 2.6배, 자본금은 3.4배, 종업원 수는 2.2배 늘었다. 부문별 구성은 1925년에 식료품이 70.6%, 방직공업이 6.8%, 화학공업이 4.2%를 차지했다. 금속, 화학, 기계공업 등 중공업의 비중은 10% 정도였다.

　이처럼 1920년대 일본자본이 조선에 본격적으로 들어옴에 따라 조선에 식민지 자본주의가 형성되기 시작했다. 그에 따라 자본/임노동 관계를 둘러싼 계급모순이 심화하고 노동운동 성장의 바탕이 되었다. 우선 노동자 수가 크게 늘었다. 공장 노동자 수는 1921년 4만9,000여 명, 1925년 8만여 명, 1928년 10만여 명으로 늘었다. 광산, 철도, 운수, 해운 노동자는 7만여 명이었다. 여기에 토목과 건설, 서비스 부문의 자유노동자를 더하면 조선 노동자의 수는 100만 명을 넘었다. 노동자 가운데 유년노동자가 7.5%, 여성노동자가 35%를 차지했고, 조선 노동자는 열악한 노동조건에서 비참하게 생활했다. 조선인 노동자의 임금은 일본인 노동자의 절반이었고, 그나마 여성노동자 임금은 남성노동자의 절반에 불과했다.

전체 인구의 70~80%를 차지하던 농민의 처지도 노동자와 크게 다르지 않았다. 1920년대에도 지주와 소작농·화전민은 계속 늘었으나 자작농·자소작농은 해마다 줄었다. 소작농은 수확량의 절반이 넘는 소작료를 내고도 수세 등 온갖 세금과 지주가 부담해야 할 비료·농기구 구입비까지 떠안아 실제 부담은 수확량의 70~80%나 되었다. 이런 고율의 소작료 부담 때문에 농민 생활은 더욱 어려워졌고 고리대 부채도 늘어났다. 많은 농민은 토지를 빼앗기고 소작농이 되거나 화전민·세궁민(매우 가난한 사람)·걸인으로 전락했다. 1926년 세궁민과 걸인이 전체 인구의 11%인 216만여 명이었는데, 1931년에는 세궁민이 전체 인구의 25%인 520만여 명, 걸인은 16만여 명으로 크게 늘었다. 이에 따라 소작농 등 빈농은 점차 농업노동자나 도회지의 임금노동자, 빈민층이 되었다. 많은 농민이 일본·만주·시베리아 등 나라 밖으로 떠났다. 일본으로 옮겨 간 조선인은

1921~1930년에 130만여 명이나 되었다. 중국 간도지방 등지로 이주한 농민은 1921~1929년에 36만여 명에 이르렀다. 소상인, 중소 수공업자의 사정도 마찬가지였다. 이들은 일제의 독점자본과 경쟁에서 상대가 되지 않았고 여러 정책과 무거운 세금 때문에 자유롭게 성장할 수 없었다.

1920년대 일제의 '문화정치' 아래 식민지 자본주의가 형성되는 시기에 우리 민족의 대응은 국내에서 계급적으로 분화되었다. 나라 밖에서는 대한민국 임시정부가 수립되고 만주지역에서는 항일무장투쟁이 벌어졌다. 조선인 대지주, 자본가와 일부 지식인은 '문화정치'를 비판 없이 받아들여 일제가 허용하는 범위 안에서 경제적으로는 실력을 기르고, 사상적으로는 민족성을 개조하고, 정치적으로는 자치권을 획득하자고 주장했다. 이른바 민족개량주의와 실력양성운동이다. 호남지방의 대지주이자 자본가인 김성수의 〈동아일보〉 계열, 이광수·최남선·최린 등의 지식인, 종교인 등이 대표적인 민족개량주의 세력이었다. 실력양성론에서 자치론으로 이어진 민족개량주의는 민족독립을 포기한 친일타협노선이었다. 이들은 노동자, 농민의 사회주의운동과 대립하며 민중을 기만함으로써 일제의 식민통치에 기여했다. 부르주아 민족주의 세력 가운데 일제와 비타협적인 투쟁을 추구한 일부 세력은 1920년대 후반에 사회주의 세력과 힘을 합쳐 신간회 운동에 참여했다.

3.1운동이 진행 중이던 1919년 4월에 상하이에서 민주공화제를 채택하고 이승만을 대통령으로 한 대한민국 임시정부가 출범했다.

임정은 처음부터 외교활동에만 힘을 쏟는 '외교독립론'을 따랐다. 그러나 제국주의 열강들이 임정을 거들떠보지도 않아 아무 성과를 얻지 못했다. 그 후 내부 분란으로 별다른 역할을 하지 못하면서 임정은 나라 밖 수많은 독립운동단체 가운데 하나로 전락했다. 1910년대에 이미 100만 명에 가까운 이주 동포사회를 바탕으로 서북간도와 연해주에 여러 민족주의 무장독립단체가 있었다. 이들 단체는 비폭력노선에 한계를 느끼고 '독립전쟁론'을 내세우며 국내 진공을 목적으로 무장투쟁을 벌였다. 대표적으로 홍범도가 이끄는 대한독립군(봉오동 전투)과 김좌진이 이끄는 북로군정서(청산리 전투), 김원봉의 의열단 등을 들 수 있다. 이 독립군 단체들은 상하이 임정과 달리 모두 만주 교포사회를 바탕으로 행정·입법·사법부를 갖춘 일종의 자치정부였고, 교포사회에서 거둔 세금으로 정부를 운영하고 독립군을 양성했다. 일본군과 전투를 치르는 등 무장항쟁을 벌였지만, 끊임없는 일본군의 토벌과 지도부 대립으로 차츰 쇠퇴했다.

한편, 지식인을 중심으로 사회주의운동이 성장하고 노동자, 농민의 민중운동이 급속히 발전했다. 러시아혁명과 1차 세계대전 직후 고양된 국제혁명운동의 영향을 받아 사회주의가 국내에 급속히 수용되었다. 1920년대 초 국내에 사회주의사상이 보급되자 지식인·청년·학생·선진노동자들은 대중단체와 여러 서클을 만들었다. 이런 흐름과 노력이 모여 1925년 조선공산당이 창립되었다. 조선공산당은 1차 당대회에서 "조선혁명은 민족해방, 반제국주의 혁명이어야 한다"고 선언했으며, 모든 '애국세력'과 적극 동맹해야 한다고 결정했다. 조선공산당은 비타협적 민족주의자들과 공동투쟁을 모색했으며, 1926년 순종 장례일을 계기로 6.10만세운동을 조직하는 데 앞장섰다. 조선공산당은 4차례에 걸친 일제의 혹독한 탄압을 받아 거듭 무너졌지만, 그때마다 당을 다시 만들어 일제에 맞섰다. 조선공산당은 민족해방과 계급해방을 긴밀하게 연결해 새로운 독립국가인 민주공화국 또는 인민공화국을 건설하는 것을 목표로 삼았으며, 노동운동, 농민운동 등 여러 부문운동에 큰 영향을 미쳤다. 그러나 당시 조선 노동계급이 크게 성장하지 못한 까닭에 당원들은 노동계급보다 지식인이 많았다.

노동운동은 1920년대에 의식화, 조직화를 거쳐 1929년 원산총파업과 같은 대중투쟁으로까지 발전했다. 이는 친목단체에서 시작해 조선노동공제회, 조선노농총동맹을 거쳐 1927년 조선노동총동맹과 조선농민총동맹으로 분리, 발전했다. 1920년대 후반, 투쟁을 통해 조직과 계급의식을 발전시킨 노동운동은 1929년 원산총파업에서 절정에 이르렀다. 원산 인구의 3분의 1이 참여한 원산총파업은 비록 패배했지만, 4개월간의 완강한 투쟁으로 전국적 지지·연대를 끌어내고, 국제적 지원·연대로까지 발전했다.

농민운동은 소작빈농이 중심인 소작인조합에 자작농까지 참여하며 농민 일반의 대중조직인 농민조합으로 발전했다. 농민들은 소작인조합을 중심으로 주로 높은 소작료를 낮추기 위해 대지주 대상의 소작쟁의를 벌였다. 1920년대 후반에는 소작쟁의가 크게 늘었다.

농민들의 항쟁은 산미증식계획을 통해 조선을 수탈하려던 일제 식민정책에 큰 타격을 주었다. 수많은 청년단체, 학생단체, 여성단체가 만들어지고 청년운동, 학생운동, 여성운동 등의 부문운동도 활성화되었다. 또 백정이라는 특수직업인들은 신분차별과 사회적 멸시를 타파하려고 조선형평사라는 대규모 전국조직을 발전시켜 백정의 인권운동뿐 아니라 사회 각 부문운동에도 적극적으로 참여했다.

1920년대 노동운동, 농민운동을 비롯하여 청년학생·여성·형평운동 등의 대중운동은 모두 사회경제적 처지를 개선하려는 것이었지만, 일제의 억압과 수탈구조 때문에 반일의 성격을 띠지 않을 수 없었다. 대중운동의 이런 발전을 토대로 1927년 조선공산당 주도의 사회주의 세력과 비타협적 민족주의 세력은 '반일민족통일전선'으로서 신간회를 결성했다. 개인 가입을 원칙으로 한 신간회는 해소될 때인 1931년 141개 지회, 회원 수 4만여 명에 이르렀다. 신간회는 민족주의세력이 일제와 타협하고 우경화하면서 결국 해소되었다.

세계대공황과 일제 침략전쟁하의
식민지 자본주의

1929년 10월 세계대공황은 자본주의 사상 최악의 대공황으로 자본주의 시장시스템을 붕괴시켰다. 후발 선진국이던 일본 자본주의도 심각한 타격을 입었다. 대량부도와 대량실업, 심각한 농업공황 등으로 일본 노동자와 농민들도 투쟁에 나섰다. 일본 독점자본은 후발 선진국인 독일, 이탈리아와 마찬가지로 일본 내 독점을 강화하고 대외적으로는 침략전쟁을 통해 위기를 벗어나려 했다. 일본 군벌과 독점자본은 이를 위해 군수산업을 중심으로 중화학공업화를 추진했다. 그리고 1931년 만주침략(만주사변)을 시작으로 1937년 중일전쟁, 그리고 1941년 태평양전쟁(미일전쟁)을 일으켰다. 일제는 만주를 침략한 후 일본-조선-만주를 엔블록 경제체제로 묶었다. 이에 따라 식민지 조선의 산업구조를 농업 중심에서 농공병진 구조로 재편했다. 또 만주사변을 전후해 식민지 조선을 전시체제로 전환했다. 경찰과 군대를 대폭 늘려 조선 민중을 탄압하는 한편, 사상통제를 강화했다. 사회주의운동이 생산현장과 결합해 혁명적 농민운동과 노동운동이 일어나고 있었기 때문이다. 1930년에서 1935년 사이에 사상사건으로 일제에 체포된 조선인은 2만여 명에 이르렀다. 자치운동을 벌였던 민족개량주의자들은 전시체제가 되자 총독부 동원기구에 참여해 조선인들을 동원하는 데 적극 앞장섰다. 민족개량주의자들은 이제 친일파로 변신해 갔다.

일본-조선-만주의 엔블록 경제체제는 일본을 핵심공업지대로, 만주를 농업·원료지대로, 그리고 조선은 1차 원료를 가공하는 보조공업지대로 하는 분업구조였다. 이에 일본 독점자본은 시멘트·비료·화학 등 중화학공업과 만주시장을 노리는 제사·방직업 분야로 진출했다. 그 결과, 조선은 1930년대 들어 군수산업 관련 부문이 크게 성장했다. 일제는 1937년 중일전쟁을 일으키며 조선을 중국 대륙 침략의 병참기지로 만드는 정책을 본격적으로 실시했다. 일본 독점자본은 금광과 군수용 광물 채굴에도 나섰다. 이에 따라 광산 노동자의 수는 1931년 3만6,000여 명에서 1944년 28만8,000여 명으로 8배나 급증했다. 이처럼 일제의 식민지 공업화 정책에 따라 조선 노동계급의 수는 빠르게 늘었다. 공장노동자 수에 교통·통신·운수·광산·수산 분야의 노동자를 더한다면 1940년대 노동자 수는 100만 명을 훨씬 넘어 200만 명에 이르렀을 것으로 추산된다. 노동계급의 구성도 크게 바뀌었다. 1930년대 말에 이르면, 화학·금속 등 중화학공업 노동자가 공장노동자의 절반 가까이 차지했다.

[표2] 공장 수와 노동자 수

연도	공장 수(개)	지수(%)	노동자 수(명)	지수(%)
1936	5,927	100	188,250	100
1939	6,952	117	270,439	144
1945	14,856	250	549,751	292

출처: 조선은행조사부, 『조선경제연보』, 1948, I−99쪽. 역사학연구소(2016), 218쪽에서 재인용.

일제의 조선 공업화 정책은 일본 독점자본이 식민지 경제를 완전히 지배하여 식민지 노동계급과 민중을 더욱 착취하려는 것이었다. 이를 위해 노동통제정책을 강화했다. 일제는 집회금지, 기존 노조 해체, 노조 신설 금지, 어용노조 설립 등 여러 방법을 써서 노동자와 노동단체를 탄압했다. 노동자의 투쟁에 대해서는 파업노동자를 집단 해고하는 등 강력한 탄압을 가했다. 농촌에서는 농민들의 소작쟁의와 혁명적 농민조합운동을 막기 위해 농촌의 '자력갱생'을 내세우며 관제농민운동인 '농촌진흥운동'을 펼쳤다. 민족개량주의자들은 농촌진흥운동에 발맞추어 농촌계몽운동에 적극 나섰다. 이들은 "힘써 배우자, 아는 것이 힘이다" 등의 구호를 내걸었다. 농민들이 열심히 배우고 절약한다면 잘 살 수 있으며 민족의 실력도 길러진다고 주장했다.

전시체제에 조선 노동자의 노동조건은 더욱 열악해졌다. 대부분 12시간 넘게 일하고 저임금에 시달려야 했다. 일본 독점자본의 '산업합리화' 정책이 기계화보다는 노동강도 강화에 초점을 맞추었기 때문에 군대식 노동규율이 강제되었다. 욕설과 구타, 학대라는 야만적인 통제방식이 민족적 차별과 성적 차별과 함께 행해졌다. 말 그대로 임금노예 상태에서의 노동은 심각한 산업재해를 겪을 수밖에 없었다. 정확한 통계는 없지만, 공장과 광산, 건설현장에서 산업재해로 사상자가 크게 늘었다. 대부분의 노동자는 집 없이 제방·다리 밑·산림 등을 점거해 허술한 오두막집이나 토굴을 만들어 처참한 빈민굴을 형성했다. 토목건축에 종사하는 공사장 막일꾼들의 경우 대부분 함바라고 부르는 공사장 부근 임시 가건물의 공동숙사에 수용되었다. 농민들도 일제의 농업정책과 공황 때문에 빠르게 몰락했다. 자작농이 소작농, 소작농이 농업노동자가 되었다. '춘궁기'를 버티기 어려워 농촌을 떠난 농민들은 화전민이 되거나 도시 외곽에 머물며 실업자, 날품팔이 등 도시빈민이 되었다. 도시빈민은 다리 밑이나 언덕에 움집을 짓고 토막민을 형성했다. 나라 밖으로 이주하는 조선인도 크게 늘었다. 1930년대 만주에 100만 명, 연해주에 50만 명의 조선인이 살았고, 10만 명 넘는 조선인이 해마다 일본으로 건너갔다.

일제의 전시체제하에서 국내 사회주의자들은 1931년 무렵부터 비합법 비밀결사조직인 혁명적 노동조합과 농민조합(적색노조·적색농조)을 먼저 만들고 그 가운데 뛰어난 활동가를 중심으로 공산주의자 그룹을 강화한 뒤에 조선공산당을 재건한다는 계획을 갖고 활동했다. 1931년부터 1936년 사이에 활발하게 일어났던 조선공산당 재건운동과 적색노조/농조운동은 노동자·농민 출신의 활동가들을 배출하는 등 일정한 성과를 거두었으나 지역에 고립되어 산발적으로 활동함으로써 일제의 탄압을 이겨내지 못했다.

1937년 중일전쟁을 계기로 식민지 조선을 총동원체제로 전환한 일제는 우선 '황국신민화 정책'을 더욱 강화했다. 1937년 일제는 전국의 모든 읍·면에 천황의 귀신을 모시는 신사(神社)를 만들어 조선인을 강제로 참배시켰다(신사참배). 1939년부터 일본인 조상과 조선인 조상은 같다('일선동조론')고 하며 조선인의 고유한 성씨를 일본식 성씨로 바꾸도록 강요했다(창씨개명). 또 조선말 대신 일본말만 쓰게 했다. 1941년에는 황민화교육의 수단으로 '황국신민학교'라는 뜻의 '국민학교제'를 실시했다. 일제는 1938년 '국가총동원법'을 만들어 조선의 인적·물적 자원을 마음대로 동원했고, 지원병 형태로 조선청년을 전쟁에 끌어들였다. 1943년 '학도지원병' 제도를 강행했고, 1944년에는 징병제를 실시해 일제가 항복할 때까지 20만여 명의 조선청년을 전쟁터로 끌고 가 총알받이로 삼았다. 1939년 '국민징용령'을 발표한 후 1945년 전쟁이 끝날 때까지 100만 명이 훨씬 넘는 조선인을 강제 동원해 탄광, 광산, 토건공사장, 군수공장 등에서 노예노동을 강요했다. 노무관리는 총독부가 직접 주도해 감독하고 '산업전사'라며 상명하복의 군대식 규율을 강제했다. 1944년 '여자정신대근무령'을 만들어 수십만 명의 조선여성을 강제 동원해 군수공장이나 전쟁터 군 위안소의 '위안부'(성노예)로 삼았다. 1939년 전시물자 공급을 위한 물자동원 계획에 따라 집집마다 뒤져 모든 쇠붙이를 거두어갔다. 고철, 농기구, 가마솥은 물론이고 숟가락, 젓가락, 불상 심지어 금니까지 뽑아갔다. 또 공출제도를 실시해 농산물의 전체 생산량 가운데 40~60%를 강제로 빼앗았다.

일제의 이런 전시 파쇼체제하에서 우리 민족의 대응은 정반대의 두 방향으로 나뉘었다. 민족개량주의세력은 '철저한 일본인화'를 내세우며 더욱 노골적인 친일 행위로 나아갔다. 이들은 일제의 전시동원체제를 찬양하고 인적·물적 동원을 앞장서서 독려했다. 반면, 노동자 농민 등 민중세력은 국내에서 생존권 투쟁을 벌였는데 점차 반전·반일투쟁의 성격을 띠었고, 해외에서는 항일무장투쟁에 나섰다. 노동자들은 1930년대 전반기에 임금인하 반대, 민족차별 반대 등 생존권 투쟁을 산발적으로 지속했다. 중일전쟁 이후에도 중화학공업화가 집중적으로 이루어진 북부지방을 중심으로 파업투쟁(연평균 107건, 6천여 명의 노동자 참가)과 함께 태업, 결근, 집단탈주,

기계파괴, 공사방해 등 다양한 형태의 생존권 투쟁이 벌어졌고, 점차 반일·반전 성격을 띠었다.

[표3] 1930년대 파업투쟁 발생 현황

연도	발생건수(건)	참가인원(명)
1929	102	8,293
1930	160	18,972
1931	201	17,114
1932	152	14,824
1933	176	13,835
1934	199	13,098
1935	170	12,187
1936	138	8,248
1937	99	9,146
1938	90	6,929

출처: 조선총독부 경무국 편, 「최근 조선치안 상황」, 1938, 86~87쪽. 역사학연구소(2016), 228쪽에서 재인용.

농민들은 일본인 농장을 중심으로 소작쟁의를 일으키고 강제공출, 노동력 강제동원, 군수작물 재배강요, 강제징발 등의 전시 수탈정책에 반대하는 투쟁을 벌였다. 농민들은 공출에 반발해 곡물을 숨기거나 모아둔 농산물에 불을 지르기도 했다.

[표4] 1930년대 소작쟁의 상황

연도	발생건수(건)	참가인원(명)
1929	36	2,620
1930	92	10,137
1931	57	5,486
1932	51	2,910
1933	66	2,492
1934	106	4,113
1935	71	2,795
1936	56	3,462
1937	24	2,234
1938	30	1,338

출처: 조선총독부 경무국 편, 「최근 조선치안 상황」, 1938, 98~99쪽. 역사학연구소(2016), 230쪽에서 재인용.

강제로 전쟁터에 끌려간 조선 청년들 가운데 일부는 전쟁터에서 도망쳐 항일무장세력에 가담하거나 부대 안에서 폭동을 일으켰다. 일본에 강제로 끌려간 조선 노동자들도 파업투쟁, 태업, 시위 등을 벌이거나 도망쳤다. 이처럼 국내외에서 조선 노동자, 농민, 학생 등 민중의 일제에 맞선 저항이 완강하게 지속되자 일제는 이들을 '사상범'으로 몰아 구속하기에 바빴다. 해방 당시 정치범 3만여 명은 바로 일제의 전시 파쇼체제에 끝까지 저항한 민중들이었다. 이들은 일제하에서 탄압으로 구속되었지만, 해방 직후 석방되자마자 순식간에 노동자, 농민을 대중조직으로 묶어 세워 민중을 하나의 사회정치세력으로 형성해냈다. 그리고 남한 내 가장 강력한 사회정치세

1945년 8월, 광복을 맞아 마포형무소에서 출옥한 애국인사.

력이던 노동계급은 일제 대신 남한을 점령한 미국 제국주의에 맞서 한판 싸움을 벌였다.

한편, 일제의 수탈을 피해 생존을 위해 이주했거나 항일무장투쟁을 위해 만주로 이주한 조선인은 1938년 100만 명, 1942년 150만 명, 1945년 무렵에는 200만 명에 이르렀다. 이들을 기반으로 만주에서 항일무장투쟁이 활발히 전개되었다. 중국공산당의 지도하에 항일유격대를 거쳐 동북항일연군과 조국광복회 등의 조직이 만주와 조선 내 함경도, 평안도 북부 지역에서 국내 진공작전도 벌였다. 일제의 대대적인 토벌로 존립이 어려워지자 만주의 항일무장투쟁 세력은 1940년 소련으로 들어갔다. 중국 국경 내에서는 통일전선운동 세력이 조선의용군을 조직해 중국 공산당의 팔로군 활동을 지원했다. 민족주의 세력은 김구를 중심으로 한 임시정부를 통해 중국 국민당의 지원 아래 한국광복군을 조직했으나 일본군과 직접 전투를 수행하지는 않았다.

식민지 자본주의의 유산

봉건 조선이 내부 계급투쟁을 통해 자주적으로 봉건제를 청산하고 근대로 이행할 역사적 길은 제국주의 열강에 의해 가로막혔다. 농민을 중심으로 한 민중의 아래로부터의 반봉건 계급투쟁은 일제의 막강한 무력과 탄압에 의해 좌절되었다. 이로 인해 봉건 조선은 외세에 의해 강제된 근대화를 경험했다. 일제의 36년 식민지 지배를 통해 봉건 조선은 식민지 자본주의로 이행했다. 철저히 일본자본주의의 필요와 요구에 따라 발전한 식민지 자본주의가 이후 한국자본주의에 남긴 유산을 몇 가지로 정리하면 다음과 같다.

첫째, 식민지 자본주의의 토대에서 가장 중요한 특징으로서 봉건제의 유제인 지주/소작관계가 광범하게 유지, 확대 재생산되었다. 이는 일제의 식민지 지배 필요에 따른 것으로, 식민지 지배를 받은 제3세계 나라들에서 일반적으로 나타나는 현상이었다. 이에 따라 해방 후 남북한 모두에서 반(半)봉건적 토지제도의 개혁이 시대적 과제로 제기됐다.

둘째, 반봉건적 지주/소작관계가 확대 재생산됨으로써 자본주의적 발전이 제한되었다. 나아가 일본자본주의의 필요와 요구에 따른 자본주의적 발전은 산업구조가 균형적으로 발전하지 못하게 만들었다. 그나마 주요한 자본주의적 발전은 일본 독점자본에 의해 주도되었기 때문에 해방 후 조선의 경제를 이끌어갈 자본과 기술 모두에서 공백 상태를 초래했다.

셋째, 식민지 자본주의에서 토착자본가계급의 형성이 불가능했다. 일부 친일적 예속자본가만이 대자본으로 살아남을 수 있었고, 이른바 민족자본이라 할 토착자본은 미미했다. 따라서 식민지 조선에서는 토착자본가가 자본가계급을 형성하지 못했다. 이는 해방 후 남한의 경우 물적 토대를 가진 친일 지주세력이 지배계급 내의 최대 정치세력으로 부상하게 했다.

넷째, 일제 식민지 통치의 하위 파트너 역할을 했던 친일 관료세력이 군대, 경찰, 학계 등 다양한 국가기구에 포진해 식민지 자본주의의 지배계급 하층을 이루고 있었다. 따라서 일제의 앞잡이가 되어 노동자, 농민, 학생 등 민중의 생존권투쟁과 반일·반전투쟁을 탄압한 이들 친일세력의 청산이 해방 이후 시대적 과제로 떠올랐다.

3장

해방 후
원조경제(1945~1961)

2차 세계대전 후의 세계정세:
냉전체제와 복지국가, 그리고 신식민주의

2차 세계대전 후 해방된 조선의 운명을 결정한 것은 전후에 형성된 냉전체제였다. 식민지 조선이 자력으로 해방을 쟁취하지 못한 역사적 한계 때문에 그러하다. 이후 남한 자본주의는 냉전체제의 테두리 내에서 발전할 수밖에 없었다. 전후 냉전체제에 대한 이해가 중요한 이유다.

1929년 세계대공황과 제2차 세계대전은 세계적 차원에서 계급 간 세력관계를 크게 변화시켰다. 지구 인구의 3분의 1에 해당하는 지역에 자본주의를 넘어선 사회주의체제가 성립했다. 사회주의가 크게 확대된 반면, 세계자본주의는 축소되었다. 2차 대전 직후 축소된 자본주의 세계체제는 위기에 직면했다.

> "자유주의적 자본주의는 공황, 파시즘, 전쟁이라는 삼중의 도전을 받고 간신히 살아남았을 때조차 혁명의 전 세계적 진전에 직

면한 것처럼 보였다. 그러한 진전은 이제 제2차 세계대전 이후 초강대국으로 부상한 소련을 중심으로 이루어질 수 있었다. … 자본주의에 대한 사회주의의 세계적 도전이 보인 위력은 자본주의가 약한 데에 기인한 것이었다. 파국의 시대에 19세기 부르주아 사회가 붕괴하지 않았더라면 10월혁명도 소련도 없었을 것이다. … 사회주의 경제체제가 대안으로 보이게 된 것은 1930년대의 대공황 덕분이었고, 소련이 히틀러를 패배시키는 데에 반드시 필요한 도구가 되고, 그럼으로써 양대 초강대국…중의 하나가 될 수 있었던 것은 파시즘의 도전 덕분이었다."(홉스봄, 1997: 22)

"미국에서조차 대부분의 관찰자들은 제1차 세계대전 종전 후에 일어났던 것에서 유추하여 전후에 심각한 경제위기가 발생할 것을 예상했다. … 실제로 미국 정부의 전후계획은 전쟁 재발의 방지보다 대공황 재발의 방지…에 대해서 훨씬 더 구체적으로 관심을 기울였다. … 뿐만 아니라 전전의 국제체제는 붕괴했고, 그럼으로써 미국은 유럽의 넓은 지역과 비유럽 세계의 훨씬 더 넓은 지역에서 막강해진 공산주의 소련과 대치해야 했다. 비유럽 세계의 정치적 미래는 매우 불확실해 보였다."(홉스봄, 1997: 323)

"자본주의 체제의 장기적 전망에서 볼 때, '물질적' 파손보다도 훨씬 더 심각한 것은 자본주의 체제가 하나의 사회체제로서 효과적으로 기능하는 것을 위협하는 요소들이었다. 패전국들에서 전쟁으로 인해 자본가계급은 불신당할 수밖에 없었다. 그들이 파시즘과 전쟁의 가공할 결과에 협조했다는 사실은 정치영역과 산업영역에서 자본가계급의 권위를 손상시켰다. 동시에 조직화된 노동은 전승국들에서도 매우 강화되었다. 사람들은 모일 수 있는 계기가 있는 곳에서는 어디에서나 근본적인 사회·경제적 개선을 요구했다. 더욱이 혼란에 빠져 있는 것은 자본주의 국가들의 내부적인 구조만은 아니었다. 국민국가들 사이의 구래의 위계질서는 무너졌고, 식민지의 계속적인 지배는 위협당하고 있었으며, 자본주의는 적대적인 사회체제, 즉 소련의 사회체제(소련의 위신은 전쟁을 통해 엄청나게 신장되었다)와 대치하고 있었다.”(암스트롱 외, 1993: 27-28)

자본주의 세계체제의 이런 위기는 외부, 즉 소련의 침공 위협에서 오는 것이 아니라 자본주의 체제 내부에서 발생한 것이었다. 동유럽 여러 나라가 공산화했을 뿐 아니라 서유럽의 프랑스, 이탈리아, 그리스 등도 위태로웠다. 프랑스의 경우 독점자본가들이 친나치로 부역한 반면 프랑스공산당은 독일 나치 점령하에서 나치에 맞서 레지스탕스를 벌였다. 당연히 전후에 프랑스공산당이 제1당으로 부상했다. 이처럼 파시즘에 맞서 가장 철저하게 저항했던 좌파세력이 전후 서유럽에서도 득세했다. 1947년 미국 대통령 트루먼이 ‘냉전’을 선언한 진짜 이유는 바로 전후 서유럽 등 선진국들에서 계급 간 세력관계가 이렇게 노동계급에 유리하게 조성되었기 때문이다. 전후 강력한 패권국가로 부상한 미국은 공산당 등 좌파세력의 득세로 위기에 처한 서유럽 나라들을 구하기 위해 제일 먼저 유럽부흥계획인 '마셜플랜'을 마련했다. 이 계획에 따라 미국은 4년 동안 영국, 프랑스, 독일 등 서유럽 17개 나라에 총 130억 달러(현재 가치로 환산하면 1,300억 달러)를 지원했다. 동시에 미국은 이탈리아, 그리스 등 공산당 집권 가능성이 큰 나라들에 공산당이 집권하면 무력으로 개입하겠다고 협박해 겨우 공산당의 집권을 저지할 수 있었다.

미국의 냉전 선언으로 냉전체제가 성립하면서 선진국 내부적으로는 반공주의 열풍이 불었다. 1950년대 매카시즘에서 그 절정에 달한 '빨갱이 사냥'이 미국을 휩쓸었다. 자본주의에 비판적이거나 정부에 비판적인 사람들은 근거도 없이 '빨갱이'로 몰려 구속되고 해고되거나 추방되었다. 행정부, 정계, 언론계, 노동계, 문화예술계, 학계 등 모든 곳에서 '빨갱이 소동'이 벌어졌다. 〈모던 타임스〉로 포드주의 일관조립라인에서 일하는 노동자들의 소외된 노동을 폭로해 유명해진 희극배우 찰리 채플린도 '빨갱이'로 몰려 1952년 미국에서 추방당했다. 수만 명의 노동현장 활동가들은 해고당했다. 이런 반공주의 공세는 미국에서만이 아니라 유럽, 일본 등에서도 벌어졌다. 유럽에서도 좌파들은 공직에서 모두 추방당했다. 일본에서는 수만 명의 전투적인 노동운동가들이 해고되어 현장에서 쫓겨났다. 선진국들에서 지배계급은 이처럼 냉전체제를 빌미로 전투적이거나 혁명적인 운동세력을 '공산주의자'로 몰아 철저히 탄압한 반면, 노동계급 대중은 체제내로 포섭하는 복지국가 전략을 실시했다. '요람에서 무덤까지' 국가가 복지를 책임진다는 복지국가 모델이 선진국에서 일반적으로 시행되었다. 이런 양면 전략은 자본가계급과 제국주의 세력에게는 불가피했다. 20세기 초부터 노동계급의 혁명적 공세가 지속되는 와중에 자본주의 체제는 1929년 대공황과 제2차 세계대전으로 그 정당성과 위신이 크게 훼손되었기 때문이다.

선진국들은 양면전략을 통해 노사관계를 안정화시킴으로써 전후 30년간 자본주의 역사상 전무후무한 장기고도성장을 누렸다. 이른바 자본주의의 '황금기'가 1970년대 제3차 구조위기 때까지 지속되었다. 반면 제국주의 세력은 전후 민족해방투쟁을 통해 새롭게 독립한 제3세계 나라들에 반(反)혁명전략으로 대응했다. 식민지, 반(半)식민지를 경험한 제3세계 나라들의 자주독립 열망과 거센 민족해방투쟁으로 인해 구식민지와 같은 직접적 통치가 불가능해지자 형식적으로는 독립을 마지못해 인정했다. 그러나 제3세계 나라들은 경제적으로 여전히 제국주의 모국에 종속되어 있었을 뿐 아니라 제국주의 나라들은 과거 자신의 식민지 나라들에 정치적 영향력을 계속 유지하려 했다. 특히 소련이 계획경제로 급속한 공업화를 이룩한 반면 자본주의체제가 대공황을 겪은 역사적 경험은 제3세계 나라들이 발전모델로 소련의 계획경제를 선호하게 만들었다. 제3세계 민중의 이런 열망에 위기를 느낀 제국주의 세력은 제3세계 나라들의 사회주의화를 막고 자본주의 체제에 묶어두기 위해 반(反)혁명전략을 구사했다. 제3세계 노동자, 민중이 급진적으로 민족해방과 계급해방을 추진하는 것을 철저히 탄압하고 봉쇄했던 것이다.

제3세계는 미국, 유럽, 일본 등 선진자본주의 또는 제국주의 나라들을 제외한 나라들을 말한다. '제3세계'라는 용어는 2차 세계대전 이후 서구 자본주의 나라들을 제1세계, 소련을 중심으로 한 사회주의 나라들을 제2세계, 그리고 나머지 식민지·반(半)식민지로부터 독립한 신생독립국들을 제3세계로 부른 데서 유래되었다. 1990년 전후 소련·동유럽이 붕괴되고 중국·베트남 등이 체제를 전환한 이후에는 선진자본주의 나라들을 제외한 모든 나라를 대체로 제3세계로 부르게 된다. 제3세계는 크게 개발도상국(또는 개도국)과 저개발국으로 구별된다. 개발도상국은 자본주의적 산업화가 급속히 이루어지고 있는 나라들을 지칭하고, 저개발국은 아프리카의 사하라 이남 나라들처럼 자본투자 또는 산업화가 거의 이뤄지지 않는 나라들을 지칭한다. 개발도상국은 '신흥국' 또는 '신흥시장'에 포함되는 나라들과 거의 겹친다. 그래서 제3세계, 개발도상국, 신흥국은 많은 경우 지칭 대상 나라들이 동일하다. 논의의 맥락에 따라 다른 용어를 사용할 뿐이다.

제국주의 나라들이 2차 대전 이후에 과거의 식민지 지배전략을 바꾼 것을 '신식민주의'라 부른다. 제국주의 나라들은 형식적으로 또는 외형적으로 제3세계 나라들의 정치적 독립을 인정했지만, 실제로는 여전히 정치적, 경제적 종속을 유지하기 위해 적극적으로 개입했다. 해방 후 미군은 남한에 '해방군'으로서가 아니라 '점령군'으로 들어왔고, 미국은 남한에 친미정권을 수립할 목적으로 남한의 정치정세에 개입했다.

남한 노동자, 민중의
반제·반봉건 계급투쟁과
미 제국주의에 의한 좌절

해방공간(1945~1948)에서 남한 노동자, 농민 등 민중은 미국 제국주의에 맞서 분단체제에 반대하고 통일된 조국을 건설하기 위해 반제 반봉건 계급투쟁을 격렬하게 벌였으나, 미 제국주의에 패배했다. 그 연장선상에서 '내란'의 성격을 띤 한국전쟁(1950~1953)이 일어났다. 1945년 해방에서 한국전쟁까지의 격렬한 계급투쟁과 한국전쟁(내전), 그리고 미 제국주의의 남한 지배는 세계적인 냉전체제의 최전선으로서 한반도 분단체제를 굳혔다. 이 과정에서 남한 내에 형성된 계급 간 세력관계는 1987년 6월 민주항쟁과 7~9월 노동자대투쟁 이전까지 한국자본주의가 발전할 방향을 결정했다. 이 시기에 형성된 미 제국주의를 포함한 지배계급의 압도적 우위의 계급 간 세력관계 하에서 이후 한국자본주의의 자본축적이 이루어지게 되었다.

미국은 2차 세계대전 이후 식민지 처리 과정에서 식민지의 급진적 민족해방과 사회주의화를 막기 위해 단독 식민통치보다는 여러 나라가 신탁통치하는 방안을 선택했다. 미국은 카이로회담(1943년 11월)에서 식민지 조선의 자주독립을 유보하고 신탁통치를 40년 정도 실시하는 것을 소련에 제안해 동의를 얻었다. 1945년 2월 얄타회담에서 미국은 미·영·중·소가 20~30년 동안 한국을 신탁통치한다는 구상을 제시했고, 소련도 동의했다. 남한에 진주한 미군정은 남한의 혁명세력을 제거하고 친미정권을 수립하기 위해 친일세력인 한국민주당을 선택했고, 친일관료·식민경찰·일제군인 등 부일협력세력을 군정청에 고용했다. 그리고 미군정은 인민공화국뿐 아니라 중국에서 귀국한 임시정부까지 인정하지 않았고, 인민위원회와 치안대, 여러 대중자치기구 등을 강제로 해산시켰다. 미군정은 처음부터 사회주의 세력과 민중을 중심으로 진행된 국가건설운동을 철저히 탄압하고 일본의 식민통치에 협력했던 관료계층과 보수 정치세력을 자신의 동맹자로 키워나갔다.

해방 직후 남북한 상황은 세계적인 추세와 비슷했다. 유럽의 경우 파시즘에 맞서 완강하게 저항했던 좌파세력이, 식민지·반식민지 나라들에서는 민족해방투쟁을 끝까지 투철하게 수행했던 좌파세력이 대부분 득세했다. 한반도도 마찬가지였다. 일제하에서 적색노조, 적색농조운동으로 구속된 3만여 명의 활동가들이 석방되었고, 이들의 주도하에 1945년 11월 16개 산별노조와 11개 지방평의회, 8개 도평의회, 21만 명의 조합원으로 조직된 '조선노동조합전국평의회'(전평)가 신속하게 결성되었다. 조직 확대가 급속히 이루어져 1946년 4월 북조선노동총동맹과 분리된 후에도 조합원이 59만 명에 이르렀다. 조선공산당(남로당)과 전평은 남한 최대의 조직된 정치세력이었고, 노동자, 농민 등 민중의 절대적 지지를 받았다. 이에 비하면, 친일지주세력을 중심으로 인민공화국 타도를 목표로 결성된 한국민주당(한민당)이나 김구와 중경임시정부세력이 조직한 한국독립당 등 우파세력은 국내 지지기반이 매우 취약했다.

해방공간의 이런 정치지형은 좌파세력에 크게 유리했다. 사회주의세력이 친일파나 민족주의자들에 비해 도덕적 우위가 있었고, 당시 절대다수의 인구를 차지했던 농민이 토지문제에 대해 무상몰수 무상분배를 주장한 좌파세력을 지지했기 때문이다. 북한에 주둔해 군정을 실시한 소련의 태도와 북한의 '민주개혁'도 남한에 영향을 미쳤다. 1945년 12월 한반도 전후 처리 방안에 관한 모스크바 삼상회의에서 미국은 신탁통치를 실시하자는 안을, 소련은 임시정부를 수립하고 4개국이 원조하는 방안을 제출했다. 삼상회의에서 결정된 안은 먼저 민주주의 원칙에 따라 임시정부를 건설한 후 이 임시정부와 협력해 최대 5년간 신탁통치를 실시한다는 것이었다. 남한에서 좌파는 모스크바 결정안을 지지했고, 우파는 신탁통치 반대 입장을 취했다. 우파 언론은 미국이 즉시 독립을, 소련이 신탁통치를 제안한 것으로 거꾸로 보도하고 결정안도 왜곡보도했으며, 미군정은 이런 왜곡보도를 알면서도 방치했다. 우파는 민중의 민족감정을 이용해 신탁통치를 반대하는 운동을 일으키고 좌파를 조국을 소련에 팔아먹으려는 매국노라고 공격했다. 미군정은 우파가 이끄는 반탁운동을 묵인하거나 후원했다. 이후 남한의 정치정세는 남한에 친미정권을 수립하려는 미군정의 정치공작과 좌파세력에 대한 탄압으로 점철됐다.

해방 직후 남한에서는 산업생산이 중단되고 물가가 폭등하며 실업자가 급증하는 가운데 미군정과 우파세력 대 노동자·민중 간의 계급투쟁이 치열하게 벌어졌다. 미군정과 우파세력은 공작과 테러, 그리고 좌파세력에 대한 탄압으로 대응했고, 조선공산당과 전평은 노동자, 민중과 함께 총파업투쟁과 인민항쟁으로 맞섰다. 조선공산당과 전평은 초기에는 미국과 소련의 협조를 받아 평화적인 방법으로 인민정권을 수립할 수 있다는 안이한 정세 인식에 따라 미군정과 대립할 수 있는 아래로부터의 자생적인 공장관리운동을 포기하고 미군정과 협력하는 산업건설운동을 채택했다. 그러나 노동자, 농민의 생존권 투쟁이 자생적으로 발생했다. 당시 실질임금이 가장 낮은 철도노동자와 방직공장 노동자들이 생존권투쟁을 가장 치열하게 벌였다. 미군정의 미곡정책에 항의하는 농민들의 시위도 잇따라 일어났다.

미군정은 좌파세력에 대한 탄압을 노골화했다. 이에 맞서 조선공산당과 전평은 1946년 9월 총파업으로 대응했다. 철도노동자들의 파업은 미군정이 동원한 무장경찰과 우익단체 회원들의 폭력에 의해 강제 해산되었다. 이 과정에서 3명의 노동자가 사망했고, 수백 명이 중상을 입었으며, 1,700명이 검거되었다. 미군정의 폭력적 탄압으로 철도파업은 무너졌지만, 지방으로 번진 노동자들의 파업투쟁은 식량부족과 물가폭등에 시달리던 농민들의 투쟁과 결합해 10월 인민항쟁이 되었다. 10월 인민항쟁은 경북·경남·전라·충청·제주 등 남한의 주요 도시와 농촌으로까지 번져 경찰관서를 습격하는 등 60일 남짓 계속되었다. 봉기에 참가한 사람이 100만 명이 넘었으나 11월 중순 미군과 경찰이 무력으로 이를 진압했다. 10월 인민항쟁은 전국적인 계획없이 자연발생적인 분산된 투쟁을 벌이다 결국 실패했다. 10월 인민항쟁을 계기로 미군정은 지방인민위원회를 거의 다 분쇄하는 한편, 사회주의세력을 더욱 탄압했다. 전국에서 3만 명 넘게 검거되었고, 전평 조직과 지도력은 많이 파괴되었다. 반면에 우익세력이 득세하기 시작했다.

1947년 3월 미국 트루먼 대통령의 '냉전' 선언으로 세계적 차원에서 냉전체제가 본격화되었고 미국은 남한에 단독정부 수립을 적극적으로 추진했다. 남한의 정치세력 대부분은 이에 반대했고, 오직 이승만과 한민당 등 극우세력만이 단독선거에 찬성했다. 남로당과 전평은 남한 단독정부 수립을 반대하는 '2.7 구국투쟁'을 벌였다. "남한 단독선거를 꾀하는 유엔한국위원회 반대, 단정단선 반대, 미·소 양군 즉시 철수" 등을 내걸고 2월 7일부터 9일까지 3일간 벌어진 이 투쟁에 노동자는 총파업으로, 학생은 동맹휴업으로, 농민은 시위와 봉화투쟁으로 참여했다. 147만여 명이 참여한 이 투쟁에서 미군정과 경찰의 탄압으로 57명이 사망하고, 10,584명이 검거되었다. 1948년 5월 10일 남한 만의 단독선거를 앞두고 이를 저지하기 위한 투쟁으로 '4.3 제주항쟁'과 '5.8 단선단정반대 총파업'이 벌어졌다. 5.8 총파업 때에는 파업과 동시에 경찰서, 선거사무소 등에 대한 무장항쟁이 전개되었다. 이후 전평은 합법적 조직으로서는 완전히 사라졌다. 5.10 단독선거에는 이승만과 한민당 세력만 참여했다. 당시 등록된 남한의 정당·사회단체 425개 가운데 선거에 참여한 것은 43개뿐이었다. 8월 15일 이승만을 대통령으로 하는 대한민국 정부가 수립되었다. 북한은 9월 9일 조선민주주의인민공화국을 수립했다. 이로써 남북에 각각 단독정부가 수립되었다.

해방공간에서 분단체제에 반대하고 통일민족국가를 건설하기 위해 격렬하게 벌어진 노동자, 민중의 반제, 반봉건 계급투쟁은 미군정에 의해 패배했다. 이에 따라 한반도에 분단체제가 정착되었고, 남한에는 반민중적인 친미정권이 들어섰다. 세계적 냉전체제의 첨예한 대립이 한반도에서 남북 분단체제로 현실화한 것이다. 이제 38선을 경계로 한 남북 간의 무력충돌이 빈발하게 되었고, 결국 한국전쟁으로 그 모순이 폭발했다. 남한에서 노동자, 민중이 미군정에 의해 계급투쟁에서 패배한 것은 북한에서 노동자, 민중이 이룩한 '민주개혁'과 대비되면서 한국전쟁에 냉전체제의 대리전 성격과 함께 '내전'의 성격을 부여했다.

한국전쟁과 남한에서의
실질적 반봉건혁명

이승만정권은 대중적 기반이 취약했을 뿐 아니라 정부 수립 과정에서 드러난 반민족적·반민중적 성격 때문에 출발부터 정치위기에 몰렸다. 이승만 정권에 비판적이던 소장파 의원들에게 '남로당 프락치'라는 혐의를 씌워 체포한 국회프락치 사건이나 정적이던 김구 암살 사건 등 탄압으로 일관했다. 이승만 정권에 가장 위협적인 것은 1948년 여순항쟁을 계기로 일부 지역에서 일어난 민중의 유격투쟁이었다. 여순항쟁은 제주 4.3 항쟁을 진압하라는 출동 명령을 받은 여수 주둔 국방경비대 군인들이 이를 거부하면서 일어났다. 이 항쟁은 순천지역까지 확산되었으나 미군과 경찰에 의해 진압되었다. 이때 빠져나온 봉기군인들이 지리산으로 들어가 빨치산 활동을 시작했다. 이승만 정권은 이런 일련의 사건을 빌미로 1949년 12월 일제 강점기의 치안유지법을 그대로 살린 국가보안법을 제정하여 정치적 반대세력을 탄압할 법적 장치를 만들었다. 또한 학교를 통제하기 위해 학도호국단을 만들었다. 더 나아가 해방공간에서 전평, 전농 등 대중단체나 좌파단체에서 활동한 인물들을 국민보도연맹에 강제로 가입시켜 감시·탄압했다.

이승만 정권은 1950년 3월 농지개혁법을 통과시켰다. 조선총독부와 일본인 지주 소유의 귀속농지는 무상몰수 유상분배로, 조선인 지주 농지는 유상매입 유상분배로 하는 농지개혁이었다. 해방된 지 5년이나 지난 뒤에 실시되어 이미 지주들은 농지를 내다팔거나 가족끼리 나누어 소유하거나 교육재단용으로 명의를 변경해 두거나 염전 등으로 바꾸어 농지개혁 대상에서 빼버린 상태였다. 그래서 1966년까지 농지개혁으로 분배된 면적은 해방 때 소작지 면적의 38%에 불과했다. 이승만 정권의 농지개혁은 또한 지주층의 토지자본을 산업자본으로 전환하려는 구상을 가지고 있었으나 큰 성과를 거두지 못했다. 일부 대지주만이 산업자본가로 전환했다. 농지개혁은 불철저했지만, 남한사회에서 계급으로서의 지주를 거의 없앴고,

영세자작농(소농)을 만들어냈다.

해방공간에서 계속되었던 좌우대립은 미소의 한반도정책과 냉전의 심화 속에서 남북의 체제대립으로 이어졌다. 남북한은 각각의 체제를 강화하면서 상대방을 타도해야 할 꼭두각시 정권으로 비난했다. 이승만은 미군 철수에 따라 미국에서 더 많은 군사원조를 얻어내려고 북진통일을 주장했고, 김일성은 '민주기지론'에 따라 '남조선 해방'을 내세웠다. 38선 곳곳에서 일어났던 크고 작은 군사 충돌은 1950년 6월 25일 북한인민군이 총공세를 펴면서 전면전으로 발전했다. 미국은 북한의 군사행동을 소련의 공산화 전략으로 여겨 곧바로 전쟁에 개입했다. 16개국 군대로 구성된 유엔군은 공군의 98% 이상, 해군의 83.8%, 지상군의 88%가 미군으로 구성되어 미국군이나 다름없었다. 유엔군의 지휘권을 장악한 미국은 7월 한국군의 작전지휘권까지 넘겨받았다. 1951년 7월부터 미국, 중국, 북한이 참가한 휴전회담이 시작되었고, 1953년 7월 휴전협정이 체결되었다.

전쟁의 가장 큰 피해자는 남북한 민중이었다. 남북한 인구 3천만 명 가운데 약 6분의 1인 500만 명의 사상자가 발생했다. 전투병력보다 민간인의 피해가 더 컸다. 경제적 손실도 엄청났다. 남한에서는 1951년 6월 이전에 제조업의 48%, 농업의 14.3%, 광업의 3.2%가 파괴되었다. 정부 집계에 따르면, 총피해액은 약 30억3,200만 달러에 이르렀다. 이는 1945년부터 1961년까지 미국과 유엔이 한국에 제공했던 원조 총액 31억3,900만 달러에 버금가며, 전쟁 전(1949. 4.

4~1950. 3. 31) 총국민소득의 2배가 넘는 규모였다. 전쟁 중 최대의 민간인 학살은 국민보도연맹원에 대한 학살이었다. 국민보도연맹은 창설 1년 만에 연맹원 수가 30만 명이 넘었는데, 전쟁 직후 2개월 동안 10~15만 명의 연맹원이 학살당했다. 또 전쟁 직후 대전·대구·부산 등 전국 형무소에 갇혀 있던 기결수와 미결수 2만 명의 수용자들이 군인들에 의해 학살되었다.

남한에서의 농지개혁과 한국전쟁은 남한 내부 계급들 사이의 세력관계를 크게 바꾸어 놓았다. 특히 한국전쟁은 전쟁 초기 인민군 점령 하의 토지개혁을 비롯한 '혁명사업' 등으로 인해 '내전'의 양상을 띠었다(커밍스, 1997). 그리고 한국전쟁은 대규모의 인구 이동, 사회적 총동원 등을 통해 사회 전체를 완전히 뒤흔들었다. 사회관계로서의 봉건적 신분제의 유제를 완전히 해체하고 동시에 신분의식을 해체했으며, 그 대신 평등주의·개인주의·황금만능주의·경쟁이데올로기 등 자본주의적 사회의식을 발생시켰다. 요컨대 한국전쟁은 이른바 봉건제에서 자본주의로 이행하는 시기에 요구되는 '시민혁명'의 과제를 철저하게 수행한 것으로 평가된다. 이에 따라 남한에서는 제3세계, 특히 중남미와 동남아시아 나라들과 매우 다른 계급지형이 창출되었다. 중남미와 동남아시아의 제3세계 나라들에서 현재까지도 지주계급이 중요한 사회·경제적 지배세력으로 남아있다는 사실은 남한 계급지형의 특징을 잘 부각해준다. 남한 내 지주계급의 소멸과 소농경제로의 재편은 이후 남한의 급속한 자본주의적 발달을 가능케 한 중요한 조건이 되었다.

특히 한국전쟁은 남한 내 민중운동의 주체 역량을 궤멸시켰고, 반공이데올로기를 지배계급의 통치이념으로 만들어 노동자, 민중에게 공포심을 불어넣었다. 한국전쟁으로 고착화된 국가보안법체계와 반공이데올로기는 계급지배의 강력한 수단이었을 뿐 아니라, 민중운동의 성장을 가로막는 질곡이 되었다. 한국전쟁으로 반공이데올로기가 내면화됨으로써 남한에서 지배계급이 노동자, 민중을 일방적으로 지배할 수 있는 세력관계가 형성되었다. 이런 계급 간 세력관계는 이후 한국자본주의가 급속한 공업화를 성취할 수 있었던 가장 중요한 조건이 되었다. 이런 측면에서 보면, 해방 이후 한국전쟁까지 북한과 미국은 외적 조건 또는 외적 요인이 아니라 남한 내부의 계급투쟁에 직간접적으로 개입하는 계급투쟁의 내적 요인이었다. 예컨대, 한국전쟁 이전에 미군정과 이승만 정권에 의해 실시된 농지개혁은 북한의 토지개혁에 자극받은 남한의 계급투쟁에 의해 강제된 것이었다고 볼 수 있다.

또한 한국전쟁 중인 1953년에 제정된 노동관계법도 단순히 미국식 노사관계법을 형식적으로 이식한 것이 아니라, 북한의 존재와 남한에서의 계급투쟁에 의해 강제된 것이었다. 한국전쟁 중에 발생한 쟁의들 가운데 민란을 방불케 한 조선방직 쟁의(1951), 군수물자 하역을 중단시킨 부산부두 쟁의(1952) 등 인권유린 저지와 생존권 사수를 위한 격렬한 계급투쟁이 노사관계법의 제정을 강제했다. 그러나 한국전쟁이 끝난 뒤 미 제국주의는 남북 분단체제를 세계적 냉전체제의 본보기로 삼았고, 남한 내 계급 간 세력관계는 지배계급이 압도적 우위를 차지하는 것으로 굳어졌다. 그러자 남한 지배 계급은 더 이상 노동자들에게 선진적인 노사관계법이라는 양보를 할 필요가 없게 되었고, 따라서 이 법은 한국전쟁 이후 '시렁 위에 올려놓은 법'으로 남게 되었다. 1970년 전태일 열사의 '근로기준법 화형식'은 이런 남한 현실의 폭로이자 고발이었다.

이승만 정권과 원조경제: 재벌의 탄생

한국전쟁으로 막대한 인적·물적 손실을 본 남한은 이승만 정권 하에서 미국의 원조에 기대 경제를 복구했다. 1950년대 경제활동 이 미국의 원조에 의존해 이루어졌기 때문에 이 시기의 경제를 '원 조경제'라고 한다. 귀속재산을 민간에 나누어주고 원조물자를 배분 하는 과정에서 처음으로 등장한 재벌은 애초부터 정경유착에 의한 특혜를 통해 손쉽게 독점기업이 되었고 이후 한국자본주의를 대표 하게 된다. 따라서 한국전쟁 이후 4.19혁명 때까지 1950년대 한국 경제는 원조경제와 '재벌의 탄생'으로 요약할 수 있다.

이승만 정권은 '사사오입 개헌' 등 온갖 불법을 통해 독재정권을 연장했다. 1956년 대통령선거에서 이승만은 부정선거를 통해 다시 당선되었으나, 경쟁후보였던 조봉암은 총투표자의 30% 남짓한 지 지를 얻었다. 조봉암은 이런 높은 지지를 기반으로 사회민주주의와 평화통일을 내걸고 진보당을 창당했다. 진보당이 당세를 빠르게 확장해가자 이승만 정권은 진보당이 내세우는 평화통일론이 국시인 무력통일에 어긋나고 조봉암이 간첩이라고 조작하여 진보당을 불법화시켰다. 조봉암은 간첩으로 몰려 1959년 사형이 집행되었다 (2011년 대법원은 반세기 만에 열린 '진보당 사건' 재심에서 조봉암에 무죄를 선고했다).

이승만 정권은 특무부대(SIS)와 헌병총사령부를 통해 이승만 정권을 비판하는 세력을 대상으로 온갖 용공조작, 공공연한 암살 등과 같은 테러적 폭력을 일삼았다. 또한 국민을 통제하고 감시하기 위해 10~20호 단위로 '국민반'을 편성해 매월 1일 반상회를 열었다. 선거 때는 국민반을 통해 3인조 또는 5인조씩 주민을 묶어 부정선거를 유도하고, 야당 지지자를 색출하여 협박하는 등 부정선거의 도구로 활용했다. 더 나아가 반공이데올로기를 통한 사상통제도 강화했다. 학교교육을 통해 반공이데올로기를 체계적으로 주입하고 학원을 병영화했다. 1951년부터 고등학생에게는 연간 196시간, 대학생에게는 주 6~8시간의 군사훈련을 확대 실시하면서 학도호국단을 전면적으로 조직했다. 1954년부터 "북진통일 완수를 위해 교육의 모든 기능을 멸공의식의 양양"에 둔다는 방침에 따라 교육공무원의 사상을 다시 심사해 중·고교 교사 2천여 명을 해직했고, 학교마다 '반공교육요강'을 시달하여 반공교육을 강화했다.

한국전쟁을 통해 확립된 계급 간 세력관계가 이승만 독재정권의 정치적 억압과 테러적 탄압, 그리고 반공이데올로기 강화 등으로 적나라하게 표현되면서 1950년대 한국경제는 귀속기업체의 불하와 미국의 원조에 의해 틀이 만들어졌고 민생파탄과 재벌 탄생이라는 사회양극화를 가져왔다. 이승만 정권의 농지개혁과 한국전쟁을 거치며 남한사회에서 하나의 계급으로서의 지주계급은 사라졌다. 이에 따라 농촌경제는 영세자작농의 소농경제로 재편되었다. 이런 조건에서 남한 자본가계급의 초기 형성, 즉 자본의 원시축적은 주로 귀속기업체의 불하에 의해 이루어졌다. 이승만 정권은 귀속기업체의 대부분을 1951~1955년 동안 친일·친미 관료와 기업가들에게 사실상 무상으로 불하했다. 귀속기업체의 불하는 원조자금 및 원조물자의 배분과 함께 1950년대 자본의 원시축적의 중요한 계기가 되었고, 이는 정경유착을 통해 초기 자본가계급의 형성, 특히 재벌 탄생의 직접적 계기로 작용했다. 이는 당시 남한과 비슷한 상황에 처해 있던 대만이 귀속기업체를 불하하지 않고 대부분 국영기업화했던 것과 대비된다.

한국전쟁이 끝난 후 1950년대 남한경제는 미국원조에 의존할 수밖에 없는 '원조경제'였다. 미국은 원조를 매개로 한국정부와 한국경제를 미국에 종속시켰다. 원조물자의 판매대금은 대충자금으로 적립되어 미국에 의해 통제되었다. 1954~1960년 동안 대충자금이 한국정부의 재정수입에서 차지하는 비중은 평균 42.5%에 달했다. 대충자금은 국방비로 34.8%, 재정투융자로 62.4%가 지출되었다. 한국정부의 재정투융자에서 대충자금이 차지하는 비중은 69.1%에 달했다. 1953~1963년 동안 한국정부의 국방비 지출에서 대충자금이 평균 42.7%를 차지했다. 이처럼 미국의 원조는 친미정권을 유지시키고 국방비 지출을 받쳐주는 군사원조적 성격이 강했다. 또한 정부 재정투융자의 3분의 2 이상을 대충자금이 제공한 데서 한국경제의 재생산이 미국의 원조에 크게 의존했음을 알 수 있다. 1945~1961년 동안 미국의 원조 총액은 31억 달러였다. 이 액수는 비슷한 시기 아프리카에 제공된 원조액과 맞먹고, 라틴아메리카에 제공된 원조액의 절반에 해당하는 어마어마한 액수였다. 미국이 냉전체제의 반공 전초기지로서 한국을 얼마나 중시했는지를 알 수 있다.

그런데 원조물자 가운데 가장 큰 부분을 차지했던 미국의 잉여농산물은 한국농업을 몰락하게 만들었다. 물론 미국은 한국의 긴급한 식량문제를 해결하기 위해 잉여농산물을 한국에 원조했다. 그러나 미국이 다른 나라에 원조를 제공할 때의 기준이 "민주사회의 가치보장, 미 국민의 번영 촉진, 미국의 안전보장 확보"였듯이, 미국은 1948년부터 계속된 농업공황에서 벗어나기 위해 미국의 잉여농산물을 해외에 원조물자로 제공했던 것이다. 더구나 이승만 정권은 정치자금을 마련하려고 실제 필요한 것보다 더 많은 양의 농산물을 들여옴으로써 곡물가격을 폭락시켜 한국농업을 몰락시켰다. 그 결과, 1956년을 100으로 할 때, 쌀값은 1958년 93.4, 1959년에는 82.5로 폭락했고, 보리쌀값은 1959년 73.7로 폭락했다. 미 잉여농산물이었던 밀가루와 면화가 원조물자로 들어와 그 가격이 폭락함에 따라 국내의 밀과 면화 생산은 점차 사라지게 되었다.

원조경제의 영향으로 1950년대 한국의 산업구조는 광공업이 차지하는 비중이 많이 늘지 않는 농업국의 모습을 띠었다. 광공업은 1953년 9.1%에서 1960년 16.0%로 조금 증가한 반면, 농림어업은 1953년 42.3%에서 1960년 38.2%로 소폭 감소에 그쳐 여전히 큰 비중을 차지했다. 인구 구성에서 농민층이 65% 안팎의 높은 비중을 차지하고, 노동계급은 1960년 10.3%였는데 그중에서도 생산직은 5.6%에 불과했다. 또 제조업 내에서 생산재 부문의 비중은 1954년 19.7%에서 1960년 21.7%로 거의 제자리걸음했고, 소비재 부문이 압도적 비중을 차지했다. 섬유공업과 음식료품공업을 중심으로 소비재공업이 구성되었고, 제조업 전체의 성장을 주도했다. 대표적인 것이 미 잉여농산물인 밀, 사탕수수, 면화를 원료로 한 밀가루(제분)·설탕(제당)·면직물(면방직) 제조 산업, 즉 삼백(三白)산업이었다. 특히 방직공업은 1950년대 제조업 생산액의 20% 정도를 차지하고 부가가치 생산액의 15~18%에 달해 단일 산업으로는 가장 큰 비중을 차지했다. 한편, 삼백산업을 중심으로 한 소비재 부문에서 대부분 독과점이 형성되었다.

1950년대 한국경제의 산업화가 이처럼 저조한 상태에서 귀속기업체와 원조물자의 배분, 그리고 정부의 정책특혜를 통해 재벌이 탄생했다. 재벌은 귀속기업체의 관리인이던 경우를 제외하면, 해방 이후 한국전쟁까지의 대혼란기에 상업과 무역업을 통해 자본을 축적한 후, 귀속기업체를 인수하거나 원조자금과 원조물자 배당 및 저금리 산업융자 등 정책특혜를 받거나 정부수주의 건설공사를 독점해 재벌로 성장했다. 따라서 1950년대 자본가계급은 정부의 특혜에 기생해 성장한 재벌들과 토착적인 중소·영세 자본가층으로 이원화되었다. 한국경제에서 국가의 매개에 의한 독점대기업/중소·영세기업의 이중구조는 이처럼 1950년대부터 형성되기 시작했다.

1950년대 형성된 23대 재벌 중 21개 재벌이 귀속기업체 불하와 국유기업체 인수, 원조자금과 원조물자 배정 및 융자, 정부 수주의 건설공사 독점 등 정부 특혜에 의해 재벌로 성장했다. 정부의 이런 특혜, 즉 정경유착에 의해 대부분의 재벌이 탄생하고 성장했기 때문에 이 시기의 재벌을 '관료독점자본'이라고 부른다. 한국경제를 지배해 온 재벌이 이처럼 정경유착에 의한 특혜를 주요 계기로 형성됐다는 사실이 한국자본주의의 '천민성' 또는 재벌의 천민자본적 성격의 역사적 뿌리다. 1950년대의 23대 재벌 가운데 8개 재벌(현대, 삼성, 럭키금성, 쌍용, 한국화약, 두산, 삼양사, 동양그룹)이 1990년대까지 살아남았다. 현재 남한의 4대 재벌(삼성, 현대, SK, LG)도 모두 1950년대에 출발했다. 재벌들은 각종 협회와 이익단체를 결성해 국가권력에 접근할 통로를 마련했고, 정부에 의한 각종 특혜와 이권을 배타적으로 독점했다. 1950년대 말과 1960년대 초에 이르면 이렇게 정경유착을 통해 대자본가로 성장한 재벌들이 하나의 세력을 가진 자본가계급을 형성하기 시작했다. 재벌들은 4.19혁명과 5.16군사쿠데타 이후 부정축재자 처벌 문제에 공동대응하기 위해 1961년 전경련의 전신인 '한국경제인협회'(초대회장 삼성 이병철)라는 이익단체를 창립했다.

1950년대 원조경제 시기에 대자본가로서의 재벌이 형성된 반면에 농민, 노동자 등 민중의 생활은 갈수록 악화되었다. 농민들은 미 잉여농산물의 대량 유입에 따른 농산물 가격의 폭락과 무거운 조세, 그리고 지가상환 부담 등으로 고리대를 끌어다 쓰는 부채농으로 전락했다. 이를 못이긴 영세농은 다시 소작농이 되거나 도시로 떠나 도시빈민이 되었다. 노동자들은 산업화의 정체에 따라 일자리가 늘어나지 않자 실업자가 넘쳐나는 속에서 저임금에 시달렸다. 5인 이상의 사업장에 고용된 종업원이 1949년 26만6,000명에서 1958년에는 23만6,000명으로 감소했다. 1960년에는 전체 노동자들의 평균임금이 생계비는커녕 음식물비에도 못 미치는 지경에 이르렀다. 저임금은 주 55시간 이상의 장시간노동, 높은 산업재해(종업원 1,000명당 35명)와 함께 1950년대 노동자들의 근로조건의 특징이 되었다.

[표5] 광업 및 제조업의 평균임금 및 생계비(단위: 환)

년도	평균임금		생계비	음식물비
	광업	제조업		
1957	2,640	2,030	8,857	2,506
1960	3,570	2,600	11,180	4,210

출처: 송종래 외(2004). 461쪽.

이런 상황에서 노동자 가족은 가장인 아빠의 수입만으로는 생활을 할 수 없어 엄마와 누나는 식모살이로, 형이나 오빠는 구두닦이로, 아우는 껌팔이로 나서야 했다. 노동자들의 생활상의 고통은 이승만 정권의 독재적 탄압과 어용대한노총의 존재로 인해 조직과 투쟁으로 터져 나오지 못했다. 그러나 어용노조 하에서도 1959년부터 노동쟁의가 크게 증가했다. 주로 임금·근로시간·보건위생·해고 반대 등 생존권적 요구로 인한 분규가 대부분이었다. 미국 원조액의 감소에 따라 경제위기가 표면화되자 민생파탄에 대한 민중의 불만과 분노는 1960년 이승만 정권의 3.15부정선거를 계기로 터져 나와 4.19혁명으로 발전했다.

4.19혁명과 장면 정권

4.19혁명의 경제적 배경은 원조경제가 위기에 처했다는 점이다. 1950년대 말 미국의 원조정책이 유상차관으로 변하기 시작했고, 그에 따라 한국에 대한 원조액이 감소하기 시작했다. 1957년 3.9억 달러를 정점으로 1958년부터 원조액이 감소하기 시작해 1959년에는 2.2억 달러로 급감했다. 이승만 정권은 원조물자의 배분권을 행사함으로써 정치권력을 유지하고 확대해왔다. 또한 미국으로부터 더 많은 원조를 끌어내고, 이를 재정투융자 등으로 배분해 왔는데, 그 액수가 크게 감소하자 원조경제는 심각한 위기에 빠지게 되었다. 원조액의 감소는 원료 및 생산수단의 공급을 원조물자에 의존해온 '삼백산업' 중심의 소비재 산업에 급격한 위축을 가져왔다.

1958년부터 삼백산업의 공장 가동률은 제당 26.1%, 제분 23.3%, 방직 49.2%만큼 크게 떨어졌다. 경제성장률도 1957년을 정점으로 계속 떨어졌다.

[표6] 한국전쟁 후 1950년대 주요경제지표

	1954	1955	1956	1957	1958	1959	1960
GNP 성장률 (%)	5.5	5.4	0.4	7.7	5.2	3.9	1.9
1인당 소득 (달러)	67	70	66	66	74	83	81

출처: 송종래 외(2004), 69쪽.

　원조경제의 위기는 정치적 위기로 발전했다. 원조의 배분을 둘러싼 정경유착은 필연적으로 이승만 정권의 부정부패로 연결되었다. 경제위기로 나타난 이승만 정권의 무능과 부정부패에 대한 민중의 불만과 분노는 1960년 3.15부정선거를 계기로 폭발했다. 이승만 독재정권은 1960년 4.19혁명에 의해 민중의 힘으로 타도되었다. 학생들의 시위가 4.19혁명을 주도했지만, 희생자 186명 가운데 94명이 하층 노동자 또는 무직자인 데서 드러나듯이 도시빈민으로 전락한 하층 노동자들이 시위에 앞장서 참여했다. 미국이 이승만을 포기하고 미국의 통제를 받던 군부가 시위를 방관한 것도 4.19혁명의 승리에 크게 작용했다. 이 점은 바로 1년 후에 4.19혁명으로 탄생한 장면 정권이 5.16군사쿠데타에 의해 쉽게 전복된 데서 확인되었다.

　4.19혁명 이후 장면 정권하에서 노동자, 민중의 투쟁이 활성화되었으나, 1961년 5.16군사쿠데타에 의해 군사독재정권이 들어서면서

중단되었다. 4.19혁명 이후 노동운동은 부분적으로 활성화되었다. 1960년 노동조합의 수가 203개 증가하여 총 914개가 되었고, 조합원 수도 전년대비 4만여 명이 증가하여 32만1,000여 명을 기록했다. 노동쟁의도 1959년의 95건에 비해 227건으로 증가했다. 무엇보다 교육공무원법과 사립학교법에 의해 단결이 금지되었던 교사들의 노조운동이 활성화되었다.

4.19혁명은 노동운동을 활성화했을 뿐 아니라 학생, 진보적인 지식인, 혁신적 정치세력 주도의 남북통일운동을 촉진했다. 여기에는 자유당 정권 대신 등장한 민주당 정권의 보수적 한계가 크게 작용했다. 민주당은 총선에서 여전히 부정선거를 자행했고 혁신계 인사들을 좌익으로 몰아 승리했다. 또한 장면 민주당 정권은 1961년 2월 미국이 한국정부를 통제할 수 있는 '한미경제원조협정'을 맺었다. 이 협정은 "미국이 한국의 내정을 무제한 감독할 수 있고 원조계획을 임의로 중단할 수 있다"고 규정하고 있었다. 혁신세력이 불평등조약이라며 협정반대운동을 벌이자, 대중시위에 위기를 느낀 장면 정권은 반공임시특별법, 데모규제법 등 악법을 제정하려 했다. 자유당 정권과 똑같은 민주당 정권의 이러한 한계에 직면해 학생운동과 혁신세력은 남북이 통일되지 않으면 정치적 민주화와 자립경제를 이룰 수 없다고 보았다. 특히 반민주세력의 이데올로기적 기반이 남북의 적대적인 분단체제에서 비롯된 역사적 맥락 때문에 학생 중심의 통일운동이 활성화되기 시작했다. 그러나 이처럼 장면 정권하에서 노동운동과 통일운동이 발전해 하나의 사회정치세력으

로 성장하고 계급 간 세력관계를 변화시키기 전인 1961년 5.16군사 쿠데타에 의해 노동운동과 통일운동은 모두 좌절되었다. 노동자, 학생 등 민중의 정치세력화가 좌절된 것이다.

해방 이후의 격렬한 계급투쟁, 남북분단과 한국전쟁을 거쳐 1950년대 원조경제에 이르기까지의 시기가 한국자본주의에 미친 영향을 간략히 정리해보자.

첫째, 2차 세계대전 이후의 냉전체제라는 세계적 규정이 한반도에서 외세에 의한 남북 분단체제로 자리 잡는 이 시기의 계급투쟁과 한국전쟁은 이후 남한사회의 계급 간 세력관계를 결정했다. 해방 공간에서 노동자, 농민 등 민중의 계급투쟁이 미 제국주의에 의해 패배하고 내전의 성격을 띤 한국전쟁을 거치며 남한사회 노동자, 민중운동은 궤멸되었고, 반공이데올로기가 민중을 짓눌렀다. 이 시기의 계급투쟁에서 패배함으로써 남한 노동계급은 일제에 의해 자본주의가 이식된 이래 시도되었던 최초의 계급형성에 실패했다. 미 제국주의와 친미정권 등 지배계급은 노동자, 민중을 일방적으로 지배할 압도적 우위의 계급 간 세력관계를 구축했다. 이런 세력관계는 1987년 6월 민주화항쟁과 7~9월 노동자대투쟁에 의해 세력관계가 바뀔 때까지 크게 변화하지 않았으며, 1960~1970년대의 박정희체제의 성립과 고도성장, 즉 급속한 자본축적을 가능하게 한 가장 중요한 요인으로 작용했다.

둘째, 지배계급 내에서 물적 토대를 갖는 사회세력으로서 지주계급이 소멸했고, 재벌이 형성되어 자본가계급을 대표하게 되었다. 이는 2차 세계대전 이후에도 지주계급이 주요 사회세력이던 제3세계 나라들과 한국자본주의의 주요한 차별성이다. 농지개혁과 한국전쟁을 거치며 한국경제에 지주계급이 소멸하고 소농경제가 들어섰다. 그런 바탕에서 1950년대 원조경제 아래 정경유착에 따른 재벌이 탄생했다. 이제 재벌은 하나의 계급, 즉 자본가계급으로서 한국 지배계급의 한 축으로 자리 잡기 시작했다.

4.19혁명으로 폭발한 농민, 노동자 등 민중의 분노가 부정축재자 처벌로 표현되자, 재벌은 부정축재자들 중심으로 계급적 대응을 모색했다. 재벌들이 처음으로 하나의 계급으로서 자본가계급을 구성하기 시작한 것이다. 이는 서구의 자본가계급이 봉건계급과의 계급투쟁 과정에서 하나의 계급을 형성했던 것과 대비된다. 서구에서 자본가계급은 봉건계급에 맞서 민중과 함께 투쟁하면서 자신을 하나의 계급으로 형성했다. 이런 역사적 맥락이 서구 자본가계급을 일시적일지라도 진보적 계급으로 만들고 진취성을 갖게 했다. 그런데 한국에서는 재벌들이 민중에 맞서 자신을 지키기 위한 계급적 대응으로서 하나의 계급을 형성했다. 이것이 한국의 자본가계급, 특히 그 주도분파인 재벌이 정경유착에 의해 탄생했다는 천민적 성격과 함께 반동적 성격을 지니게 된 역사적 맥락이다. 이후 재벌은 박정희체제에서 이승만 정권 때와 마찬가지로 군사독재정권과 유착해 온갖 특혜를 받으며 독점자본으로서 물적 토대를 갖추게 되었고 한국 지배계급의 주요한 축으로 성장했다.

셋째, 미국의 원조에 전적으로 의존하는 원조경제를 극복하는 것이 한국자본주의의 당면과제가 되었다. 즉 국내 산업간 연관을 가진 '자립경제'의 건설이 시대적 요구로 제기되었다. 미국의 막대한 원조물자에 의존해 형성된 원조경제는 한국경제를 파행적 구조로 만들었다. 미국의 잉여농산물을 중심으로 한 원조물자는 삼백산업으로 대표되는 소비재 중심의 경공업을 발전시켰고, 동시에 한국 농업을 파멸시켰다. 농업과 공업의 생산/소비 차원 모두에서 상호 발전의 연관이 파괴된 것이다. 자본주의 사회에서 한 나라 차원의 완전한 자립적 발전이란 비현실적이지만, 최소한의 내적 산업 연관을 지닌 경제구조의 형성조차도 미국 잉여농산물의 대량유입에 의해 저지되었다. 그 결과, 1950년대 한국경제의 산업구조는 내적 연관이 매우 취약해 대외의존적이고 파행적인 성격을 띨 수밖에 없었다. 이런 산업구조의 극복에 대한 시대적 요구는 이후 군사쿠데타 세력의 군정하에서도 '자립경제의 건설'이라는 목표를 설정하지 않을 수 없게 했다.

4장

박정희체제와 개발독재:
파쇼적 재벌체제(1961~1987)

신식민지체제와 제3세계의 군사독재정권

이 시기 세계자본주의는 1970년대를 전후해 역사적으로 제3차 구조위기를 겪었다. 2차 세계대전 이후의 냉전체제에서 선진국들은 내부적으로는 자본주의체제의 위기와 노동계급의 공세에 밀려 복지국가를 안정적으로 건설했다. 1960년대에 선진국들은 '황금기'의 장기 고도성장 덕분에 생산력이 비약적으로 발전해 먹고사는 문제를 어느 정도 해결했다. 선진국들의 생산력 발전으로 '미국식 생활양식(American life style)'이 유행했다. 집, 자동차, 냉장고 등 온갖 가전제품을 갖추고 '풍요로운 생활'을 누린 것이다. 물론 선진국 노동계급 모두가 이런 안락한 삶을 누렸던 것은 아니다. 백인 여성, 이주노동자 등 노동계급의 3분의 1 이상을 차지한 이른바 '비(非)보장 노동자층'은 고용안정과 고임금, 그리고 복지국가의 혜택을 받지 못했다. 중산층과 노동조합으로 조직된 백인 남성노동자들만이 '보장 노동자층'으로서 이런 혜택을 누렸다. 이들은 노동조합의 인정과 단체협약을 통해 고용을 보장받고 정기적으로 임금을 인상할 수 있었다. 이런 노사관계의 제도화가 노사관계를 안정시켜 '황금기'의 장기 고도성장을 가능케 한 주요 요인이다. 복지국가로부터 배제되고 소외된 '비보장 노동자층'도 생활상의 요구를 내걸고 도시폭동 등의 형태로 투쟁에 나서면서 1960년대에 선진국들은 복지국가를 더욱 확장해갔다. 그러나 1960년대 말부터 68유럽혁명으로 상징되는 복지국가체제의 위기가 시작되어 1970년대에는 제3차 구조위기인 장기침체를 겪게 되었다. 이에 관해서는 나중에 검토할 것이다.

한편, 선진국 불균등 발전에 따라 독일, 프랑스 등 유럽과 일본이 빠른 속도로 미국을 따라잡는 추격성장이 이뤄졌다. 그래서 1960년대 말부터는 선진국 간 경쟁이 치열하게 전개되었고, 미국의 무역수지가 적자로 전환되었다. 생산력 수준에서 미국의 절대우위가 무너지기 시작한 것이다. 다른 한편, 미국의 패권하에 성립된 냉전체제는 1949년 중국 인민공화국 수립과 1950년대 초 한국전쟁을 거치며 세계적으로 확실하게 굳었다. 제국주의 나라들은 특히 제3세계의 사회주의화를 봉쇄하고자 '반혁명전략'으로 개입해 제3세계 노동자, 민중의 민족해방투쟁이나 계급투쟁을 철저히 억압했다. 이를 잘 보여준 것이 1950년대의 한국, 필리핀, 베트남에 대한 개입과 군사원조였다. 그러나 이들 제3세계 나라들에서 미국의 군사원조를 중심으로 한 현상유지정책은 실패했다. 미국의 지원을 받은 친미정권들이 무능과 부정부패로 이들 나라에서의 정치적 안정을 가져오지 못했기 때문이다.

반면에 소련, 중국을 중심으로 한 사회주의권이 계획경제로 홀

룽하게 경제건설을 이룩함에 따라 제3세계에서 사회주의 또는 계획경제에 대한 호감이 높아졌다. 제3세계 나라들의 이런 상황 때문에 1950년대 후반 미국에서는 비효율적인 원조정책에 대한 재검토가 시작되었고, 그 결과 등장한 것이 이른바 후진국 근대화론이다. 후진국(저개발국 또는 개발도상국)들도 자본주의적 발전을 통해 선진국에 이를 수 있다는 로드맵을 제시한 것이다. 이 이론을 대표하는 로스토(Rostow)는 미 중앙정보국(CIA)의 지원을 받아 1960년에 출간된 『경제성장의 단계: 비공산당 선언』에서 모든 사회는 '전통 사회→과도 사회→도약 과정의 사회→공업화한 성숙 사회→고도의 대량소비 사회'로 단계적으로 발전한다고 제시했다. 한국과 같은 후진국들은 '과도 사회'나 '도약 과정의 사회' 단계에 놓여 있는데, 근대화를 이루려면 국가가 지도력을 발휘해야 한다는 것이다. 이를 위해 제3세계에서 가장 잘 조직된 집단인 군부가 중요한 역할을 해야 한다고 주장했다. 또한 공업화(근대화)를 위해서는 무상원조 대신 장기차관과 기술원조를 제공해야 한다고 제시했다.

1959년 쿠바혁명이 미 제국주의를 축출하는 민족해방혁명으로 성공하고 곧이어 사회주의화를 선언하자 미국의 제3세계 정책은 기존의 군사원조를 통한 현상유지정책으로부터 확실하게 전환하게 되었다. 이런 정책 전환은 1950년대 말부터 시작되었는데, 후진국의 공산화를 막기 위해서는 중장기적인 경제개발계획에 입각해 자본주의적 공업화를 추진해 토착 부르주아 세력을 육성하고 경제적 발전을 통해 정치적 안정화를 꾀해야 한다는 것이다. 이를 위해 원조에서 차관으로 전환하고 경제개발계획을 효율적으로 추진할 세력으로 후진국의 군부집단에 주목했다. 이런 정책 전환은 1961년 케네디 정권이 등장하면서 현실화되었다. 그리고 1960년대 이후 제3세계 나라들에서 군사쿠데타와 친미 군사독재정권의 등장이 일반화되었다. 대표적인 예를 들면, 1960년대에는 한국, 동남아시아의 베트남, 인도네시아, 중남미의 브라질 등에서, 1970년대에는 중남미의 칠레, 아르헨티나 등에서 군사쿠데타를 통해 친미 군사독재정권이 들어섰다. 미국은 제3세계에서 이런 군사독재정권이 등장하는 것에 직간접적으로 개입했다.

1961년 한국에서의 5.16군사쿠데타와 박정희 군사독재정권도 미국이 이처럼 제3세계 정책을 전환하는 과정에 등장했다. 미국은 냉전체제의 반공 전초기지인 한국을 제3세계 정책의 시금석으로 여겨 1950년대까지 가장 많은 원조액을 한국에 쏟아 부었다. 미국의 제3세계 정책에서 한국의 지위가 달라지지 않았기 때문에 1960년대 이후의 한국 정치와 경제도 1950년대의 원조경제와 마찬가지로 미국 제3세계 정책의 영향을 크게 받았다.

5.16군사쿠데타와 박정희 군사독재정권

친미 독재정권이었던 이승만 정권은 독재와 무능, 그리고 부정부패 때문에 학생, 노동자 등 민중의 4.19혁명에 의해 타도되었다. 이승만 독재정권을 타도한 학생, 노동자 등 민중은 통일운동과 노동운동의 활성화를 통해 사회의 민주화와 민족통일의 염원을 표현했다. 그러나 자유당의 몰락으로 집권한 장면 민주당 정권은 자유당과 마찬가지의 친미 보수정권으로서 학생, 노동자의 통일운동과 노동운동을 반공을 앞세워 탄압했다.

한편, 군부는 한국전쟁을 거치며 60~70만 대군으로 성장해 남한에서 가장 강력한 사회집단이자 반공세력이었다. 한국군 지도부는 주로 일본군과 만주군 출신으로 이루어져 있었다. 창설 이래 친미세력으로 길러진 군부는 미국의 동의하에 이미 두 번이나 이승만을 제거하려는 쿠데타를 계획했을 만큼 정치군부였다. 정치군인들은 4.19혁명 뒤의 학생, 노동자의 민주화운동과 통일운동을 '사회혼란과 정치불안'으로 규정하고 군사쿠데타를 일으켰다. 이는 미국의 묵인과 장면 정권의 우유부단함 덕분에 거의 무혈로 성공했다. 쿠데타 세력은 곧바로 "반공을 국시로 하며 미국 등 우방과의 유대 강화, 자립경제 건설, 부패일소" 등 6개 항목의 혁명공약을 내걸었다. 미국은 쿠데타 세력이 친미반공적임을 확인하고 쿠데타를 승인했다. 쿠데타 세력은 입법·사법·행정 3권을 모두 장악한 다음, 1963년 4월 박정희가 민간인 신분으로 대통령에 취임하기까지 2년간의 군정기에 자신들의 정치기반을 위한 조치들을 실시했다. 그중가장 중요한 것이 김종필을 부장으로 한 한국중앙정보부(KCIA) 창설이었다. 중앙정보부는 1964년에 직원이 37만 명이나 될 만큼 방대한 조직으로 발전해 이후 박정희 군사독재정권의 '정보정치', '공작

정치'의 주역이 되었다. 군부세력은 반공법을 만들어 모든 진보운동을 뿌리 뽑으려 했다. 쿠데타 직후 2주 동안 7만6,000여 명을 잡아들였으며, 한 달 동안 1,170종류의 신문과 잡지를 폐간시켰다. 〈민족일보〉 사장 조용수를 사형하고 15개 정당과 238개 단체를 해산했으며, 구정치인 4,374명의 정치활동을 6년 동안 금지했다. 농어촌 고리채 탕감이나 부정축재자 처벌 등은 모두 군부세력의 정치적 지지기반을 조성하기 위한 겉치레였을 뿐이다.

박정희는 '군 복귀', '군정 4년 연장' 등 몇 차례 해프닝을 거쳐 군복을 벗었다. 1963년 4월 제5대 대통령선거에서 박정희 공화당 후보는 유효투표 총수 가운데 42.6%인 470만 표로 민주당 후보인 윤보선보다 약 15만 표를 더 얻어 당선되었다. 뒤이은 제6대 국회의원선거에서 공화당은 175개 의석 가운데 110석을 차지하는 압도적 승리를 거뒀다. 박정희 정권의 출범은 민정이양 약속을 뒤집고 그저 '군복을 양복으로 갈아입은' 군정의 연장이었다. 군부세력은 정치적으로는 수구기득권세력인 자유당을 계승해 정치적 '주류'의 자리를 차지했고, 그들이 만든 공화당은 이후 한국의 수구기득권세력을 정치적으로 대표하게 되었다.

역사적 맥락에서 보면 5.16군사쿠데타와 박정희 군사독재정권의 등장은 1960년 4.19혁명으로 폭발된 이승만 친미 독재정권에 대한 민중의 불만과 분노, 그리고 그 후 활성화되기 시작한 노동운동, 통일운동에 대한 지배세력의 반동적 대응이었다. 특히 미 제국주의가 제3세계의 공산화를 저지하기 위해 바꾼 정책의 산물이었다. 박정희 군사독재정권은 민주화운동과 노동자 투쟁을 압살하고 한국전쟁 이래 일상에 깊이 뿌리내린 반공이데올로기 공포를 다시 강화함으로써 지배계급이 압도적 우위를 차지하는 계급 간 세력관계를 다시 굳건하게 했다. 박정희 정권의 1960년대 노동정책은 1950년대 이승만 정권 때보다 더 노동억압적이었다. 박정희 정권은 4.19혁명 이후 고조되던 교원노조운동과 공무원 단결권에 대한 사회적 논의를 봉쇄하고자 헌법까지 개정했다. 그럼으로써 종래 관련 법률에 의해 노동3권이 부정되었던 공무원은 '법률로 인정된 자'를 제외하고는 헌법상의 규정에 의해 노동3권이 전면 부인되었다.

한·미·일 삼각 분업체제와 차관경제, 그리고 대외의존적 경제구조

1959년 쿠바혁명의 성공은 중남미 나라들에서 민족해방투쟁과 계급투쟁을 격화시켰다. 미국은 이에 대응해 대외정책의 중심을 중남미와 중동으로 이동시켜 이 지역에 대한 경제원조를 크게 늘렸다. 미국의 경제원조 중 동아시아의 비율은 1950년대의 33.8%에서 1960년대에는 21.8%로 감소한 반면, 중남미의 비율은 1950년대의 7.3%에서 1960년대에는 26.6%로 급증했다. 미국은 동아시아에서 군사·경제적 부담을 덜기 위해 일본을 하위동맹자로 해 한·미·일 삼각안보체제를 만들려고 했다. 이런 맥락에서 1960년 미·일 신안보조약이 맺어졌다. 대한원조의 일부를 일본이 미국 대신 부담하고, 수직적인 국제분업체제에 한국을 편입시켜 한일 두 나라의 경제발전을 이룩함으로써 아시아 반공체제를 다지려 한 것이다. 한국전쟁 특수로 1950년대에 고도성장을 이룬 일본은 1960년대에는 과잉자본을 한국에 수출할 필요가 있었다. 미국은 1950년대 말부터 이승만 정권과 장면 정권에게 원조의 조건으로 경제개발계획 수립과 한일관계 개선을 요구했다.

쿠데타로 집권해 정치적 정당성이 취약한 군부정권은 1950년대의 원조경제를 재편해 경제를 성장시킬 경제개발계획을 수립해야 했고, 1962년 1월 1차 경제개발 5개년 계획(1962~1966)을 발표했다. 이 계획은 미국의 요구와 자문에 의해 작성된 이승만 정권의 경제개발 3개년 계획안(1959)과 장면 정권의 경제개발 5개년 계획(1960)을 토대로 한 것이었다. 군부정권의 제1차 5개년 계획은 '지도받는 자본주의'를 내세워 국가 주도의 경제발전을 분명히 했다. 그리고 '자립경제 달성'을 위해 에너지원을 확보하고 기간산업·사회간접자본을 확충하며 노동집약적 경공업을 육성하는 데 초점을 맞추었다. 이를 위해 국내저축을 통해 투자재원을 마련하려고 했다. 군부정권의 이런 내포적 공업화를 통한 '자립경제' 구상은 국내저축 동원에 실패해 투자재원을 마련하지 못하고 미국의 동아시아정책에 따른 반대 때문에 좌절되었다.

미국은 한·미·일의 수직적 분업체제에서 외국자본에 의존한 대외지향적 공업화 전략을 채택하도록 군부정권에 강요했다. 이에 따라 1963년 제1차 경제개발 5개년 계획의 방향이 수정되었다. 박정희 정권은 1964년부터 수출지상주의를 내세우기 시작했다. 재벌들은 저렴한 노동력을 활용한 가공무역과 보세가공수출을 제안했고, 이 방안이 실제로 성과를 얻자 1965년에는 '수출 아니면 죽음', '수출만이 살길' 등 '수출지상주의'가 확고해졌다. 이제 경제개발은 외국자본으로 자본재와 중간재를 외국에서 사들여 저임금의 노동력으로 만든 상품을 외국시장에 파는 수출주도형 공업화 전략을 중심으로 이루어졌다. 또한 재벌 위주의 수출주도 공업화 전략을 통해 군사독재정권과 재벌의 결합이 이루어졌다.

1960년대에는 무상원조를 대신해 유상차관 형태로 외국자본이 도입되었다. 이 시기 경제개발계획 투자재원 조달의 40% 이상이 외국자본이었다. 특히 제조업 투자액의 외자 비중은 1962년 10.3%에서 1968년 69.1%로 늘었다. 1962년에서 1971년까지 도입된 공공차관과 상업차관의 합계는 24억5,000만 달러에 달했다. 군사정권의 초기에 내자동원에 실패한 데서 드러나듯이, 1960년대 후진국 산업화의 성패를 좌우한 것은 원활한 외자도입이었다. 이 점에서 냉전체제의 반공 전초기지였던 한국은 여타 제3세계 나라들과 결정적으로 구별되었다. 여타 제3세계 나라들과 달리 박정희 정권의 경제개발계획이 성공해 고도성장을 달성할 수 있었던 결정적 요인은 성공적인 외자도입이었다. 이런 면에서 1950년대 한국경제를 '원조경제'라 부르듯이, 1960~1970년대 한국경제를 '차관경제'라 부른다. 그러나 차관형태의 외자는 바로 외채이기 때문에 한국경제는 외채가 눈덩이처럼 불어나 1980년대 초 외채위기에 내몰리게 되었다. 외채는 1961년 말 8,300만 달러에서 1972년 말 35억9,000만 달러, 1979년 말 202억9,000만 달러, 1985년 말 467억6,000만 달러에 이르렀다.

박정희 정권이 미국의 압력에 따라 1965년 한일 국교정상화를 하고 베트남 파병을 결정한 것도 바로 부족한 투자재원 때문이었다. 한일관계를 정상화하면서 대일청구권 자금으로 총 8억 달러의 유·무상 차관을 들여왔다. 또한 베트남 파병 대가로 미국으로부터 2억 달러의 원조와 차관을 받았다. 1965~1969년 사이에 파월한국군 등에 의해 베트남에서 한국에 송금된 액수가 5억4,600만 달러에 달했다. 1966~1968년 사이에 이른바 '베트남 특수'로 벌어들인 총수입은 23억 달러로 전체 외화획득의 15%를 차지했다.

투자재원의 또 다른 주요 원천은 금융기관 차입이었다. 박정희 정권은 부정축재자 처리와 '금융기관에 대한 임시조치법'(1961)을 통해 민간은행을 국유화했다. 1950년대 후반 재벌이 소유, 지배하고 있던 민간은행을 국유화한 것이다. 또한 1962년 은행법과 한국은행법을 개정해 금융통화정책의 결정권을 행정부가 장악했다. 박정희 정권에서부터 전두환 정권에 이르는 이른바 '박정희체제' 아래서 국가권력이 재벌의 생살여탈권을 쥐고 재벌을 통제할 수 있었던 것은 이처럼 차관과 금융기관을 통해 자금 배분권을 행사했기 때문이다. 이승만 정권이 원조의 배분을 매개로 국가 우위의 정경유착을 통해 재벌을 탄생시켰다면, 박정희 정권은 재벌의 자금줄을 쥐고 국가 우위의 정경유착을 통해 재벌을 물적 토대를 갖춘 독점자본으로 키웠다.

1960년대 한국경제는 '한강의 기적'이라 부를 만큼 고도성장했다. 연평균 경제성장률은 제1차 경제개발 5개년 계획(1962~1966) 때 8.5%, 제2차 경제개발 5개년 계획(1967~1971) 때 9.7%라는 놀라운 경제성장을 달성했다. 단순가공무역형 공업구조를 형성했던 1960년대 한국경제의 급속한 발전은 경공업 제품과 일부 중화학공업 제품의 수입을 대체했다. 그러나 이런 고도성장은 미국 주도의 수직적 한·미·일 분업체제에 깊숙이 편입된 대외의존적 경제구조 덕분에 가능했다. 그리고 이런 한국경제의 대외의존적 구조는 한국이 놓여 있던 세계자본주의 체제의 정치·경제적 맥락에 따라 규정된 것이었고, 이후 한국경제의 구조적 특징으로 자리 잡았다. 따라서 '차관경제'는 국내 산업 간 연관이 발전하는 것을 가로막았다. 차관으로 도입된 자본은 사용처가 지정되거나 제공한 나라의 설비와 원자재를 도입할 것을 강요했기 때문이다. 수출이 늘어날수록 자본과 물자를 더 수입해야만 하는 악순환 구조가 만들어져 경상수지 적자는 갈수록 늘어났다. 국내 산업 연관이 취약할수록 대외의존도는 높아졌다. 한국경제의 수출입의존도는 1962년 18.1%에서 1970년 34.3%, 1975년 59.0%, 1980년 65.6%, 1985년 67.4%로 급격히 상승했다.

한국경제가 세계자본주의 차원의 이런 규정을 받으면서 고도성장을 성취할 수 있었던 토대는 해방 이후 형성된 한국사회의 계급 간 세력관계였다. 지배계급의 압도적 우위의 세력관계는 개발독재와 노동자, 민중의 희생을 대가로 제3세계 다른 나라에서 볼 수 없는 한국 특유의 재벌체제 형성을 가져왔다.

개발독재와 재벌체제의 형성

1960년대 미국의 제3세계 정책은 친미독재정권이 경제개발계획을 효율적으로 추진해 공산화를 막고 자본주의적 공업화를 안정적으로 만들어내는 것이었다. 이를 위해 미국은 군사쿠데타와 군사독재정권을 적극적으로 활용했다. 박정희 군사정권에 대한 미국의 평가도 마찬가지였다. 미국의 케네디 정부는 박정희의 좌익전력에도 불구하고 군부세력이 참신한 세력으로서 부패를 일소하고 경제개발계획을 효율적으로 추진할 능력이 있다는 점에서 사후적으로 승인했다. 박정희 정권은 고도경제성장을 통해서만 내외적으로 정권의 정당성을 확보할 수 있었다. 앞서 보았듯이, 박정희 군사정권은 미국의 요구에 부응해 반공주의를 국가이념으로 제시하고 좌파세력의 척결부터 시작해 정치적으로 노동자, 민중억압체제, 즉 독재정치를 실행했다. 박정희 정권은 이승만 정권과 마찬가지로 지배계급이 절대적 우위를 차지하는 세력관계를 재구축하고 강화하기위해 정치적 독재를 필요로 했다. 그 주요수단은 중앙정보부를 통한 '정보정치'였다. 그리고 박정희 정권이 수출주도 공업화전략으로 경제개발계획의 방향을 설정한 이후에는 국제경쟁력을 위해 '규모의 경제'를 추구하며 정책적으로 독점자본을 육성했다. 그 결과가 1960년대 '개발독재'와 함께 형성된 '재벌체제'다.

한국경제에서 재벌은 1950년대 원조경제하에서 처음 탄생했으나, 하나의 경제체제로서 재벌체제는 1960~1970년대 박정희 군사정권의 개발독재를 통해 형성되었다. 재벌체제는 1960년대 개발독재에 의해 형성되기 시작해 1970년대 중화학공업화를 거쳐 생산력 기반을 구축함으로써 1980년대 초에 완성되었다. 21세기 한국자본주의를 규정하는 '대규모 기업집단'으로서의 재벌체제는 한국에만 고유한 특징이다. 자본주의 역사에서는 독점자본이 처음 등장했던 19세기 말 20세기 초의 '금융과두제'(plutocracy)와 유사하며, 1930년대 일본의 '재벌'과 유사하다. 재벌체제는 소수의 독점자본(재벌)으로 하여금 노동자, 농민 등 민중을 무자비하게 착취, 수탈하게 할 뿐 아니라, 중소자본을 수탈해 모든 잉여가치를 재벌에게 집중시키도록 하는 체제이다. 이를 위해 박정희 정권은 모든 이용 가능한 내외 자원을 재벌에게 특혜적으로 몰아주었다. "재벌체제는 재벌 내부적으로는 가족경영에 의한 총수의 왕조적 독재체제(이른바 황제경영)가 자리 잡고 있고, 재벌 외부적으로는 다각화된 독점(선단 문어발경영)에 의해 재벌이 국민경제를 독재적으로 지배하는 이중적 독재체제이다."(김기원, 2002: 96)

박정희 정권은 '관치금융'을 통해 재벌에게 특혜를 주고 재벌은 반대급부로 박정희 정권에 정치자금을 제공하는 방식으로 '정경유착'이 이루어졌다. 이런 관치금융하에서는 박정희 정권과 얼마나 친밀하고 유착되었는지가 재벌의 성장과 몰락을 결정했다. 은행대출과 정부발주 대규모 공사의 수주와 관련해 재벌들이 특혜를 받고 리베이트나 커미션 형태로 정치자금을 공급했다. 재벌들은 대규모 차관을 도입해 공장을 짓고 성장했다. 1960년대 후반에 이루어진 공기업 불하도 재벌의 성장에 크게 기여했다. 대규모 국영기업을 인수한 재벌들은 1970년대 중화학공업에 진출할 발판을 마련했다. 1950년대 삼백산업 재벌인 삼성·럭키·쌍용과 베트남전에서 자본을 키운 한진·현대, 그리고 한국화약·대우 등이 재벌의 주역으로 떠올랐다. 1960년대 재벌의 눈부신 성장은 재벌의 정치세력화, 즉 재벌의 집단적 이해관계를 대변하고 대정부 로비창구 역할을 하는 재벌단체의 발전도 가져왔다. 1961년 탈세로 구속되는 등의 상황에 대응하고자 만들어진 '한국경제인협의회'는 20명의 회원으로 출발했다. 이들은 박정희 정권과 결탁해 '경제재건의 주역'으로 변신했다. 한국경제인협의회는 1968년 회원 40명, 즉 40개 재벌로 확대하며 이름을 '전국경제인연합회'(전경련)로 바꾸었다.

[표7] 10대 재벌의 순위 변화(자산 기준)

	1960	1972	1979	1987	1997
1위	삼성	삼성	현대	현대	현대
2위	삼호	LG	LG	삼성	삼성
3위	개풍	한진	삼성	LG	LG
4위	대한전선	신진	대우	대우	대우
5위	LG(럭키금성)	쌍용	효성	SK	SK

6위	동양	현대	국제	쌍용	쌍용
7위	극동해운	대한전선	한진	한화	한진
8위	한국유리	한화(한국화약)	쌍용	한진	기아
9위	동립산업	극동해운	한화	효성	한화
10위	태광방직	대농	SK(선경)	롯데	롯데

출처: 공정거래위원회

　박정희 정권하에서 형성된 재벌체제는 저임금－장시간노동을 토대로 한 초과착취체제였다. 노동계급에 대한 초과착취는 재벌에게 막대한 초과이윤을 가져다주었고, 재벌의 급속한 자본축적을 가능케 해주었다. 1960년대의 초과착취 수준에 대한 계량적 연구는 없으나 1970~1980년대에 관한 측정에 의해 추정할 수 있다. "1970~1980년대 제조업 부문의 착취율은 대체로 400퍼센트를 상회했는데, 이는 미국·인도의 착취율에 비해 거의 두 배 가까운 수준이었다. 이 시기 한국은 장시간노동과 높은 산업재해율로 악명을 떨쳤다. 한국의 경제 기적의 비밀은 바로 병영적 노사관계에 기초한 고율의 착취에 있었다"(정성진 2005: 131). 초과착취에 대한 노동자들의 저항은 어용 한국노총과 중앙정보부에 의해 봉쇄되고 통제되었다. 박정희체제하에서 재벌은 '땅 짚고 헤엄치기' 식으로 돈을 벌 수 있었다. 노동자가 무권리 상태에 놓인 이런 조건에서 노동자의 산업안전이 지켜질 리 없었고, 산재사고가 빈발했다. 1960~1970년대의 박정희체제하에서 노동계급의 처지가 어떠했는지는 '세계 최저의 임금수준·세계 최장의 노동시간·세계 최악의 산업재해'로 잘 알려져 있다. 이것이 1960~1970년대 고도성장과 '한강의 기적'의 비밀이었다.

노동자들은 생존을 위협하는 기아임금에 허덕였는데, 제조업 노동자의 임금은 1960년대 내내 생계비의 22.7~53.3%에 불과했다. 1964년의 도시근로자 엥겔계수는 60.5%라는 절대 빈곤수준이었고 그 뒤 점차 낮아졌지만 1971년까지도 41.4%라는 높은 비율을 보였다. 1962~1971년 노동자 실질임금 상승률은 노동생산성 증가율의 3분의 1에 머물렀다. 빈부격차도 심해져 하위 40%에 속하는 사람들의 소득은 전체 국민소득의 18%를 차지할 뿐이고, 최상층 20%에 속하는 사람들의 소득은 45%나 차지했다. 노동시간도 매년 증가해 1969년에는 56.3시간이었는데, 이는 유럽 선진국들의 주당 42시간대에 비하면 10~16시간이나 긴 것이었고, 필리핀·싱가포르·태국 등 아시아 노동자들의 노동시간보다 10시간 정도 더 긴 수준이었다. 그나마 이는 공식통계일 뿐이고 실제 노동시간은 이보다 훨씬 길었다. 산업재해자와 사망자도 급증했다. 산업재해자 수는 1964년 1,489명에서 1971년 44,545명으로 7년 사이에 29.9배나 늘었다. 이 가운데 사망자는 같은 기간에 33명에서 693명으로 21배 급증했다. 이 또한 실제 산업재해 피해보다 훨씬 적게 신고된 것이었다.

박정희체제의 장시간/저임금/위험한 노동은 도시와 농촌의 엄청난 규모의 상대적 과잉인구에 의해 뒷받침되었다. 1960~1965년 95만3,000명, 1965~1970년 252만2,000명의 농촌인구가 농촌을 떠나 도시로 밀려들었다. 급격한 이농의 원인은 한편으로 농촌과 농업에 대한 정부의 적은 투자와 농산물의 낮은 가격정책으로 농가소득이 상대적으로 저하했기 때문이고, 다른 한편으로는 도시의 급속한 산업화에 따라 고용기회가 증가했기 때문이다. 박정희 정권의 낮은 농산물가격정책은 도시노동자의 임금수준을 낮은 수준으로 억누르기 위한 것이었다. 이들 이농인구의 대부분은 낮은 소득과 부족한 주택사정 때문에 도시주변에 판잣집을 짓고 생활했다. 1966년 말 서울시내 판자촌에 거주하는 인구는 약 127만 명으로 당시 서울시 인구의 약 3분의 1에 달했다. 1970년 이후에도 임금노동자의 급격한 증가는 농촌경제의 피폐화로 인해 도시로 몰려든 농촌인구에 의해 충원되었다. 이에 따라 취업자 구성에서 농림어업이 차지하는 비중은 1960년 65.2%에서 1970년 51.7%로 급속히 감소했다. 반면, 노동계급의 비중은 급격히 증가했다.

[표8] 한국사회 계급구성의 변화(단위: %)

	1955	1960	1970	1975	1980	1985
자본가계급	0.3	0.5	0.6	0.9	1.1	1.4
신중간층	4.1	4.3	5.7	6.8	8.7	11.0
비농업자영업자층	7.5	10.5	13.6	14.7	17.1	21.0
농어민층	70.6	65.2	51.7	42.5	33.5	23.9
노동계급	9.2	11.4	24.1	31.5	37.2	41.5
주변적 무산자층	8.3	7.7	4.3	3.6	2.5	1.2
계(천 명)	6,390	7,522	10,532	11,638	12,708	15,350

출처: 서관모(1987).

다른 한편 공적 사회부조가 거의 없는 상태에서 서민들의 생계는 가족적 복지망을 통해 겨우 유지될 수 있었다. 그 일차적 희생자는 농촌 출신의 젊은 여성들이었다. 1972년 노동청 조사에 따르면, 여성노동자의 86%가 19~29세에 집중되었고, 젊은 여성노동자의 대부분은 "무작정 상경, 학교를 갓 졸업한 사원이나 종업원, 또는 여자 기능공" 등으로 구성되었다. 이 시기 섬유산업의 전형이던 서울 동대문 평화시장의 열악한 노동조건, 특히 어린 여성노동자들의 참상이 재단사 전태일을 분신 저항으로 내몰았다. 그러나 세계 최저의 임금수준, 세계 최장의 노동시간, 세계 최악의 산업재해, 세계 최하위의 사회보장 등 초과착취에도 불구하고, 노동계급은 한국전쟁을 거치며 반공이데올로기 공포(레드콤플렉스)에 억눌려 형성된 '소시민적 소극성' 때문에 노동운동에 선뜻 나설 수 없었다.

선진국 계급투쟁의 격화와
신자유주의 시대로의 이행

세계자본주의가 2차 세계대전 이후 누렸던 '황금기'는 1974년 세계공황이 발생하자 끝났다. 1980년대 초반 이윤율을 일정하게 회복할 때까지 세계자본주의는 자본축적의 위기와 계급관계의 위기를 겪게 되었다. 자본주의 역사상 제3차 구조위기였다. 위기의 주요 특징은 불황 속의 물가상승 현상인 스태그플레이션(stagflation)

으로 나타났다. 그런데 선진국의 포드주의 축적체제와 복지국가에
는 1960년대 후반부터 이미 위기가 나타나기 시작했다. 그 상징이
1968년 유럽혁명으로 분출된 노동계급의 반란이었다. 그 후 계급
투쟁이 광범하게 확산되었다. 그 과정에서 1971년 세계경제를 떠받
치던 브레튼우즈체제가 달러위기로 붕괴하고, 1973년 석유위기를
계기로 1974~75년에 세계공황이 터져 나왔다.

　포드주의 축적체제의 위기는 생산성 정체 위기와 이윤율 저하로
나타났다. 자본주의의 '황금기'의 물질적 토대인 포드주의 생산방식
이 노동의 소외를 극단화함에 따라 1960년대 후반부터 노동자들
이 저항하기 시작했다. 처음에는 무단결근이나 무단조퇴, 병가, 태
업, 직장이동 등 소극적 형태로 저항하다가 점차 부분적인 비공인
파업에 나서는 등 적극적으로 저항했다. 그런데 포드주의 일관작업
공정은 노동자 저항에 매우 취약하다. 노동자 일부의 소극적, 부
분적 저항도 생산라인 전체를 멈출 수 있기 때문이다. 그래서 노동
자 저항의 확산은 생산성 향상을 둔화시켰다. 자본은 노동자의 불
만과 저항을 높은 임금인상으로 무마했고, 이윤율을 유지하기 위
해 다시 생산성 향상을 위한 투자 확대에 나섰다. 이런 과정은 자
본의 구성(불변자본/가변자본)을 더욱 높아지게 했다. 그런데 이로
인한 이윤율 저하를 상쇄하도록 착취도를 높이는 것이 생산성-임
금연동제와 노조의 저항으로 어렵게 되자 이윤율 저하 경향이 나
타나기 시작했다. 실제로 선진국에서는 대체로 1965년을 정점으로
1960년대 후반부터 이윤율이 저하하는 추세로 전환되었다.

[참고자료] 포드주의 축적체제

'황금기' 경제체제의 주요 내용과 특징을 보통 '포드주의'라고 한다. 포드주의 생산방식, 포드주의 축적체제 등이다. 포드주의라는 말은 노동과정의 변화에서 유래했다. 미국의 포드자동차 설립자 헨리 포드(Henry Ford)는 1910년대에 노동과정을 세분화, 단순화해 단순반복노동으로 분해한 테일러주의에 추가로 컨베이어벨트(일관조립라인)를 도입해 대량생산체제를 확립했다. 컨베이어벨트의 도입으로 포드자동차의 생산성은 비약적으로 증가했다. 1900년 불과 4,000여 대를 생산했는데, 1910년에는 18만7,000대로, 1920년에는 190만 대로 늘어났다. 그러나 이런 높은 생산성은 빠른 작업속도의 단순반복노동이라는 노동의 비인간적 소외를 대가로 한 것이었다. 찰리 채플린(Charles Chaplin)의 영화 〈모던 타임즈〉(Modern Times)가 이를 잘 보여준다. 노동자들의 이직률이 크게 증가해 생산성 증가효과를 상쇄하자 헨리 포드는 노동과정에서 노동자가 느끼는 고통과 불만을 보상할 획기적인 고임금정책을 실시했다. 당시 2달러이던 임금(일당)을 2배 이상인 5달러로 올리고 노동시간을 9시간에서 8시간으로 단축했다. 이처럼 컨베이어벨트의 도입에 의한 고생산성과 대량생산체제, 그리고 고임금에 의한 대량소비체제가 포드주의 생산방식이다. 이런 포드주의 생산방식은 선진국에서 2차 대전 이후 생산과정에 일반적으로 도입되었다. 또한 케인스주의 정책이 채택되면서 노동조합이 인정되고 단체교섭이 제도화되었다. 더 나아가 임금–생산성 연동제, 임금–물가 연동제 등이 도입되어 실질임금이 상승하고 사회보장제도가 확장됨에 따라 '대량생산–높은 생산성–높은 임금–대량소비–높은 이윤–높은 투자'라는 선순환 구조로 발전했다. 이를 '포드주의 축적체제'라 한다.

불변자본(C): 원료, 중간재, 기계설비 등 생산수단의 구입에 투입된 자본

가변자본(V): 노동력 구매에 투입된 자본

투하자본 = 불변자본 + 가변자본 = C + V

잉여가치(S)

$$\text{잉여가치율(착취도)} = \frac{\text{잉여가치}}{\text{가변자본}} = \frac{S}{V}$$

$$\text{자본의 구성} = \frac{\text{불변자본}}{\text{가변자본}} = \frac{C}{V}$$

$$\text{이윤율} = \frac{\text{잉여가치}}{\text{불변자본} + \text{가변자본}} = \frac{S}{C+V} = \frac{S/V}{C/V+1}$$

한편, 복지국가의 위기는 재정위기로 나타났다. '황금기' 동안 복지국가는 계속 커졌다. 특히 1960년대 후반부터 노동계급의 투쟁이 확산함에 따라 사회보장 지출이 급격히 늘어났다. 이 증가는 두 요인에서 비롯되었다. 먼저 백인남성노동자를 중심으로 한 보장노동자층의 불만과 임금인상 요구를 억제하는 대신 사회보장제도를 더 늘려야 했다. 그리고 백인여성노동자·유색인종 노동자·이주노동자 등 배제된 비(非)보장노동자층의 차별철폐 요구와 투쟁에 대응하는 과정에서 사회보장 지출이 늘어났다. 복지국가의 이와 같은 확장은 재정위기를 가져왔다. 미국은 신식민주의 전략에 따라 1960년대 후반부터 베트남전쟁에 전면 개입했고 군비지출이 급격

히 증가했는데, 이런 요인이 함께 작용하며 재정위기를 더욱 심각하게 만들었다.

미국이 재정위기에 대처하기 위해 달러를 찍어 재정을 조달함에 따라 달러가치는 떨어졌다. 또한 미국 자본의 해외투자, 경제원조와 군사원조 등으로 달러가 해외에 대규모로 뿌려지자 무역수지 흑자에도 불구하고 국제수지는 만성적자를 면치 못했다. 막대한 달러가 해외로 빠져나가 달러가치가 떨어지자 달러에 대한 금 교환 요구가 증가했다. 이에 따라 미국의 금 보유고는 급격히 줄어들었다. 1971년부터 무역적자까지 발생하자 닉슨 대통령은 결국 1971년 8월 달러화의 금태환 정지를 선언했다. 그 후 달러는 급격히 평가절하되었고, 1973년 고정환율제가 완전히 포기되며 변동환율제로 이행했다. 이로써 전후(戰後) 세계경제체제를 밑받침한 브레튼우즈체제가 무너졌다. 그리고 달러의 과도한 발행에 따른 달러 가치 하락과 달러의 과잉유통은 세계적인 인플레이션을 가져왔다.

포드주의 축적체제의 위기는 1973년 석유위기를 계기로 세계공황(1974~1975)으로 발전했고, 전후의 '황금기'는 끝났다. 1973년 제1차 석유위기를 맞아 원유 가격이 배럴당 3달러에서 12달러로 4배 폭등한 것을 계기로 1974년 세계공황이 발생했다. 1974~1975년에 선진국 공업생산은 10% 감소하고, 1975년 상반기에 국제무역량이 13% 감소했다. 1929년 대공황 이래 최대 규모의 세계적 공황이었다. 1979년 원유 가격이 다시 2배 인상된 제2차 석유위기에 세계경제는 다시 크게 위축되었고, 1982년까지 불황이 지속되었다.

1970년대의 경제위기는 석유위기에 의해 촉발되고 증폭되었지만, 전적으로 석유위기 때문에 발생한 것은 아니다. 포드주의 축적체제의 위기가 석유위기를 계기로 공황과 불황으로 터져 나온 것이었다. 1960년대 후반부터 노동자의 저항과 생산성 정체로 이윤율 저하 경향이 나타나기 시작했고, 노동자 투쟁이 폭발적으로 확산되면서 이윤율 저하 압력은 더욱 커졌다. 자본은 이에 투자 확대로 대응했고, 선진국 정부는 신용팽창과 재정지출 확대로 대응했다. 그래서 인플레이션은 1960년대 중반 이래 꾸준히 상승했는데, 1970년대 초부터 가속화되었다. 노동계급이 임금인상투쟁으로 맞서자 독점자본은 이윤율을 유지하기 위해 임금인상을 제품가격 인상으로 떠넘겨 인플레이션을 가속했다. 이런 인플레이션을 배경으로 1972~1973년 원자재투기와 주식투기에 따른 '거품호황'이 이루어졌고, 인플레이션은 더욱 가속화되었다. 이런 위기 과정에서 1973년 석유위기로 원유 가격이 폭등하고 1974년 세계적 공황이 발생했다. 불황 속의 물가상승이라는 새로운 현상인 스태그플레이션은 1974년 세계공황 이후 불황과 인플레이션 악화로 확연히 나타났고 1982년까지 지속됐다. 1970년대의 스태그플레이션은 포드주의 축적체제의 위기, 복지국가의 위기, 브레튼우즈체제의 붕괴, 그리고 노동계급의 저항 등이 복합적으로 작용해 나타난 현상이었다.

요컨대, 전후 30년간의 장기고도성장 과정에서 주기적 공황에 의한 과잉자본 청산 없이 지속적으로 자본축적이 이루어지면서 자본의 구성이 누적적으로 높아졌다. 노동자 저항 때문에 이윤율 저하를 만회하지 못하면서 공황이 발생했고, 스태그플레이션이라는 새로운 현상이 나타났던 것이다. 복지국가의 재정위기, 스태그플레이션, 노동자투쟁의 확산과 급진화로 구조위기에 직면한 자본가계급은 특히 노동자 자주관리 등 노동계급의 급진적 요구에 체제위기를 느끼며 노동운동에 대대적인 반격을 가했다. 자본가계급은 이윤율을 회복하기 위해 착취를 강화하는 전략을 채택했고 제도와 정책을 반(反)노동적 방향으로 바꾸었다. 그래서 완전고용을 추구하는 케인스주의 정책을 포기하고 노동운동을 무력화해 노동규율을 강화하려는 다양한 공세를 펼쳤다. 이에 따라 1960년대 말부터 1980년대 전반기까지 장기간에 걸쳐 격렬한 계급투쟁이 진행되었다.

이 시기 계급투쟁에서 착취 강화를 위한 자본가계급의 주요 전략은 다음과 같다. 첫째, 외주·하청을 광범위하게 실시하는 '탈집중화' 전략으로 노조의 힘을 무력화하는 것이었다. 일본의 '도요타주의'가 그 모델이었다. 자본가계급은 선진국 내에서도 노조가 약한 지역으로 공장을 옮기거나 노동집약적 단순조립라인을 제3세계로 이전했다. 이에 따라 '신국제분업체제'와 그에 따른 '아시아의 네마리 용'(한국, 대만, 홍콩, 싱가포르)과 같은 신흥공업국이 등장했다. 둘째, 브레튼우즈체제 붕괴 이후 자본이동의 자유화와 금융시장 등을 활용해 복지국가를 해체하는 것이었다. 대표적인 예는 1976년 미국 뉴욕시의 재정위기 때 연방정부가 뉴욕시 부채에 더 이상 지불보증을 해주지 않고 금융자본에게 통제권을 넘김으로써 금융자본이 시장원리에 따라 뉴욕시에 긴축예산과 사회복지 지출 삭감을 강제했던 것이다. 또 1983년 프랑스 미테랑 사회당 정부의 케인스주의 정책에 대해 국제투기자본이 외환시장에서 프랑화를 공격함으로써 이 정책을 후퇴시킨 예가 있다.

이에 맞선 노동계급의 대응전략을 보자. 자본의 공격에 노동계급 대중은 노동시간 단축, 은행과 대기업의 국유화 등 급진적 대안으로 대응할 것을 요구했다. 그러나 노조운동 및 노동자정당 지도부는 계급 대중의 급진적 요구들을 케인스주의 정책 수준으로 후퇴시키는 등 수세적이었다. 예를 들면, 1973년 영국 노동당은 아래로부터의 급진적 요구에 밀려 급진적인 '대안경제전략'을 수립했다. 은행의 국유화는 물론, 영국의 100대 기업 중 25대 기업을 국유화하고 나머지 75개 기업은 '계획협정'을 맺음으로써 경제 전반에 걸쳐 국가의 계획적 통제를 수행하는 것을 골자로 했다. 그런데 1974년

[참고자료] 도요타주의

제2차 세계대전의 패전국인 일본은 전후 자본이 심각하게 부족한 조건에서 1950년 초 일본 노동운동을 철저히 파괴하고 노동강도 강화, 비용절감 등을 극단적으로 추구했다. 이 과정에서 적시생산(JIT; Just-In-Time production), 다기능, 직무순환, 팀 작업, 품질관리, 수량적·기능적 유연화, 대규모 외주 등을 특징으로 하는 '일본적 생산방식'을 확립했다. 이런 생산방식을 전형적으로 확립한 곳이 도요타 자동차공장이었기 때문에 '도요타주의'라 부른다. 서구에서는 이를 '린 생산방식(lean production system)'이라고도 부른다.

총선의 실제 노동당 선거강령에서는 지도부에 의해 급진적 내용이 대부분 사라졌다. 이는 복지국가 하에서 제도화된 노동운동(노조/노동자정당)이 국가기구로 포섭된 데 따른 결과였다.

그 결과는 노동계급의 역사적 패배였다. 1960년대 말부터 시작된 10여 년의 계급투쟁에서 노동계급의 수세적 대응은 1970년대 말 선진국 주요 투쟁에서 패배를 가져왔다. 대표적으로 당시 세계 최대노조인 독일 금속노조는 총파업(1978~1979)에서 패해 20만 명의 노동자가 해고되었다. 이탈리아 피아트노조는 총파업(1980)에서 패배하여 2만 명이 해고되었다. 미국 항공관제사노조의 파업(1981)은 레이건 대통령의 행정명령에 의해 1만2,000여 명의 조합원 전원이 영구 해고됨으로써 파괴되었다. 영국 광부노조의 총파업(1984~1985)은 대처 총리의 폭력적 탄압으로 분쇄되면서 12만여 명의 해고로 귀결됐다. 이처럼 노동계급이 패배한 결과 노동조합이 무력화되자, 1980년대 초부터 자본가계급은 신자유주의 구조조정을 본격적으로 실시해 제도와 정책 등 경제체제를 케인스주의 형태에서 신자유주의 형태로 바꾸었다.

1960년대 말 차관경제의 위기와
민주노조운동의 대두, 민주화운동의 확산

1960년대 말부터 노동계급의 자생적인 생존권 투쟁이 확산함과 동시에 자본축적은 위기 양상을 보이기 시작했다. 1960년대의 차관경제가 위기에 몰린 것이다. 차관경제는 차관으로 자본을 조달해 중간재와 자본재를 외국에서 사들이고 저임금 노동력으로 경공업 완제품을 생산, 수출하는 전형적인 단순가공무역형 공업구조를 만들었다. 그런데 이런 공업구조가 유지되려면, 첫째 저임노동자가 계속 공급되어야 하고, 둘째 수출시장이 계속 확대되어야 한다. 그러나 두 가지 조건의 충족이 어려워졌다. 1960년대 말에는 낮은 임금의 노동력 공급이 상대적으로 줄어 실질임금이 빠르게 상승했다. 그리고 베트남전쟁의 확대에 따라 주된 수출시장이던 미국에 인플레이션 현상과 성장둔화가 병행하는 스태그플레이션 조짐이 나타나면서 신보호무역주의 경향이 등장해 수출확대가 어렵게 되었다. 더욱이 말레이시아, 인도네시아 등 동남아 나라들이 연이어 수출지향형 경공업 산업화에 나서면서 세계시장 경쟁이 한층 치열해졌다.

달러위기에 몰린 미국은 경공업 제품의 수입을 규제했고 차관을 갚도록 재촉했다. 외국자본의 도입으로 성장한 업체들은 수출은 잘 안 되는데 외채의 원리금을 갚아야 하는 어려운 처지로 내몰렸다. 1960년대 말부터 시작된 경제위기는 부채비율이 높은 부실기업의 도산으로 나타났다. 정부는 1969년 5월 차관업체 89개 가운데 45%가 부실기업이라고 발표했다. 1971년까지 외채를 들여와 성장한 기업 중 도산한 기업은 200여 개에 이르렀다. 경제성장률은 1969년 13.8%를 정점으로 해 1970년 7.6%, 1971년 8.8%, 1972년 5.8%로 떨어지기 시작했다. GNP 가운데 총투자율도 1969년

30.8%에서 1972년 24.2%로 계속 떨어졌다. 1969년에서 1970년에 걸쳐 30개 부실기업 정리 작업이 진행되었지만, 1971년 들어 경제 위기는 해소되기는커녕 더욱 심화되었다. 전경련은 "사채(私債)는 은행에서 떠맡고, 세금은 감해주고, 금리는 인하해주는 동시에 긴축 정책을 완화해 달라"고 박정희 정권에 긴급 건의했다(김정렴 1990: 263). 특히 "사채에 대한 무슨 비상한 결단을 내리지 않는 한 우리나라의 모든 기업이 연쇄적으로 도산할 것"이라며 "사채에 대한 비상한 행정적 조치의 필요성"을 강력하게 주장했다(김정렴, 1990: 264). 이에 따라 1972년 8.3긴급경제조치가 취해졌다.

긴급경제조치 과정에서 기업부실화 주요 원인의 하나가 기업주의 위장사채였다는 점이 밝혀졌다. 자기 기업에 사채놀이를 해 치부도 하고 탈세도 했던 것이다. 신고 결과 위장사채는 총 신고사채 금액의 3분의 1인 1,137억 원에 달했다. 8.3긴급경제조치로 대기업들은 사채 3,500억 원(당시 은행 대출금의 42%에 이르는 규모)의 원금 상환과 이자부담을 오랫동안 미룰 수 있는 엄청난 금융특혜를 누렸다. 8.3조치는 대기업의 채무를 전 국민이 공동 분담하는 식으로 대기업 숨통을 틔워 주었다. 그러나 1960년대 말부터 시작된 경제 위기에 대해 박정희 정권은 8.3조치와 같은 대증요법을 넘어 '유신체제'를 도입함으로써 노동자, 민중에 대한 착취와 수탈을 더욱 강화하는 파시즘적 방식으로 대응했다.

한편, 노예 같은 상황을 견디다 못한 노동계급은 1960년대 말부터 산발적이지만 자생적인 생존권투쟁에 나서기 시작했다. 노동쟁

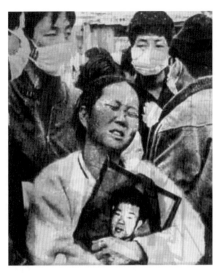

전태일 열사의 영정을 안고 오열하는 어머니 이소선 씨.
제공: 전태일재단

의는 1969년의 70건에서 1970년 88건, 1971년 101건으로 증가하고 노사분규는 1969년의 130건, 1970년 165건에서 1971년에는 1,656건으로 급증했다. 특히 1970년 11월 13일 전태일의 분신 투쟁은 노동자투쟁의 기폭제가 되어 그 뒤 몇몇 노동자들의 분신 저항 기도와 자생적 생존권투쟁을 촉발했을 뿐 아니라, 도시빈민·소상인들의 생존권투쟁도 촉발했다. 경기도 광주대단지 3만여 도시빈민의 생존권 보장 요구 폭동(1971년 8월), 수차례의 시장상인 시위(1971) 등 민중의 생존권투쟁이 광범하게 터져 나왔다. 자연발생적이면서도 공권력과 대결하는 대규모의 폭발적 투쟁이 자주 발생했다. 대표적인 사례로는 광주대단지 외에도 베트남 파견기술자들의 대한항공(KAL)빌딩 방화·시위사건(1971년 9월), 병원 간호사와 수련의 파업(1970~1971), 삼립식품 노동자 파업농성(1973), 울산 현대조선 노동자 투쟁(1974), 그리고 현대건설 사우디아라비아 파견 노동자들의 파업시위(1977), 풍천화섬 노동자들의 추석 시위(1977) 등을 들 수 있다.

또한 전태일의 분신 투쟁은 학생·지식인·종교인 등 중간계층에게 노동문제의 심각성을 충격적으로 알리는 계기가 되었다. 이는 노동운동의 주체 형성과 관련해 중요했다. 한편으로 중간계층의 반독재 민주화투쟁을 격화시켰고, 다른 한편으로 노동자투쟁에 대한 중간계층의 지지·지원을 끌어냈기 때문이다. 전태일의 투쟁은 1970년대 민주노조운동의 형성·발전에 중간계층이 직간접적으로 참여하는 계기로 작용했다.

> "무명의 한 젊은 노동자가 '우리는 기계가 아니다' '근로기준법을 준수하라'고 절규하면서 자기 몸을 불사른 이 사건은 사회각계 각층에 큰 충격을 던지면서 파장을 일으켰다. … 정치적 쟁점에 매달렸던 학생운동과 종교계는 스스로 부끄러움을 반성하고 노동문제에 대한 관심과 노동운동에 대한 지원을 다짐한다. … 노동쟁의가 급증하고 노동자들의 극한적인 저항도 계속 이어졌다. 이후 국가권력과 자본의 억압이 가중되고 노동조합운동이 무력하게 되자 지식인들과 종교인들의 노동운동에 대한 참여와 지원은 더욱 본격화되었다. 전태일 사건이 일어나자 학생운동의 한계를 반성하고 노동운동에 대한 관심과 연대감을 표시했던 학생들은 다양한 형태로 노동운동에 참여하려 하였다. 그 방식은 교회운동, 도시산업선교회 등 공개기구운동, 민주노조와의 교류, 야학, 노동현장 등에의 투신 등이었고, 일부는 노동조합에 직접 들어가 전문 실무자로 활동하기도 했다. 또한 학생들은 1970년대

후반 주요한 노동문제가 발생할 때마다 노동자들의 투쟁을 지지하고 민주화운동과 관련한 각종 선언문과 성명서에서 노동기본권의 부활을 요구하는 등 노동운동에 대한 연대를 표명했다."(이원보 2004: 352~3)

그 결과 1970년대부터 민주화운동과 노동운동은 상승작용을 하면서 극단적인 개발독재인 유신체제에 대항하는 계급투쟁을 확산·격화시키게 되었다. 1970년대에 걸쳐 가장 열악한 노동조건을 지닌 섬유산업을 중심으로 경공업 수출산업의 여성노동자들이 자주적 민주노조운동, 즉 노동계급의 주체 형성을 주도했다.

유신체제와 중화학공업화 정책: 재벌체제의 확립

박정희체제가 1960년대 말 1970년대 초 정치적·경제적·국제정치적 위기에 부닥치자 '위로부터의 계급투쟁'으로서 유신체제가 등장했다. 세계자본주의 체제는 1960년대 후반부터 이윤율의 저하, 노동운동의 격화, 복지국가의 재정위기 등을 통해 위기 조짐이 나타나기 시작했다. 미국의 베트남전쟁에 반대하는 시위가 세계 도처에서 일어났고, 미국 국내에서는 군대징집 반대운동이 크게 일어났다. 미국은 국제적·국내적으로 궁지에 몰렸고, 막대한 베트남전쟁

비용에 따른 미국 국제수지의 악화로 인해 미국의 패권이 약화되고 달러위기가 나타났다. 미국은 1971년 8월 15일 달러의 금태환 정지를 선언하고, '닉슨독트린'을 통해 베트남에서의 미군철수와 아시아 지역에서의 미국의 개입수준을 단계적으로 낮추고자 했다. 미국은 1970~1971년에 주한미군 2만 명을 철수하고, 박정희 정권에게 남북화해를 종용했다. 다른 한편, 미국 패권의 약화를 보완하기 위해 중소분쟁을 활용하여 중국과 관계를 정상화해 소련 봉쇄정책을 유지하고자 했다. 1972년 2월 미국 닉슨 대통령의 중국방문은 이런 세계적 차원의 계급 간 세력관계 변화의 정치적 표현이었다.

그런데 닉슨독트린과 닉슨의 중국방문으로 표현된 미국의 동아시아정책 변화는 동아시아 나라들의 지배세력, 특히 독재정권에게 자국의 계급 간 세력관계를 유지하기 위해 더욱 반동적인 대응방식을 취하도록 압박했다. 미국과 중국의 데탕트(긴장완화)는 동아시아의 냉전체제를 이완시켰고, 이는 반공(反共)을 앞세운 동아시아의 독재정권에게는 기존의 계급 간 세력관계를 위협하는 요인으로 작용했기 때문이다. 캄보디아, 태국, 남베트남, 인도네시아, 필리핀 등 동아시아 각국에서 쿠데타나 계엄령을 통한 독재정권이 들어섰다. 박정희 정권의 '10월 유신'도 같은 맥락에서 이루어졌다.

미·중 간 데탕트는 한반도에도 긴장완화를 가져왔다. 남북한이 선의의 경쟁을 하자고 제안한 1970년 '8.15선언'을 시작으로 1971년 남북이산가족찾기운동, 1972년 자주·평화·민족대단결의 남북통일 3대 원칙에 합의한 '7.4남북공동성명' 등 평화적인 통일방안도 제시되었다. 남북관계를 개선하려는 이런 정책들은 남한 내 계급 간 세력 관계를 떠받치는 중요한 기반인 반공·반북이데올로기를 해체하는 방향으로 작용했다. 박정희 군사독재정권의 주요한 통치수단이었던 국가보안법과 반공법을 없애야 한다는 요구가 높아졌기 때문이다. 따라서 유신체제의 등장은 세계적 차원의 계급 간 세력관계의 변화에 따른 미국의 동아시아정책의 변화 속에서 1960년대 말부터 노동자, 민중의 투쟁이 확산되는 것에 대한 반동적 대응으로서 '위로부터의 계급투쟁'이었다. 흔들리던 계급 간 세력관계의 불안을 유신체제로 안정화한 박정희 정권은 경공업 위주의 단순가공무역형 공업구조의 한계와 위기를 중화학공업화를 통해 벗어나려 했다.

박정희 정권은 1971년 2월 제3차 경제개발 5개년 계획(1972~1976)에 이어 1972년 10월 유신체제 이후 '1980년대 초에 1인당 국민소득 1,000달러, 수출액 100억 달러를 달성한다'는 장기목표를 제시했다. 이른바 '선성장 후분배'를 내세운 것이다. 이어 1973년 1월 중화학공업화를 선언했다. 제4차 경제개발 5개년 계획(1977~1981)은 '산업구조의 고도화를 통한 자력성장 구조의 실현'을 목표로 세우고 중화학공업화 정책을 이어나갔다. 여천(석유화학)·옥포(조선)·온산(비철금속)·창원(기계)·구미(전자)·포항(철강) 등 6개의 산업별 공업단지를 만들고 재벌에 온갖 특혜와 지원을 약속하며 중화학공업화에 참여시켰다. 재벌에 주는 여러 특혜 때문에 국민의 조세 부담은 1973년 12.6%에서 1981년 18.2%로 늘어났다. 결국 박정희 정권의 중화학공업화 정책은 특혜를 통한 재벌육성 정책이었다. 집중적인 투자 덕분에 중화학공업은 1970년대에 제조업 성장률을 웃도는 연평균 20.9%의 높은 성장을 이룩했다. 1979년에는 중화학공업의 생산액이 제조업 생산액의 51.2%에 달할 정도로 산업구조를 고도화시켰고, 1970년대의 고도성장을 이끌었다. 수출상품 비율에서도 경공업에 대한 중화학공업의 비율은 1970년 12.8%에서 1979년 38.4%로 늘어났다. 제조업의 노동생산성도 1960~1979년 동안 7.6배 늘어났다.

[표9] 1970년대 주요 경제지표

	경제성장률 (%)	산업별 성장률(%)			1인당 GNP (미 달러)
		농림어업	광공업	사회간접 자본 기타	
1972	5.8	2.0	12.9	5.0	306
1973	14.9	6.3	28.6	13.6	386
1974	8.0	6.7	15.2	5.0	523
1975	7.1	5.3	12.6	5.1	573
1976	15.1	10.7	21.5	13.7	765
1977	10.3	2.1	14.3	11.9	966
1978	11.6	−4.0	20.0	13.5	1,330
1979	6.4	6.7	9.4	4.1	1,546
연평균	9.9	4.5	16.8	9.0	−

출처: 한국은행, 『한국의 국민소득』, 1982.

1970년대 박정희 정권의 중화학공업화 정책이 이처럼 성공할 수 있었던 것은 세계자본주의의 제3차 구조위기와 '신국제분업체제' 때문이었다. 선진국이 중공업을 맡고 후진국이 경공업을 맡던 기존의 국제분업체제는 1970년대 들어 기술·지식집약형 고부가가치 산업은 선진국이 맡고 노동집약적인 조립가공형 중화학공업이나 공해산업은 개발도상국이 맡는 '신국제분업체제'로 바뀌었다. 이런 국제분업체제의 재편은 특히 한·미·일의 수직적 삼각분업체제에서 일본 자본의 요구와 맞아떨어졌다. 일본은 1970년 한일경제협력위원회 2차 총회에서 일본 간사이(關西) 경제권과 한국 남해안공업지대를 긴밀하게 결합시켜 노동집약적 공해산업을 한국에 옮긴다는 기획을 내놓았다('야쓰기 구상'). 이는 명목상으로는 일본의 자본과 기술을 한국의 값싼 노동력과 결합시켜 국제경쟁력을 확보한다는 것이었으나, 실제로는 한국산업을 일본의 '하청기업'으로 만들어 과잉자본을 해결하는 한편, 1960년대 일본경제의 최대 골칫거리였던 공해산업을 한국에 떠넘기려 했다.

중화학공업화 정책은 닉슨독트린에 따른 주한미군의 철수 등으로 위기를 느낀 박정희 정권이 '자주국방'을 이루려는 정치적 필요와도 맞아떨어졌다. 중화학공업은 방위산업의 기반이 되기 때문이다. 그러나 한국의 중화학공업은 국내 다른 산업과 분업적 관련 없이 수출 위주의 노동집약적 조립가공산업(조선·전자·자동차)이나 공해산업(알루미늄·석유화학·플라스틱)을 중심으로 발전했다. 제3~4차 경제개발계획 동안 중화학공업 비중이 크게 늘었는데도 공작기계·금속 등 기초산업 부문의 생산은 오히려 줄었고, 중화학공업의 수입의존도가 높아졌다. 수출지향형 중화학공업은 수출을 위해 수입을 확대하게 만들었던 것이다. 또한 1973~1981년 6대 중화학공업의 투자재원은 40.1%를 외국자본에 의존했다. 외자는 주로 차관 형태로 도입되었고, 부분적으로 외국인직접투자로 이루어졌다. 포항제철과 같은 주요 중화학공업 부문은 일본차관으로 건설했고, 일본은 구미공단 등 수출자유지역에 적극 진출했다. 수출자유지역에 들어온 외국인 투자기업에게는 세금과 노사관계에서 여러 우대조치를 마련했다. 일본자본이 한국에 적극 진출함에 따라 한국경제의 대일의존도가 높아지고 일본은 한·미·일 분업체제에서 미국의 지위를 차츰 대신했다. 한국의 산업들은 주요 설비재뿐 아니라 원자재, 중간재와 기술을 일본에 의존하게 되었다. 한국은 일본에서 반도체·통신장비·기계 같은 자본재, 내구소비재, 중간재를 수입하고 이를 텔레비전·자동차·철강재로 만들어 미국에 판매했다. 1962~1979년 동안 일본은 미국이 직접투자한 것의 2배, 기술 도입의 3배를 차지함으로써 중화학공업이 발전하면 할수록 한국경제는 일본에 더욱 종속되었다. 또 중동 건설시장에 재벌이 경쟁적으로 진출해 중동건설 수주액은 1975년 8억 달러에서 1980년 82억 달러로 크게 늘었다. 이 '중동특수'가 상품수출을 촉진하고 국내인력의 고용을 확대해 외화를 벌어들임으로써 경제성장에 크게 기여했다.

1970년대 박정희 정권의 중화학공업화 정책은 동시에 재벌육성 정책이었고, 재벌체제의 생산력 기반을 갖추게 해주었다. 그 결과 1980년대 전반에 재벌체제가 확립되었다. 재벌이 국민경제에서 차지하는 비중은 1970년대를 거치며 두 배 이상 증가했다. 30대 재벌의 계열사 숫자는 1970년 126개가 1979년 479개로 급증했다. 박정희 정권은 1975년 종합무역상사제도를 만들어 온갖 특혜를 주었고, 재벌들은 이를 이용해 무역을 독점하며 수출증대를 명분으로 무차별적 인수·합병(M&A)을 통해 중소기업들을 계열사로 편입했다. 그 결과, 재벌은 '장난감 제조에서 선박'까지 생산하는 '문어발식' 경영체제를 확립했다. 재벌의 국민경제에 대한 지배력은 국민경제의 저변을 형성하는 중소기업에 대한 하청계열화를 통해서도 이루어졌다. 재벌이 중소기업을 하청계열화함에 따라 전체 중소기업 수 가운데 하청관계에 있는 중소기업의 수는 1966년 12.6%에서 1978년 18.2%, 1980년 30.1%, 그리고 1987년 48.5%로 급증했다.

또한 재벌의 시장지배력은 1970년대까지는 박정희 정권이 제도적으로 보장해주었다. 특히 재벌이 진출한 중화학공업 분야에 다른 기업이 또 진입하는 것을 허용하지 않아 재벌의 국내시장에서의 독과점 지위를 보장했다. 더 나아가 수입제한 조치를 실시해 재벌들을 대외경쟁에서도 보호했다. 그러나 재벌이 1970년대 중화학공업화를 통해 생산력 기반으로 갖추게 되면서 1980년대 전반에는 재벌의 시장지배력은 기술적 요인으로 확보되었다. 즉 재벌은 기술적 우위를 바탕으로 한 근대적 독점이윤을 확보했다. 재벌의 독과점 문제가 심각해지자 1980년 '독점규제 및 공정거래에 관한 법률'이 처음 제정되었다. 또한 1986년 30대 재벌에 대해 출자총액제한 등의 조항을 신설해 실질적인 규제에 들어갔다. 이처럼 재벌이 독점자본으로서 생산력 기반을 갖추고 국민경제에 대한 지배력이 높아지는 경제력 집중 현상이 심화되자 '재벌이 망하면 한국경제가 무너진다'며 30대 재벌은 국가가 구제해주기 때문에 절대 망하지 않는다는 '대마불사(大馬不死)론'까지 등장했다. 또한 '재벌공화국'이라는 말이 유행하기 시작했다.

1979년 제2차 석유위기로 세계경제가 전반적인 불황에 빠져들자 한국경제는 경제위기에 빠지게 되었다. 박정희 정권의 중화학공업화 정책에 따른 온갖 특혜를 누리기 위해 재벌들은 경쟁적으로 투자를 확대했고, 1970년대 후반부터 재벌들 간의 경쟁은 정부의 통제를 벗어났다. 그 결과 중화학공업 부문에 중복·과잉투자가 이루어졌다. 세계경제의 불황으로 판매시장을 확보하지 못함에 따라 중화학공업의 가동률은 점점 떨어졌고, 실업자가 늘어나고 인플레이션은 계속되며 기업의 도산이 증가하는 등 불황 속의 인플레이션인 스태그플레이션 현상이 발생했다. 1972~1978년 동안 연평균 경제성장률이 10.4%였는데, 1979년 연평균 6.4%로 떨어졌다. 1960년대 말의 경제위기에 이어 한국경제는 10년 만에 다시 경제위기에 접어들었다. 경제위기의 양상은 총체적이었다. 중화학공업에 대한 과잉투자와 중동건설 붐에 따른 숙련노동력의 대량 해외유출이 겹치면서 1970년대 후반에는 노동시장에서 일시적인 노동력 부족 현상이 나타났고, 이에 따라 임금이 급격히 상승했다. 1976년부터 1978년까지 이례적으로 실질임금 상승률이 노동생산성 증가율보다 높아짐에 따라 이윤율 저하를 더욱 압박했다. 또한 1979년 석유위기에 따라 원유 가격이 폭등했고, 급격한 인플레이션을 가져왔다(소비자

물가변화율 1976년 15.3%, 1977년 10.1%, 1978년 14.5%, 1979년 18.3%, 1980년 28.7%).

여기에 경제위기에 더욱 치명적인 요인은 세계자본주의의 변화에서 왔다. 1979년의 제2차 석유위기뿐만 아니라 이때 세계자본주의가 신자유주의체제로 결정적으로 전환되기 시작했다. 1979년 선진국의 계급투쟁이 격화되었을 뿐 아니라 미국 중앙은행이 극적으로 고금리정책으로 전환했다. 국제금리는 1978년 8.8%에서 1979년 21.1%로 급등했다. 이에 따라 선진국 경제는 경기침체로 전환되었다(선진국 경제성장률 1980~1981년 1.2%, 1982년 -0.3%, 1983년 2.2%). 세계자본주의의 변화는 한국경제를 외채위기로 몰아넣었다. 원유 구입액은 1978년 22억 달러에서 1981년에는 65억 달러로 증가했다. 외채에 대한 이자지급액은 1978년 9억 달러 미만에서 1981년 35억 달러로 4배나 증가했다. 선진국 경제의 침체와 보호무역주의 경향으로 인해 경상수지 적자는 1980년 53억 달러, 1981년 44억 달러에 이르렀다. 이런 경상수지 적자의 GNP에 대한 비율은 1980년 8.3%, 1981년 6.4%에 달했다. 이에 따라 한국의 외채는 급증했고 대외신인도는 급락했다.

더구나 1979년 10.26사태라는 정치적 불안으로 한국은 약 6개월 동안 국제자본시장에 접근하기조차 어려웠다. 한국의 외채는 세계 4위(아시아 1위) 수준이었고, GNP 대비 외채총액은 50%를 넘었다(1983년 53.6%). 한국 외채위기의 심각함은 1983년 신규차입액 중에서 기존 채무상환에 사용되는 비율인 채무차환율이 77%에 이

1979년 10월 부마항쟁 당시 부산 광복동 시위 모습.
촬영: 부산일보 사진기자 정광삼. 제공: (사)부산민주항쟁기념사업회

른 점에서 잘 드러났다. 빚으로 빚을 막는 상황이었다. 한국의 외
채는 1985년까지 계속 증가해 1985년 472억 달러에 이르렀다(1980
년 295억 달러, 1981년 330억 달러, 1982년 373억 달러, 1983년 404억 달
러, 1984년 421억 달러). 1970년대 말의 경제위기는 유신체제하에서
억눌렸던 노동자, 민중의 투쟁을 격화시켜 유신체제를 총체적 위기
로 내몰았고, 결국 부마항쟁이 박정희 정권 내부의 분열을 촉발해
유신체제를 붕괴시켰다.

유신체제하의 계급투쟁과 부마항쟁,
그리고 광주민중항쟁

유신체제의 붕괴를 직접적으로 촉발한 1979년 부산, 마산 지역 중심의 부마(釜馬)항쟁의 발단은 YH무역노조 여성노동자들의 생존권투쟁이었다. 역사적 관점에서 보면, 부마항쟁 자체가 1970년 전태일 열사의 분신투쟁을 계기로 활성화된 민주노조운동과 민주화운동이 유신체제의 초과착취·수탈과 폭압에 맞서 줄기차게 수행한 계급투쟁의 산물이었다.

유신체제하에서 노동계급의 상태는 1960년대보다 더 악화되었다. 임금수준·노동시간·산업재해 등에서 노동계급은 더욱 열악한 상태로 내몰렸다. 산업 전체 노동자의 경우 장시간노동으로 받은 임금총액은 1970년에 최저생계비(가계)의 61.5%수준이었으나 1980년 그 비율이 44.6%로 낮아졌다. 개발독재에 의한 수출의 급증과 수출기업의 급성장에도 불구하고 수출산업의 임금이 내수산업의 임금에 크게 못 미쳤던 점은 특기할 만하다. 1974년 수출산업의 임금수준은 내수산업의 65.1%였으나 100억 달러 수출이 달성된 1977년에는 63.9%까지 저하했고, 1979년에도 69.7% 수준에 머물렀다. 박정희체제의 초과착취가 노동집약적인 경공업 수출산업의 여성노동자들에 집중되었음을 말해준다. 이런 조건에서 전태일의 분신 투쟁을 계기로 건설된 청계피복노조의 완강한 투쟁이 정신적 지주 역할을 하면서 섬유·의류산업의 여성노동자들이 민주노조운동을 주도하게 되었다. 제조업 주당 노동시간은 1970년 53.4시간에서 1974년 49.9시간으로 줄었다가 다시 늘어나 1980년에는 53.1시간에 이르렀다. 1970~1979년에 재해자 수는 3배(1979년 13만 307명), 사망자 수는 2배(1979년 1,537명), 부상자는 2.6배(1979년 11만1,513명)나 증가했다. 서울주민의 3분의 1에 해당하는 300만 명 정도가 판자촌에 살았고, 단신으로 도시에 온 젊은 노동자들은 단순기능 노동자로서 공장에서 일하며 공장 주변에 모인 '닭장집', '벌통집'이라 불리는 불량주택이나 기숙사에서 생활했다.

유신체제의 노동악법과 어용 한국노총의 통제에도 불구하고 노동자들의 투쟁은 더욱더 조직적이고 완강하게 전개되었다. 1975~1979년에 노사 간 분쟁 발생을 나타내는 노동동향 건수는 1975년의 1,045건에서 매년 늘어 1979년에는 1,697건에 달했다. 유신 이전에는 임금인상과 근로조건 개선을 둘러싼 쟁의가 노동쟁의의 상당한 부분을 차지했지만, 유신 전반기에는 노조결성에 따른 쟁의가 절반을 훨씬 넘었다. 그리고 유신 후반기에 이르면 정치적 성격의 쟁의가 증가했다. 유신체제의 폭압은 먼저 학생운동을 중심으로 지식인·종교인의 격렬한 반(反)유신투쟁, 즉 정치적 계급투쟁을 불러일으켰다. 노동운동에서는 신규노조 결성, 어용노조 민주화, 민주노조 사수, 생존권 요구 투쟁 등의 형태로 여성노동자를 중심으로 완강한 민주노조운동이 일어났다. 민주화투쟁과 노동자 생존권투쟁의 상승적 발전 과정에서 도시산업선교회·가톨릭노동청년회 등의 종교계의 참여와 크리스찬아카데미로 상징되는 지식인층의 참여가 매개 역할을 했다.

주목해야 할 점은 1970년대의 학생운동이 전태일의 분신 투쟁을 계기로 노동자·민중운동을 새롭게 평가하면서 반독재 민주화 수준을 넘어서는 계급투쟁의 전망을 가지게 되었다는 점이다. 특히 1970년대 민주노조운동의 등장은 노동운동의 새로운 지평을 개척했다. 섬유노조 산하의 원풍모방지부, 동일방직 인천지부, 반도상사 지부, YH무역지부, 금속노조 산하 콘트롤데이타지부, 연합노조 산하의 청계피복지부 등 '민주노조'가 탄생했다. 이 민주노조들은 민주화운동의 폭을 넓히고 심화하는 결정적 역할을 수행했다. 민주노조운동은 다른 민중운동의 선구가 됨으로써 1960년대 말까지만 해도 반독재 민주화운동이라는 자유주의적 정치운동을 크게 벗어나지 못한 민주화운동의 폭을 넓혔다. 노동자, 민중의 생존권 문제라는 사회적 문제를 민주화운동의 과제에 포함시켰다. 무엇보다도 민주노조운동은 노동자들의 생존권투쟁과 중간계층의 반(反)유신 민주화투쟁을 계급투쟁의 '경제적 형태'와 '정치적 형태'로 통일시키는 계기가 됨으로써 중간계층의 반유신 민주화투쟁을 정치적 계급투쟁으로 발전시켰다.

1964년부터 박정희 정권이 굴욕적인 한일회담을 통해 한일협정을 추진하자 이에 반대하는 국민적 저항운동이 학생들을 중심으로 일어났다. 박정희 정권은 비상계엄을 선포해 1,200여 명을 체포하는 등 강경 대응했다('6.3사태'). 1970년 전태일 열사의 분신투쟁을 계기로 일부 지식인과 학생들은 노동자·농민·도시빈민 등 민중운동에 참여하기 시작했다. 1970년대 초반 학생운동이 교련철폐투쟁을 적극 벌여나가자 박정희 정권은 위수령을 발동해 군인들을 학교에 진주시키고 119명을 구속하는 등 강압적으로 탄압했다. 학생운동은 1973년부터 유신반대시위를 벌여 유신헌법 철폐와 개헌을 요구했고, 재야운동은 '개헌청원 100만인 서명운동'을 벌였다. 유신반대 민주화운동의 확산에 대응해 박정희 정권은 '긴급조치'로 강경하게 탄압했다. '전국민주청년학생연맹'(민청학련) 관련자 1,024명이 검거되었고, 8명에게 사형선고가 내려졌으며, 수십 명이 무기징역에서 15~20년의 중형을 선고받았다. 긴급조치에 의한 탄압에도 불구하고 학생운동은 1977년부터 다시 시위운동을 적극 벌여나갔다. 다른 한편, 학생들은 노동야학 활동이나 직접 공장노동자가 되어 민중운동과 결합을 시도하면서 1970년대 학생운동은 점차 민중지향적 성격을 띠어갔다.

노동운동에서는 1970년대 유신체제하에서 어떠한 탄압에도 굴하지 않고 완강하게 저항한 소수의 민주노조만 있었던 것은 아니다. 중화학공업화의 급속한 추진에 따라 노동계급이 양적으로 크게 늘어났을 뿐 아니라 1960년대보다 더 열악해진 노동환경 때문에 노동운동이 활발해졌다. 박정희 정권의 노동악법 때문에 노동3권이 제한되었지만 1972년 346건이었던 노동쟁의는 1973년 666건, 1975년 1,045건, 1976년 754건, 1977년 1,864건, 1979년 1,697건으로 크게 늘었다. 노동자들은 정권과 자본의 탄압과 어용 한국노총의 저지를 뚫고 1970~1979년까지 모두 2,500개의 노조를 만들었다. 한국노총의 조합원 수는 1970년 49만 명에서 1979년 109만 명으로 늘어났다. 민주노조운동을 중심으로 노동운동은 박정희 정권의 탄압에 맞서 투쟁하면서 생존권투쟁에서 점차 반독재투쟁으로 발전했다. 이 과정에 도시산업선교회, 크리스천 아카데미 같은 종교단체나 지식인들의 참여는 노조간부 교육 등에서 크게 도움을 주었다. 농민운동은 종교단체의 도움으로 카톨릭농민회, 기독교농민회 등이 만들어지면서 활성화되었다. 1976~1978년에 벌어진 함평 고구마피해 보상투쟁이 대중적 농민운동으로 성공을 거두었듯이, 저농산물가격정책 반대투쟁, 수세 거부투쟁, 농지세에 대한 투쟁과 농협민주화 투쟁 등을 벌였다.

고양과 침체를 반복하며 전개된 노동자, 민중, 학생, 중간층, 재야 등의 정치적·경제적 계급투쟁은 1970년대 말 세계경제의 불황과 맞물린 박정희체제의 경제위기에서 다시 폭발했다. 1979년 8월 외자기업의 철수에 맞선 YH무역노조의 완강한 생존권투쟁은 야당인 신민당 당사 농성을 계기로 여야 정치투쟁을 격화시켰다. 심야에 경찰 1,000여 명이 투입된 강제해산 과정에서 여성노동자 김경숙이 의문의 죽음을 당했다. 박정희 정권은 김영삼의 당총재 자격과 의원직을 빼앗았다. 김영삼은 '정권타도투쟁'을 선언하고 박정희 정권의 탄압에 맞섰다. 이후 민주화세력은 유신체제 타파와 노동운동 지원투쟁을 더욱더 적극적으로 벌였고, 학생들은 전국적으로 대규모 시위를 벌였다. 10월 부산에서 부산대 학생 수천 명이 '유신헌법 철폐', '야당탄압 중지', '빈부격차 해소' 등을 내걸고 가두시위를 벌이자 노동자, 시민들이 합류해 경찰서·파출소·신문사를 부수는 격렬한 투쟁으로 번졌다. 시위는 계속되어 텔레비전 방송국, 도청, 부산 시내 파출소 23개소가 파손되거나 파괴되었다. 박정희 정권은 부산지역에 계엄령을 선포하고 공수부대 5,000여 명을 부산에 투입했다. 그럼에도 학생과 시민의 시위는 그치지 않고 마산으로 번졌다. 마산과 창원 일원에 위수령이 내려지고 군이 투입되어서야 진정되었다. 학생들의 시위에서 시작돼 노동자, 빈민, 실업자, 그리고 시민 등이 합세한 민중항쟁인 부마항쟁은 박정희 정권 내부 분열을 촉진하는 계기가 되었고, 1979년 10월 26일 박정희가 중앙정보부장 김재규의 총에 맞아 죽음으로써 유신체제는 무너졌다('10.26사태').

이후 노동계급의 폭발적인 생존권투쟁, 학생·지식인·종교인의 민주화투쟁 고양에 따라 계급 간 세력관계가 바뀌어가자 지배계급은 '위로부터의 계급투쟁'으로 전두환에 의한 또 다른 군부쿠데타로 대응했다('12.12쿠데타'). 미국은 친미 반공국가를 유지한다는 한반도 정책의 기본목표에 따라 전두환 등 신군부의 12.12쿠데타를 묵인했다. 민주화가 순조롭게 이루어지지 못하는 '안개정국'에서 1980년 봄 군부독재의 종식과 민주정치의 실현을 외치는 노동자, 민중의 민주화 요구가 터져 나왔다('서울의 봄'). 노동자들은 1980년 3월 '춘투' 시기에 임금인상과 노동조건의 개선을 요구하는 생존권투쟁과 함께 노동조합 민주화투쟁에 나섰다. 4월 사북탄광 노동자 항쟁 후에도 일신제강·동국제강·동명목재·인천제철 등에서 파업이 잇따랐다. 학생운동은 학도호국단을 없애고 학생회를 부활하는 등 학원민주화투쟁으로 힘을 키운 후 5월부터 날마다 거리로 쏟아져 나왔다. 5월 9일 미 대사 글라이스틴은 최규하 대통령과 전두환에게 "미국은 질서를 유지하는 데 필요하다면 시위자들에게 무력을 사용하는 것을 반대하지 않을 것"이라고 말했다. 5월 15일 학생과 시민 수십만 명이 서울역 광장에 모여 계엄 철폐와 유신세력 퇴진을 외치며 사회·정치의 민주화를 요구했다. 학생운동 지도부는 계엄군에게 빌미를 줄 것을 우려해 자진 해산을 결정('서울역 회군')했으나, 신군부는 서울역 집회를 구실로 5월 17일 24시에 비상계엄을 전국으로 확대했다. 신군부는 주요 도시와 대학에 탱크로 무장한 군 병력을 주둔시키고, 학생운동 지도부, 김대중을 비롯한 재야와 제도정치권의 주요 인사를 체포·구속했다. 신군부의 5.17계엄확대조치는 '서울의 봄'으로 상징되던 민주화운동을 한꺼번에 침묵시켰다.

침묵을 깨뜨린 곳은 광주였다. 5월 18일 오전 10시경 전남대 정문 앞에서 전남대 학생들과 학교를 점령하고 있던 공수부대원들 사이에 첫 충돌이 일어났다. 공수부대원들의 무차별 구타에 분노한 학생들이 시내로 나가 가두시위를 조직했다. 신군부는 자신들의 집권 계기를 마련하기 위해 광주를 선택해 '화려한 휴가'라는 작전명령에 따라 잔혹하게 학생과 시민들의 시위를 진압했다. 5월 19일 계엄군의 잔혹한 진압을 전해들은 고등학생, 대학생, 시민들이 거리로 쏟아져 나왔다. 5월 20일 10만여 명의 광주시민이 금남로에 모여 격렬하게 시위하며 계엄군과 대치했다. 5월 21일 공수부대가 시민들에게 일제 사격을 가했고, 분노한 시위군중은 경찰서, 파

1980년 광주민중항쟁 당시 도청 앞 분수대에 모여 있는 광주시민들. 제공: 경향신문

출소 등에서 무기를 탈취해 무장해 저항했다. 무장한 시민군에 밀려 계엄군은 21일 저녁 광주에서 후퇴했다. 계엄군은 광주로 통하는 모든 외곽을 봉쇄했고, 22일부터 계엄군이 도청을 무력 진압한 27일 새벽까지 5일 동안 광주는 '해방'되었다. 외부와 완전히 고립되어 물자공급도 차단된 5일 동안 '해방 광주'에서는 절도, 폭행 등단 한건의 사건사고도 없었고, 시민들은 스스로 질서를 지키고 상부상조했다. 미국은 5월 22일 "광주사태 진압에 사용할 4개 대대의 한국군을 미국의 통제하에서 풀어달라"는 신군부의 요청을 수락했다. 5월 27일 새벽 4시 계엄군의 '도청소탕작전'이 4시간 동안 총격전을 통해 이루어졌다. 이로써 열흘 동안의 광주민중항쟁은 끝났

다. 광주민중항쟁의 사망자는 606명(항쟁 당시 사망 165명, 행방불명 65명, 상이 후 사망 376명; 2005년 5.18 관련단체의 발표)이었다.

광주민중항쟁은 1970년대의 반독재 민주화운동의 연장이었다. 그러나 신군부의 폭압에 맞서 시민들이 자신의 생명을 지키기 위해 무장투쟁을 전개함으로써 이후 노동자, 민중운동이 질적으로 발전하는 역사적 계기가 되었다. 특히 군부독재를 지지하는 미국의 실체가 드러나 항쟁 뒤 부산미문화원 방화사건과 서울미문화원 점거사건 등 반미(반제)투쟁으로 이어졌다. 노동자, 민중운동은 광주민중항쟁을 거치면서 반독재 민주화운동을 넘어 한국사회 변혁을 모색하는 민족민중운동으로 발전하게 되었다. 1979년 부마항쟁과 1980년 5월 광주민중항쟁으로 상징되는 유신체제하 격렬한 계급투쟁으로 박정희체제는 억압을 더욱 강화해야만 지속할 수 있었다. 1980년대에 노동자·민중의 역량과 투쟁이 발전해 1987년 6월 민주항쟁과 7~9월 노동자대투쟁이 계급 간 세력관계를 돌이킬 수 없게 바꿀 때까지 전두환을 중심으로 한 신군부 군사독재정권에 의해 박정희체제의 수명은 연장되었다.

전두환 군사독재정권과 3저 호황: 파쇼적 재벌체제의 완성

광주민중항쟁을 진압한 신군부는 박정희의 5.16쿠데타와 유신쿠데타보다 더 강력한 억압체제를 구축했다. 모든 정치적 반대세력이나 경쟁자를 정치권에서 몰아내고 8,500여 명의 공무원·언론인 등을 강제 해직했다. 김대중은 '내란음모사건'의 주모자로 구속되었다. 1980년 말까지 사회정화, '순화교육'이라는 이름 아래 민주노조 지도자들을 포함한 4만여 명이 삼청교육대로 끌려갔다. 순화교육은 신군부에 협조하지 않는 세력을 제거하고 대중에게 공포심을 불어넣어 신군부에 순응하도록 만들려는 것이었다. 전두환은 통일주체국민회의 간선투표를 통해 대통령으로 선출됨으로써 유신체제의 상속자임을 보여주었다.

1970년대 미국의 '데탕트' 정책은 1970년대 중후반 제3세계의 혁명 공세에 따라 '신냉전' 정책으로 전환했다. 1970년대 중반 미국은 베트남전쟁에서 패배하고 철수할 수밖에 없었다. 1978년 아프가니스탄의 좌익군부 쿠데타, 1979년 이란혁명과 니카과라혁명 등으로 제3세계에서 혁명적 정세가 조성되었다. 그리고 1979년 12월 소련의 아프가니스탄 침공으로 '데탕트' 시대는 끝났고, 미국은 카터정권 말기부터 '신냉전'으로 선회하기 시작했다. 1981년 등장한 미국의 레이건 정권은 한편으로 신자유주의(신보수주의)를 내걸고 다른한편으로 '신냉전'을 추구했기 때문에 전두환 정권을 지지했다. 미국은 한·미·일 삼각안보체제를 강화하려 했고, 일본의 나카소네 총리는 이에 편승해 '신대동아 공영권'을 내세우며 노골적으로 군국주의화를 추구했다. 1980년대 초반 미국이 '신냉전' 정책으로 전환한 것이 전두환 정권과 한국경제에는 구세주가 되었다.

한국경제의 외채위기는 1980년대 초반에 새롭게 조성된 '신냉전' 체제에서 미국이 주도한 지원에 의해 해결되었다. 미국이 1979년 고금리 정책으로 급격히 전환함에 따라 1980년대 초반에 제3세계 나라들은 외채위기로 내몰렸다. 1982년 8월 멕시코의 대외지급유예(모라토리엄) 선언을 시작으로 제3세계 외채위기는 전면화되었다. 라틴아메리카에서 시작해 동유럽, 아프리카에 이른 40개국 이상의 나라들이 동시다발적으로 외채상환에 어려움을 겪어 대외지급불능(디폴트) 또는 대외지급유예를 선언했고, 1983~1986년 채무재조정에 들어갈 수밖에 없었다. 중남미의 브라질, 멕시코, 아르헨티나, 베네수엘라 등 주요 나라 대부분과 동유럽의 유고슬라비아, 폴란드, 루마니아, 그리고 아프리카의 남아공 등이 채무재조정과 그에 따른 구조조정을 강요받았다(이때의 제3세계 구조조정 경험을 정리한 것이 1990년대 초에 정립된 '워싱턴 컨센서스'로 알려진 신자유주의 구조조정 프로그램이다). 한국은 세계 4위의 채무국으로서 중남미 네 나라(브라질, 멕시코, 아르헨티나, 베네수엘라)와 함께 외채 상위 5개국이었으나 유일하게 채무재조정과 구조조정을 강요당하지 않았다. 이는 한국이 반공 전초기지로서 갖는 지정학적 요인 이외의 다른 요인으로는 설명될 수 없다.

미국의 금융지원은 다방면으로 이루어졌다. 1980년 미국의 수출입은행, 체이스맨해튼은행, 시티뱅크 회장 등이 한국을 방문해 차관 제공을 약속했고, 한국은 이 해에 86억 달러를 차입할 수 있었다. 국제통화기금(IMF)과 세계은행과 같은 국제금융기구도 차관을 제공해주었다. 특히 IMF나 세계은행은 중남미나 동유럽의 다른 제 3세계 나라들과는 달리 가혹한 구조조정을 요구하지 않았다. 일본 의 나카소네 총리가 1983년 일본 총리로서는 최초로 방한해 안보 경협의 이름으로 40억 달러의 차관 제공을 약속했다. 미국이 주도 해 이루어진 이런 전폭적인 차관 지원은 한국경제의 대외신인도를 유지시켜 줌으로써 한국은 막대한 규모의 외채에도 불구하고 외채 위기를 겪지 않고 넘어갈 수 있었다. 1980년대 전반의 한국경제의 총체적 위기와 그것의 종합적인 표현인 외채위기는 1997년 외환위 기와는 정반대로 미국과 일본의 지원에 의해 해소되었다. 1997년 IMF 사태 때에는 미국과 일본이 한국에 대한 지원을 거부함으로 써 한국경제는 외환위기를 겪고 가혹한 IMF 구조조정을 강요받았 다. 1980년대 전반의 외채위기 발생과 해소 과정은 한국경제에 대 한 세계자본주의의 규정성, 더 구체적으로는 미 제국주의에 의한 규정성(또는 지정학적 요인)을 명확하게 보여주었다.

대외적으로 이런 유리한 조건에서 전두환 정권은 집시법, 국가보 안법, 사회치안법 등을 개악해 노동자, 민중의 저항을 유신체제보 다 더 억압할 수 있는 체제를 만들었다. 특히 1970년대 민주노조운 동을 지원했던 종교계와 지식인의 지지·연대를 차단하기 위해 '제 3자개입금지법'을 만들어 노동운동을 더 철저히 탄압했다. 전두환 정권이 유신체제보다 더 억압적일 수밖에 없었던 것은 노동자, 민 중의 저항이 유신체제하에서 그만큼 성장했기 때문이다. 노동자, 민중의 투쟁이 쌓이면서 1970년대 말에는 부마항쟁으로 터져 나왔듯이, 그 힘이 유신체제를 떠받치고 있는 계급 간 세력관계를 변화시킬 정도로 성장했던 것이다. 따라서 저임금–장시간노동체제에 기반한 유신체제를 유지하기 위해서는 더 강력한 억압이 필요했다.

한편, 전두환 정권이 직면한 세계자본주의체제는 1980년대에 신자유주의 시대로 급격히 전환되고 있었다. 신자유주의 세계화의 추진은 1970년대부터 시작된 신국제분업체제를 미국, 유럽, 일본을 3극으로 한 권역화로 나타났다. 선진국은 첨단산업 부문에서 최종생산을 맡고 한국 등 신흥공업국들은 첨단산업 부문의 부품생산과 조립형 중화학공업의 일부를 맡는 분업구조가 권역별로 추진되었다. 이런 권역별 블록화의 흐름과 함께 미국을 중심으로 한 선진국들의 신흥국들에 대한 개방화·자유화 공세가 거세게 시작되었다. 그 결실이 1986년 우루과이라운드였다. 전두환 정권은 1970년대 말부터 시작된 경제위기를 해결하는 한편, 미국으로부터의 수입개방, 시장 자유화 압력에 대처해야 했다. 1980년 중화학공업의 과잉투자를 해소하기 위해 정부가 직권으로 개입해 투자조정을 실시한 후, 비료, 해외건설, 해운 등 구조적 불황산업에 대한 산업합리화 조치가 이루어졌다. 재무구조가 부실화된 투자조정기업에 막대한 구제금융이 투입되었고, 부실기업의 시장 퇴출이 아니라 흡수합병에 의한 대형화를 통해 '규모의 경제'를 확보하는 방식으로 투자조정이 이루어졌다. 결국 재벌 간의 중복·과잉투자에 대해 정부가 교통정리를 하면서 재벌들에게 막대한 특혜를 주었고, 그 결과 중화학공업에서 독과점적 시장구조는 더 심화되었다.

부실기업을 인수한 재벌에게는 막대한 금융 및 세제상의 혜택이 주어졌는데, 정부가 인수 기업에 지원한 총액은 19조 원에 이르렀다. 결국 국민세금으로 막대한 특혜를 통해 재벌 대기업의 국제경쟁력을 강화해주고 고부가가치화로 이끌어 재벌 합리화를 가져왔다. 재벌은 이 과정에서 생산재 생산 부문을 장악했다. 1979~1987년 10대 재벌의 제조업 부문 자산 증가 가운데 91%가 중화학공업 부문에서 이루어졌다. 이처럼 전두환 정권의 경제정책이 또 다른 재벌육성 정책이었다는 점에서 전두환 정권은 연장된 박정희체제라 할 수 있다. 또한 재계 7위인 국제그룹의 해체에서 드러나듯이 전두환 정권 시기는 국가권력이 직권 개입으로 재벌을 통제할 수 있었던, 재벌에 대한 국가 우위가 분명했던 마지막 시대였다. 전두환 정권은 재벌을 특혜적으로 지원하면서 '경제안정화' 정책으로 재정·금융 긴축정책을 실시했다. 물가를 안정시키려는 긴축재정은 농산물 가격을 안정시켜 임금상승을 억누르고 재벌의 수출경쟁력을 높이려는 것이었다.

이런 합리화 과정에서 또 하나의 중요한 변화는 재벌이 외주하청 형태로 소재, 부품 중소기업을 하청계열화했다는 점이다. 제조업 부문 중소기업의 제품판매처 가운데 하청판매가 차지하는 비중이 1979년 22.3%에서 1983년 35%로 증가했고, 1988년에는 50%를 넘어서게 되었다. 특히 기계·장비 제조업의 경우 그 비율은 1988년 일반기계 77.2%, 전기전자 82.9%, 수송용 기기 80.5%에 이르렀다. 또한 중소기업 간에도 재하청 비율이 증가해 중층적 하청구조가 형성되기 시작했다. 이제 재벌은 하청계열화를 통해 중소기업과의 수직적 분업연관을 통해 경제적 지배력을 더욱 강화했다. 더 나아가 재벌은 금융지배를 강화했다. 전두환 정권이 1980년 시중은행의 민영화와 경영자율화를 추진하자 재벌들은 계열사에 위장 분산시키는 방법으로 5개 시중은행의 지분율을 높였다(20~27%). 그러나 은행에 대해서는 외형상의 민영화에도 불구하고 여전히 국가가 통제하는 '관치금융'이 계속되었다. 반면, 재벌은 단자회사·종합금융회사·증권회사 등 제2금융시장을 거의 독점함으로써 금융산업에 대한 직접 지배를 강화했다.

그 결과, 1980년대 전반을 거치며 재벌체제가 확립될 수 있었다. 재벌들은 중화학공업을 기반으로 해 독점적 시장지배력을 확보했고, 중소기업에 대한 하청계열화를 통해 국민경제에 대한 지배력도 확대할 수 있었다. 재벌로의 경제력 집중 문제는 더욱 심화되었다. 그래서 재벌 내부적으로, 그리고 국민경제에 대한 이중적 독재체제로서 재벌체제가 확립되었다. 이 과정은 수출지향적 중화학공업을 중심으로 신국제분업체제에 한국경제를 위치하게 함으로써 대외의존적 구조가 고착되게 만들었다.

한편, 1980년대 세계자본주의 차원에서 급격해진 신자유주의 세계화는 한국의 상품시장에 대한 미국의 수입개방 압력으로 나타났다. 미국은 한국을 '제2의 일본'으로 여기면서 한국에 시장개방을 요구했다. 1983년부터 한국시장 개방을 위한 미국과의 협상이 시작되었고, 1986년 다자간 협상인 우루과이라운드 협상으로 개방 압력은 더욱 거세졌다. 시장의 대외개방은 불가피하게 시장 자유화 조치, 즉 가격통제 등 정부의 시장개입을 불가능하게 했고, 전두환 정권 때까지 유지되던 국가의 재벌에 대한 우위와 통제를 점차 약화하는 방향으로 작용했다. 1980년대 초반 재벌들은 전경련을 앞세워 '민간주도경제론'을 주장하며 정부 규제 철폐와 은행 민영화 등을 요구했지만, 시장개방 확대는 시기상조론을 펴면서 반대했다. 재벌들은 정부가 국내시장을 보호하는 보호무역정책을 유지할 것을 요구했으나, 미국의 개방 압력과 같은 외적 요구 때문에 시장개방이 이루어졌다.

세계자본주의의 변화로 인해 한국경제는 1986~1988년 이른바 '3저 호황' 국면을 맞이하게 되었다. 국제적으로 저금리, 저유가, 저달러라는 '3저' 현상이 발생한 조건에서 한국경제는 3년간 12%대의 고도성장을 할 수 있었다. 1986년 사상 최초로 경상수지 흑자를 달성했고, 1986~1989년까지 경상수지 흑자총액은 337억 달러에 달했다. 한국경제는 외채문제를 크게 완화할 수 있었다. 그러나 외부조건인 '3저'가 사라지자 '3저 호황'도 끝나고 1990년부터 경상수지는 다시 적자로 바뀌었다. 1980년대의 산업구조조정과 '3저 호황'을 거치며 수출지향적 중화학공업 중심의 대외의존적 경제구조가 고착된 상태에서 1990년대 재벌이 중화학공업에 경쟁적으로 중복·과잉투자를 반복함에 따라 1997년 외환위기와 IMF 사태를 가져오게 되었다.

박정희체제의 연장인 전두환 정권 시기에 노동계급의 상태는 더 악화했다. 전두환 정권 내내 노동운동에 대한 통제와 관리는 박정희 시대의 중앙정보부가 그 이름을 바꾼 국가안전기획부(안기부)에 의해 이뤄졌다. 재벌은 계속 '땅 짚고 헤엄치기'식으로 초과이윤을 축적할 수 있었다. 노동자들은 '노동조합', '노동자'란 말도 꺼낼 수 없었고, '공돌이' '공순이'로 무권리 상태에서 저임금-장시간노동의 초과착취에 시달려야 했다. 이런 맥락에서 박정희 정권 때부터 육성되기 시작해 전두환 정권 시기인 1980년대 전반에 확립된 재벌체제는 '파쇼적 재벌체제'라 할 수 있다. 이 시기 고도성장의 비밀은 바로 저임금-장시간노동의 초과착취체제와 그 성과를 특혜에 의해 재벌에게 몰아주었던 데 있었다. 그런 초과착취와 파쇼적 억압체제는 '정경유착'을 통해 독재정권과 재벌이 견고한 지배연합을 형성함으로써 유지될 수 있었다.

1961년 5.16군사쿠데타로 시작해 1987년 6월 민주항쟁과 7~9월 노동자대투쟁에 의해 계급 간 세력관계가 바뀔 때까지 지속하던 박정희체제는 30여 년의 급속한 자본주의적 공업화로 한국을 성공한 개발도상국으로 만들었다. 외형적인 고도성장뿐만 아니라 1970년대 이래의 중화학공업화를 통해 생산력 기반을 갖춤으로써 제3세계 신흥공업국의 선두에 위치하게 되었다. 박정희체제하 한국경제의 성격을 몇 가지로 정리해보자.

첫째, 한국사회는 자본-노동관계를 중심으로 한 자본주의 사회로 확실히 바뀌었다. 1985년 사회 계급구성에서 노동계급은 41.5%

를 차지해 중심계급으로 자리 잡았다. 이는 한국사회가 자본-노동의 계급모순과 그에 따른 계급투쟁을 중심으로 변화, 발전하게 되었음을 의미한다. 둘째, 1960년 말과 1970년대 말의 두 차례 경제위기와 그에 따른 계급투쟁의 격화는 유신쿠데타, 12.12쿠데타와 같은 폭력적인 방식에 의해서만 각각 억압될 수 있었다. 이는 계급모순의 심화를 보여주는 한편, 지배계급의 정당성과 한국경제의 구조가 허약했다는 것을 의미한다. 셋째, 박정희체제에서 국가 주도의 급속한 자본축적을 통해 파쇼적 재벌체제가 확립되었다. 박정희체제는 국가가 자본을 대신해 파쇼적 노동 억압과 통제를 직접 수행하는 한편, 재벌의 돈줄을 통제함으로써 재벌에 대한 국가의 우위를 유지했다. 그러나 1980년대 전두환 정권 때 재벌이 중화학공업화를 통해 생산력 기반을 갖춘 독점자본으로 성장함으로써 국가와 재벌 사이의 세력관계는 변화하기 시작했다. 넷째, 한국경제는 외형상의 양적 고도성장에도 불구하고 경제구조의 질적 내용이 매우 취약했다. 1970년대 이래 중화학공업화가 집중적으로 이뤄질 때 국내 산업 간 연관은 더욱 약화되었고 산업간 불균형은 더욱 심화되었다. 그 결과, 한국경제는 수출지향형 대외의존적 구조가 불가피해졌고, 1980년대 전반에 심각한 외채위기로 내몰렸다. 다른 신흥국들과 달리 한국경제는 자력이 아닌 지정학적 위치를 고려한 미국과 일본의 전폭적인 지원으로 외채위기를 벗어날 수 있었다. 다섯째, 박정희체제의 급속한 공업화를 통해 한국사회의 중심계급으로 등장한 노동계급은 1970년 전태일 열사의 분신투쟁을 계기로 민주노조운동이 탄생함으로써 두 번째 계급형성을 시작했다. 이 계급형성은 1970년대 유신체제의 폭력적 탄압을 이겨냈고, 1980년 광주민중항쟁을 거쳐 질적으로 발전했으며, 1987년 6월 민주항쟁 과 7~9월 노동자대투쟁을 통해 하나의 사회정치세력으로 그 모습 을 드러냈다.

5장

박정희체제의 해체와
신자유주의체제로의 이행(1987~1997)

초국적 자본의 신자유주의 세계화 공세와
지구적 자본주의

1970년대를 전후한 선진국의 계급투쟁에서 노동계급이 패배하면서 세계자본주의는 1980년대에 신자유주의 시대로 전환했다. 자본의 신자유주의 구조조정 공세는 착취 강화를 통해 이윤율을 높이려는 것으로 자본의 '위로부터의 계급투쟁'이었다. '황금기'에는 노동조합과 노동자정당으로 조직된 노동계급의 힘이 자본의 이윤활동에 대한 사회적 통제를 강제했으나 자본은 이를 '경직성'이라 공격하고, 자본의 구조조정을 '유연화'로 미화했다. 이 공세는 두 방향에서 이루어졌다. 하나는 조직된 노동계급의 힘, 특히 노동조합을 무력화하기 위한 생산의 유연화·세계화 공세이고, 또 하나는 자본의 이윤활동에 대한 제도화된 사회적 규제를 폐지하기 위해 탈규제·사유화·개방화 등을 추진하는 복지국가 해체 공세였다. 이런 신자유주의 공세가 매우 의식적으로 추진된 '위로부터의 계급투쟁'이었음은 신자유주의의 기수인 영국 총리 마거릿 대처(Margaret

Thatcher)의 수석 경제자문 앨런 버드(Alan Budd)의 발언에서 적나라하게 드러난다.

"실업 상승은 노동계급의 힘을 약화시킬 수 있는 매우 바람직한 하나의 방법이다. 대처 내각 당시 우리가 만들어 낸 기획이, 마르크스주의자들이 말하는 바로 그 공황이었다. 그 공황을 통해 산업예비군이 재창출되고, 이로 인해 자본가들이 더 많은 이윤을 남길 수 있었다."(영국 〈옵저버〉, 1992. 6. 21. 맥낼리, 2011: 192에서 재인용)

생산의 유연화·세계화 공세는 다방면에서 이루어졌다. 우선 정보기술(IT)혁명을 활용해 생산과정에 컴퓨터를 도입하고 노동조직의 재편성을 추진했다. 1980년대 '합리화', '감량경영' 등의 이름으로 수행된 자동화로 정리해고를 상시화하고, 외주·하청·비정규직화 등으로 노동과정과 고용을 탈집중화했다. 이것에 의해 노동운동을 무력화함으로써 노동계급에 엄격한 노동규율을 강요하고 착취를 강화했다. 생산의 유연화 공세는 저숙련 단순조립공정이나 노동집약적인 공정을 제3세계 또는 개도국으로 이전하는 것도 포함하므로 생산의 세계화 공세이기도 하다. 따라서 생산의 유연화·세계화 공세는 세계 노동계급을 서로 경쟁시켜 노동조건의 하향평준화를 추구했다. 이에 따라 출현한 기업이 초국적기업이다. 또한 이 공세는 노동계급을 성·인종·연령에 따라 차별화함으로써 초과착취와 노동계급의 양극화·파편화를 추구했다. 불안정 고용·저임금 형태의 이런 차별화의 주요 대상은 여성·소수인종·청년 노동자들이었다. 그 결과, 각국 내부에서 그리고 세계적 차원에서 사회 양극화가 심화했다.

한편, 복지국가 해체 공세는 탈규제·사유화·개방화 공세를 통해 이루어졌다. 탈규제(자유화)는 자본의 이윤 추구를 통제해 왔던 모든 사회적 규제를 폐지하는 것이다. 산재예방·공해방지·직업병예방 등을 위한 사회적 규제 완화·폐지, 투기적 금융자본에 대한 통제 폐지(예컨대, 자본이동 통제 폐지, 이자상한제 폐지) 등이 그것이다. 사유화('민영화')는 복지국가 해체를 통해 사회적 임금의 삭감을 추구했다. 복지국가 하에서 사회보장제도를 통해 제공된 교육·보건의료·주거·실업급여 등 공공서비스 지출을 삭감함과 동시에 이런 공공서비스를 자본의 상품으로 전환함으로써 복지국가를 통해 지급된 사회적 임금을 삭감했다. 그리고 이런 실질적 임금 삭감으로 노동규율을 강화하려는 것이다. 개방화(세계화)는 제3세계 경제를 선진국 경제에 통합해 제3세계 나라들을 착취·수탈한다. 즉, 자본·기술·생산성 등 모든 수준에서 상대적·절대적으로 열위에 있는 제3세계 경제를 선진국 경제에 통합하기 위해 상품·서비스·자본 시장을 강제 개방하는 것이다. 국제통화기금(IMF), 세계무역기구(WTO) 등의 국제기구가 이런 공세의 앞잡이 노릇을 했다. 그 결과 출현한 것이 '지구적 자본주의'(Global Capitalism)다.

따라서 신자유주의와 세계화는 내용적으로 분리될 수 없을 정
도로 여러 차원에서 밀접히 연관되어 있다. 우리나라는 1997년
IMF 사태를 통해 이를 경험한 바 있다. 자본가계급은 유연화·세계
화 공세와 복지국가 해체 공세로 노동계급에 대한 착취를 획기적
으로 높임으로써 1980년대 초반부터 이윤율을 일정하게 회복했다.
미국에서는 1983년부터 이윤율이 회복되기 시작해 1997년에 이르
러 1982년에 비해 2배로 증가했다. 1989~1991년 소련 및 동구권
의 붕괴를 계기로 자본의 신자유주의 세계화 공세가 가속해 1990
년대 전반에는 자본의 일방적인 '신자유주의 세계화'가 전면적으로
추진되었다.

1970년대 중반부터 생산의 세계화는 제3세계에 신흥공업국
(NICs; New Industrial Countries)을 출현시켰고, 신국제분업체제가

등장했다. 신흥공업국은 초기에 아시아의 네 마리 용(한국, 대만, 싱가포르, 홍콩)에서 브릭스(BRICS) 나라들(중국, 러시아, 브라질, 인도, 남아공), 자본주의로 체제전환한 동유럽 나라들, 태국·말레이시아·베트남 등 동남아시아 나라들로 확대되었고 이 나라들에서 급속한 산업화가 이루어졌다. 특히 저임금 노동과 거대한 시장을 노린 초국적 자본의 중국 해외직접투자 증대는 중국을 '세계의 공장'으로 만들었다. 중국은 1978년 개혁·개방으로 전환한 이후 세계 최대의 해외직접투자 유치국이 되면서 세계 제조업에서 차지하는 비중이 2%에서 18%(2005년 기준)로 급격히 증가하는 고도성장을 달성했다. 예컨대, 미 초국적기업 애플의 대만 하청업체 폭스콘은 중국에서 노동자 120만 명을 고용한다. 중국은 마침내 2010년 국내총생산(GDP)에서 일본을 제치고 미국에 이어 세계 2위로 올라섰다.

이 시기에 중국, 인도 등 제3세계 나라들에서 강도 높은 원시축적(토지 사유화에 의한 인클로저)이 이루어져 값싼 산업예비군이 대거 창출되었다. 1990~2005년 세계 노동자 수가 4배 증가했는데 대부분은 1990년대 이후에, 절반 이상이 동아시아 지역에서 증가했다. 동아시아 노동계급은 1억 명에서 9억 명으로 9배 증가했다. 전 세계 노동력 30억 가운데 동아시아와 남아시아가 15억을 차지한다. 여기서 중국 노동계급이 7억5,000만 명으로 추정된다. 신국제분업체제에 따라 신흥국들의 세계 GDP 비중은 1997년 20.7%, 2013년 40%로 급격히 증대했다. 세계자본주의가 더 이상 선진국에 의해서만 좌우되지 않는 말 그대로 '지구적 자본주의'로 발전한 것이다.

한편, 제국주의 초국적 자본은 외채를 통해 제3세계를 수탈했다. 석유위기로 막대한 달러를 벌어들인 석유수출국기구(OPEC) 나라들의 석유달러, 그리고 투자기회가 부족한 초국적 자본 등이 금융자본으로 축적되어 제3세계 나라들에 대부자금으로 유입되었다. 1982년 미국의 9대 은행은 자신의 총자본금 2배 규모의 돈을 중남미 등 제3세계 나라들에 대출했다. 1982년 중남미 나라들을 시작으로 대출받은 제3세계 나라들에서 외채위기가 반복적으로 발생했다. 1980~2002년 개도국은 4조6,000억 달러의 채무를 상환했는데, 이는 초기 부채액(1980년 5,800억 달러)의 8배에 달한다. 이런 상환에도 불구하고 개도국 부채는 이자 때문에 다시 2조4,000억 달러에 육박했다(최초 부채의 4배). 외채위기에 내몰린 개도국들은 외채를 상환하기 위해 국제통화기금(IMF)과 세계은행(IBRD)으로부터 계속 대출받아야 했고, 그 대가로 신자유주의 구조조정을 강요받았다. 제3세계 나라들에 대한 이런 수탈은 부국과 빈국 간의 격차를 더욱 확대했고, 제3세계 노동자·민중의 삶은 황폐해졌다. 앞서 살펴본 대로, 한국은 세계 4위의 외채 규모로 인해 40여 개의 제3세계 나라들과 똑같이 외채위기에 내몰렸지만, 미국과 일본의 지원 덕분에 1980년대 전반에 신자유주의 구조조정을 강요받지 않았다.

제3세계 나라들은 1980년대 초반부터 자주 발생한 외채위기를 계기로 '지구적 자본주의'에 전면적으로 통합되었고, 이후 초국적 자본세력에 의해 신자유주의 구조조정 공세가 반복되었다. 1980~1990년대 동안 100여 개국이 IMF에 의해 강요된 구조조정 프로그램을 경험했다. 이 프로그램은 1989년 '워싱턴 컨센서스'로 종합되었다. 이것은 중남미경제를 신자유주의적으로 구조개혁하기 위한 정책보고서였다. 외국자본을 유치하기 위한 사유화, 탈규제, 개방화 등의 신자유주의 정책 외에 노동계급을 수탈하기 위한 긴축재정, 정부보조금 철폐, 환율평가절하, 재산권 보장 등을 요구한 것이었다. 그 결과는 참혹했다. 라틴아메리카는 경제성장률이 급격히 하락했고(1인당 연평균 소득성장률 1960~1979년 4%에서 1980~2005년 0.7%), 사하라 이남 아프리카는 장기 위축에 빠졌다(1980~2005년 −0.75%). 아프리카 대륙의 1인당 보건의료비 지출이 절반으로 줄었고, 주민들의 수명이 대폭 단축되었다(남부아프리카 7개국의 평균수명 40세 이하). 그 결과, 제3세계에 강요된 신자유주의 구조조정 정책은 이들 나라에서 반정부 폭동 형태의 사회적 저항

[참고자료] 워싱턴 컨센서스

1989년 미국 국제경제연구소의 정치경제학자 존 윌리엄슨이 당시 경제위기로 어려움을 겪던 중남미 국가들에 대한 개혁 처방을 '워싱턴 컨센서스'로 명명한 데서 유래됐다. 그는 중남미 경제위기 극복을 위해 긴축재정, 사회 인프라 공공지출 삭감, 외환시장 개방, 시장자율 금리, 변동환율제, 무역자유화, 외국인 직접투자 자유화, 탈규제, 국가 기간산업 민영화, 재산권 보호 등 10가지를 제시했다. 이후 1990년대 초 미국 행정부와 국제통화기금(IMF), 세계은행이 모여 있는 워싱턴에서 정책결정자들 사이에 이 개혁 처방에 대한 합의가 이루어졌다.

을 야기했다.

이처럼 신자유주의 세계화는 제3세계 노동자, 민중의 입장에서 보면 이를 매개로 초과착취와 수탈이 심화했다는 의미에서 '경제적 제국주의'였고, 실제로 경제적 재식민지화였다. 한국은 1997년 동아시아 경제위기 시 경제공황과 외환위기인 IMF 사태를 겪으면서 초국적 자본세력에 의해 신자유주의 구조조정을 강요당했다.

6월 민주항쟁과 7~9월 노동자대투쟁: 계급 간 세력관계의 변화

1987년 6월 민주항쟁과 7~9월 노동자대투쟁은 우발적인 사태가 아니었다. 1980년 광주민중항쟁 이래 질적, 양적으로 성장한 노동자, 민중운동을 밑거름 삼아 두 차례의 폭발적인 대중투쟁은 계급 간 세력관계를 바꿀 수 있었다. 전두환 정권은 노동법을 전면 개악해 노동운동에 더 강력한 족쇄를 채웠고, '제3자개입금지'법으로 민주노조운동에 대한 사회적 연대와 지원을 가로막았다. 1970년대 민주노조운동은 완전히 파괴되었지만, 수많은 대학생, 지식인이 노동운동, 농민운동, 빈민운동 등 민중운동에 뛰어들었다. 특히 한국의 사회변혁을 위해 노동운동의 중요성을 자각한 학생운동 활동가 수만 명은 노동운동에 뛰어들어 노동자들의 정치의식과 계급의식을 일깨우고 조직하는 데 적극 나섰다. 그러나 전두환 정권이 외채위기를 넘기고 체제 정비도 끝낸 1983년 정치적 필요에 의해 '유화국면'을 조성하자, 노동자, 민중운동이 봇물처럼 터지기 시작했다. 1984년 5월 대구 택시노동자 총파업이 전국으로 확산했고, 구로공단에 대우어패럴노조, 효성물산노조, 선일섬유노조, 가리봉전자노조 등이 결성되었다. 1985년 상반기 노동쟁의는 164건으로 1984년에 비해 120%나 늘었다. 같은 해 6월 구로공단에서 10여 개 사업장 노동자 2,500여 명이 대우어패럴노조 탄압에 맞서 연대투쟁을 벌인 구로동맹파업은 한국전쟁 뒤에 일어난 첫 동맹파업으로 1980년대 노동운동의 한 전기를 마련했다. 이후 서울노동운동연합(서노련), 인천지역노동자연맹(인노련) 등 비합법·비공개 노동운동단체들이 잇따라 나타나 변혁지향적 노동운동이 활발해졌다. 1984년 학원자율화 조치를 계기로 학원민주화운동이 활성화되었고, 학생운동은 민정당 당사 점거투쟁, 미문화원 점거농성투쟁 등 사회민주화 투쟁에 적극 나섰다. 1980년대 중반 학생운동이 급격히 고양되고 확산되며 대학은 '해방구'가 되었다.

노동자, 민중운동이 활성화하자 전두환 정권은 1985년 중반부터 다시 탄압을 강화해 수천 명의 대학생과 노동운동 활동가들이 구속되었으나, 1986년 7월 부천서 권인숙 양 성고문 사건, 1987년 1월 박종철 고문치사 사건을 계기로 빠르게 무너졌다. 박종철 고문치사 사건은 6월 민주항쟁의 도화선이 되었다. 4.13호헌조치로 집권이 어려워진 보수야당은 민통련 등 재야와 연대해 '호헌반대 민주헌법쟁취 국민운동본부(국본)'를 결성했다. 6월 10일 전두환 정권이

잠실체육관에서 노태우를 다음 민정당 대선후보로 지명하고 있을 때, 서울을 비롯한 전국 곳곳에서 국본이 주도하는 국민대회가 국민들의 뜨거운 지지 속에서 진행되었다. 6.10국민대회는 이후 18일 '최루탄추방대회', 26일 '국민평화대행진'으로 이어져 수백만 명의 시민, 학생, 노동자, 민중이 참여했다. 시위대는 곳곳에서 경찰을 무장해제해 전두환 정권의 물리력을 무력화했다. 전두환 정권은 군대를 동원하는 방안까지 검토했으나 미국의 압력으로 포기하고, 직선제 개헌을 핵심으로 하는 '6.29선언'을 발표했다. 6.29선언은 '아래로부터의 혁명'을 예방하기 위한 '수동혁명'적 성격을 띤 것으로 미국의 민주화 이행 프로젝트의 일부였다. 보수야당과 일부 재야가 이에 동의함으로써 전두환 정권은 위기에서 벗어났다.

한편, 6월 민주항쟁으로 정치적 억압이 풀리자 억눌렸던 기층 노동자들의 요구가 터져 나오면서 노동운동이 들불처럼 타올라 7~9월 노동자대투쟁이 벌어졌다. 노동자들의 파업과 점거농성이 이어지며 '노동자대투쟁'은 온 나라로 퍼졌을 뿐 아니라 제조업을 비롯해 광산, 운수 노동자들의 격렬한 파업과 시위로 이어졌다. 운동의 주력도 여성노동자나 중소기업 노동자에서 전략사업장인 대기업 남성노동자로 바뀌었다. 7~9월 노동자대투쟁은 천만 노동자들의 '자연발생적이고 연쇄적인 총파업투쟁'이었다. 천만 노동자가 "민주노조 쟁취하여 인간답게 살아보자"며 스스로 하나의 계급임을 보여준 '노동계급 선언'이었다.

1987년 7~9월 노동자대투쟁의 흐름은 1989년까지 이어졌다.

1987년 8월 18일, 민주노조 인정과 임금 인상을 요구하면서
울산의 거리를 가득 메운 현대그룹 7개 계열사 노조원들. 제공: 경향신문

1987년 7월부터 12월까지 6개월 동안 신규노조 1,344개, 신규 조합원 21만7,000명이 증가했다. 1988년에는 신규노조 2,000개, 신규 조합원 44만여 명이 늘었고, 1989년에는 신규노조 1,700여 개, 신규 조합원 23만여 명이 증가했다. 제조업을 넘어 사무·전문직 노동자들까지 노조를 만들어 전 산업에 걸쳐 폭넓게 노조가 결성되었다. 노동자대투쟁은 이후 노태우 정권 5년 동안의 '계급전쟁'을 예고했다. 6월 민주항쟁은 정치적 분열로 인해 열매를 맺지 못하고 또 다른 군사독재정권인 노태우 정권으로 이어져 정치적으로는 박정희체제가 조금 더 연장되었다. 그러나 사회적으로는 7~9월 노동

자대투쟁을 통해 노동계급이 박정희체제의 철벽을 무너뜨리고 하나의 사회정치세력으로 등장해 계급 간 세력관계를 바꾸었다. 정치적으로 박정희체제가 연장되었기 때문에, 새로 등장한 노동계급과 바뀐 세력관계를 인정하지 않는 지배계급 간 계급전쟁이 불가피했다. 또 지배계급 내부도 재벌에 대한 국가의 우위에서 국가와 재벌의 팽팽한 대치 수준으로 세력관계가 바뀌어 갔다.

노태우 정권과
'계급전쟁'의 시대(1987~1992)

민주노조운동이 7~9월 노동자대투쟁 이후 계급적 단결·투쟁으로 발전하자 재벌과 노태우정권도 계급적으로 대응했다. 재벌과 노태우 정권은 민주노조운동을 인정하지 않았고, 어떻게든 파괴해 7~9월 노동자대투쟁 이전 시절로 돌아가려고 했다. 노태우 정권은 전두환 정권 시절 이상의 탄압으로 일관했다. 그 결과, 노태우 정권 내내 민주노조운동은 재벌과 노태우 정권의 탄압에 맞서 '계급전쟁'을 벌여야 했다. 1987년 7~9월 노동자대투쟁은 일회성 투쟁으로 지나간 것이 아니었다. 노동자대투쟁을 통해 각성한 노동자들은 '민주노조'라는 진지를 구축했다. 1987년 6월 말 2,742개이던 노동조합이 1989년 말에는 7,861개로 늘어났고, 조합원도 약 100만 명에서 190만여 명으로 두 배가량 늘었다. 또한, 민주노조운동은 더 이상 1970년대처럼 개별 노조의 고립·분산된 운동이 아니었다. 민주노조운동은 빠르게 개별 사업장을 넘어 지역연대조직을 결성했다. 지역과 업종의 연대조직을 토대로 1990년 1월 민주노조들의 전국적 구심으로 '전국노동조합협의회(전노협)'가 건설되었다. 전노협은 "한국노총으로 대표되는 노사협조주의와 어용적·비민주적 노동조합운동을 극복하고 자주적이고 민주적인 노동운동을 전개"하며 "경제·사회구조의 개혁과 조국의 자주화·민주화·평화통일을 앞당기기 위해 제 민주세력과 연대할 것"을 선언했다. "노동해방"을 내건 "평등사회 앞당기는 전노협"은 천만 노동자의 계급적 단결의 구심이었다. 노동계급의 이런 공세적인 계급적 진출에 맞서 자본가계급도 계급적으로 대응했다. 각 그룹별로 민주노조를 파괴하기 위해 대응하는 한편, 노태우 정권은 '공안정국'을 조성해 노동운동 탄압에 나섰다. 재벌들은 '전국경제단체협의회(경단협)'을 결성하고 노동운동에 대응할 태세를 갖췄고, 1990년 1월 전노협 결성일에는 보수대연합인 '민주자유당(민자당)'이 결성됐다. 이후 재벌과 노태우 정권은 전노협 와해를 위한 총공세를 펼쳤다.

노태우 정권은 1990년 연초부터 노태우 대통령 주재 아래 '산업평화의 조기정착과 임금안정을 위한 대책회의'를 열어 '전노협 와해 대책'을 마련했다. 이에 따라 전노협이 단위노조를 지원하는 것에 대한 제3자 개입 처벌, 전노협 핵심 활동가들에 대한 구속·수배 등 사법처리, 전노협 가입노조에 대한 업무조사, 전노협 관련 행사의 원천봉쇄·유인물 배포 사전차단 등 종합적인 와해 대책이 집행되었다. 그 결과, 1990년 29개 노조가 전노협을 탈퇴하고 700명 이상의 전노협 간부들이 구속·수배·고소·고발되는 등 전노협의 조직력과 지도력이 크게 약화되었다. 이어 1990년 10월 '범죄와의 전쟁'을 선포한 후에는 노동통제의 새로운 수단으로 민사소송인 손배·가압류를 민주노조에 청구하는 방식을 적극적으로 추진했는데, 이는 김영삼 정부에서도 이어졌고, 김대중 정부 때 절정에 달했으며 노무현 정부에서도 적극적으로 이용되었다. 신종 노조탄압수단으로 등장한 것이다. 특히 대우자동차, 현대자동차, 대우조선 등 민주화된 대기업 노조의 전노협 가입을 차단하기 위해 1991년 연초에 '대기업노조연대회의'의 간부수련회를 습격해 대기업 민주노조 위원장 7명을 구속했다. 그리고 5월 구속된 한진중공업노조 박창수 위원장에게 전노협 탈퇴를 강요하는 과정에서 옥중 살해했다. 전노협은 이에 맞서 총파업투쟁을 벌였다.

　재벌과 노태우 정권은 이처럼 전노협을 집중적으로 탄압하는 한편, 사무·전문직 노조와 재벌 대기업 노조에 대해 합법화 등 회유책을 구사했다. 전노협을 중심으로 민주노조운동이 완강하게 저항하며 대치하자 1990년대 초반부터 재벌들은 '신경영전략'이라는 신자유주의 전략을 본격적으로 도입하기 시작했다. 신경영전략은 노동의 유연화(특히 외주하청화, 다기능화), 능력주의 인사제도 및 성과급제 도입 등 다양한 신자유주의 전략을 통해 민주노조운동을 무력화하고 협조적 노사관계를 구축하려는 것이었다. 재벌들의 이런 전략 변화를 대표적으로 보여준 것은 삼성과 대우였다. 삼성그룹

이건희의 '신경영'은 "마누라와 자식 빼고는 다 바꾸자"며 소사장제를 도입했다. 대우그룹 김우중은 "세계는 넓고 할 일은 많다"며 '세계경영' 전략을 적극 추진했다. 재벌들의 이런 신자유주의 세계화 전략으로의 전환은 김영삼 정권이 들어선 1993년부터 국가 차원에서 '신노동정책'으로 뒷받침되었다.

7~9월 노동자대투쟁 이래 노태우 정권까지 계속된 '계급전쟁'은 기본적으로 재벌과 노태우 정권이 하나의 사회정치세력으로 등장한 민주노조운동을 파괴해 노동자대투쟁 이전의 상태로 되돌아가려 했기 때문에 일어났다. 그리고 민주노조운동이 파쇼적 탄압에 맞서 완강하게 저항했기 때문에 치열한 계급투쟁이 벌어졌다. 이 과정에서 전노협을 구심으로 한 민주노조운동을 '전투적 민주노조운동'으로 부르게 되었다. 파쇼적 탄압에 맞서 전투적 대중투쟁으로 대응할 수밖에 없었기 때문이다. 이 '계급전쟁'에서 전노협을 구심으로 한 민주노조운동은 파괴되지 않고 살아남았다. 민주노조운동은 오히려 대중적으로 인정받고 확산되었다. 그래서 재벌과 정권 등 지배계급의 전략 변화를 강제했다. 재벌과 정권은 민주노조운동에 대한 탄압 일변도에서 더 교활하고 고도화된 신자유주의 세계화로 그 전략을 전환하기 시작했다.

7~9월 노동자대투쟁 이후의 계급 간 세력관계의 변화는 노동생산성 증가율을 웃도는 실질임금 상승률로 나타났다. 1990년대 초까지 이 추세가 지속되었다. 주당 노동시간도 크게 단축되었고 산업재해도 감소했다. 이처럼 계급 간 세력관계의 변화는 노동계급의

처지 개선으로 나타났다. 실질임금의 상승률은 노태우 정권과 재벌이 전열을 정비해 총체적 탄압으로 나선 1990~1991년에는 노동생산성 증가율에 못 미쳤지만, 1992년에는 다시 노동생산성 증가율을 웃돌았다.

지배세력 내부 세력관계의 변화:
국가 우위에서 재벌 우위로

1987년 6월 민주항쟁과 7~9월 노동자대투쟁에 의해 계급 간 세력관계가 바뀐 이후 1997년 IMF 사태에 의해 한국경제가 신자유주의체제로 전환될 때까지의 10여 년은 계급 간 대치기로서 계급투쟁이 격렬하게 진행되었을 뿐 아니라 지배계급 내의 세력관계도 바뀌기 시작했다. 그래서 이 시기는 여러 측면에서 '이행기'로서의 특징을 띠게 되었다. 앞에서 살펴본 대로, 노태우 정권 5년의 '계급전쟁'에서 노태우 군사정권과 재벌은 노동자대투쟁 이전의 계급 간 세력관계로 되돌리기 위해 공동으로 대응했다. 그러나 지배계급 내에서는 국가의 재벌에 대한 우위가 흔들리게 되었다. 재벌의 힘은 갈수록 커진 반면, 군사독재정권의 힘은 갈수록 작아졌다.

국가와의 관계에서 재벌의 힘이 상대적으로 커진 것은 무엇보다 전두환 정권 때 재벌이 중화학공업화를 중심으로 생산력 기반을 확립해 독점자본으로서의 한국경제에 대한 지배력을 확보했기 때문이다. 재벌의 이런 경제력은 국제적 환경에 의해 조성된 '3저 호황'에 의해 입증되었다. 이제 주요 재벌은 경제적 독점력을 바탕으로 재벌을 위한 담론과 이데올로기를 생산하는 재벌연구소를 설립했다(1986년 삼성경제연구소, LG경제연구소, 현대경제연구원). 특히 삼성경제연구소는 연구 인력과 규모에서 한국개발연구원(KDI) 등 국책연구소를 능가했고, 이후 경제정책 등 지배계급의 이데올로기를 주도적으로 생산했다. 또한 재벌은 '3저 호황' 이후 연구개발투자도 주도했다. 연구개발투자비는 1980년 2,117억 원에서 1988년 2조 3,474억 원으로 무려 10배 이상 증가했는데, 이 가운데 정부부담률은 계속 줄어 1980년 52%에서 1988년 18% 수준으로 감소했다. 중화학공업부문에 집중된 연구개발투자비는 기업규모별로 상위 20대 대기업이 전체 연구개발비의 50% 이상을 지출했다. 그뿐만 아니라 1987년 노동자대투쟁 이후 노동통제에서도 재벌은 노태우 정권의 파쇼적 탄압에 여전히 의존하면서도 독자적인 관리방식을 구축하기 시작했다. 전투적 민주노조에 대해서는 손배·가압류 등 제도적 방식으로 대응했다. 그리고 '신경영전략'이라는 이름으로 신자유주의적 기업문화 등 기업 차원의 노무관리 방식을 추가로 모색했다. 이는 노동자대투쟁 이전의 탄압 일변도를 넘어 다양한 노동통제방식을 재벌 차원에서 마련한 것이었다. 노동통제에서 군사정권에 대한 의존을 벗어나기 시작한 것이다.

정치적으로는 6월 민주항쟁에 따른 정치적 민주화가 군사독재의 후퇴를 강제했다. 직선제를 통해 당선되었다고 해도 실질적으로 전두환 정권의 연장인 노태우 정권은 군사정권으로서의 성격을 벗어날 수 없었다. 노태우 정권은 '민주화'된 사회에서 '정통성 시비'에서 자유로울 수 없었다. 더구나 1988년 13대 총선에서 여소야대 국회가 구성됨으로써 노태우 정권은 정치적으로 매우 취약해졌다. '물태우'라는 우스갯말이 시중에 나돌았다. 이 때문에 노태우 정권은 결국 1990년 '보수대연합'인 3당 합당(민주자유당)을 하지 않을 수 없었다. 더 나아가 6월 민주항쟁은 군사독재로부터 시민만 '해방'한 것이 아니라, 재벌도 '해방'한 측면이 있었다. 재벌은 이제 한국경제에 대한 독점적 지배력을 바탕으로 정치적으로 취약한 노태우 정권에게 이해관계를 강하게 요구할 수 있게 되었다. 예컨대, 1988년 구자경 당시 전경련 회장이 "반기업적 입장을 취하는 의원에게는 정치자금을 주지 않겠다"라고 하자 보수정당 모두 자유경제체제에 반대하지 않는다는 보도자료를 내놓으며 전경련의 요구에 호응했다.

노태우 정권은 재벌과 함께 '계급전쟁'을 벌이는 한편, 북방정책 추진을 통해 정통성 시비와 국내 정치위기를 벗어나려 했다. 1980년대 말 동유럽에서 현실사회주의 나라들이 붕괴하는 세계정세 변화를 활용해 1989년 헝가리, 폴란드, 유고슬라비아 등과 수교하고, 1990년 20~30억 달러 규모의 경제협력을 조건으로 옛 소련과도 정식 수교했다. 1992년 중국과 수교함으로써 사회주의권과 관계를 개선하는 북방정책이 마무리되었다. 북방정책의 연장선에서 북한과도 관계 개선에 나섰다. 1989년 '7.7선언', 1990년 남북한 유엔 동시가입에 이어 북한과 '남북 사이의 화해와 불가침 및 교류·협력에 관한 협의서' 체결도 맺었다. 노태우 정권의 이런 북방정책은 국내 정치에서 정치적 주도권을 노린 것이었지만, 동시에 구 사회주의권으로의 시장 확대라는 재벌의 이해관계를 반영한 것이기도 했다.

노태우 정권과 재벌의 유착은 주로 부동산투기를 중심으로 이루어졌다. 노태우 정권의 '주택 200만 호 건설' 공약은 1990년대 초 분당, 일산, 평촌, 산본 등 수도권 신도시 100만 호 건설로 실행되었다. 부동산투기는 재벌이 부를 축적하기 위해 사용한 전통적 방식이었지만, 1980년대에 더욱 활발해져 노태우 정권에서 정점에 달했다. 국토개발 공약을 남발해 부동산투기 거래로 재벌과 정권은 이익을 주고받았다. 정부는 개발 정보를 재벌에 제공하고 재벌은 개발 예정지의 토지를 사들여 수익을 올렸다. 재벌은 그 답례로 정치권력에게 상당한 정치자금을 바쳤다. 예컨대, 노태우 정권 5년 동안 삼성 이건희는 250억 원을 상납했다. 노태우는 재벌에게 받은 정치자금으로 약 5,000억 원의 비자금을 조성했는데, 이 돈의 상당 부분은 노동자투쟁과 학생시위를 막는 '치안 유지' 비용으로 쓰였다. 경찰력 강화를 위해 장비를 늘리고 경찰 사기를 높이는 데 정부 예산만으로 부족했기 때문이다.

노태우 정권 시기 투기소득은 엄청났다. 3저 호황 시기부터 본격화한 부동산투기는 1988년 27.5%, 1989년 32.0%에 이르는 땅값 폭등을 가져왔다. 1989년 국민총생산(GNP)에서 자산가계층이 부동산투기나 주식투자에서 얻은 불로소득이 77.3%에 이르렀다. 또 1989년 한 해 동안 땅값이 올라 생긴 불로소득은 85조 원이나 되었는데, 이는 전체 노동자 임금인상 총액 9조100억 원의 9배를 넘었다. 부동산투기로 인한 땅값 상승은 결국 집값과 전·월세, 물가의 상승을 부추겨 노동자, 민중의 생활을 압박했고, 실질임금을 떨어뜨렸다. 1986년부터 1990년 9월까지 땅값은 141.2%, 집값은 58.8%, 전세는 99.8%나 상승했다. 재벌 가운데 부동산투기에 가장 탁월한 수완을 보인 것은 삼성이었다. 삼성은 일찍이 중앙개발주식회사(삼성에버랜드)라는 부동산 전문 기업을 둘 정도였다. 삼성은 부동산투기 바람을 타고 1985년부터 1988년까지 기업투자 2,388억 원의 약 4배인 1조 원을 부동산 매입에 사용했다. 이 기간에 삼성이 매입한 부동산은 삼성 소유 전체 부동산 총량의 74%를 차지한다. 1990년 감사원 이문옥 감사관의 폭로에 따르면, 재벌의 비업무용 부동산 보유 비율은 은행감독원이 발표한 1.2%보다 훨씬 높은 43.3%에 달했다. 재벌이 3저 호황으로 얻은 여유자금을 생산적 투자에 사용하지 않고 주로 부동산투기에 사용한 것이 3저 호황 이후 경제침체의 원인 가운데 하나가 될 정도로 이 시기 재벌의 부동산투기는 극성이었다. 그리고 재벌이 주도한 부동산투기는 국민에게 확산해 중산층 이상의 국민들도 부동산투기에 열광했다. 일반국민의 재벌 따라 하기, 즉 시민사회에 대한 재벌의 이데올로기적 지배가 먹혀들기 시작했다.

이처럼 노태우 정권 시기의 재벌과 정권과의 관계는 국가의 주도성과 우위가 점차 사라지고 노태우 정권의 주요 정책내용이 재벌의 이해관계를 대변하고 실현하는 것으로 변화하기 시작했다. 또 재벌은 기업 차원에서 독자적으로 민주노조운동에 맞서 노동자에 대한 지배력을 확보하고, 국민에 대한 이데올로기적 영향력도 확대하기 시작했다. 1987년 6월 민주항쟁과 7~9월 노동자대투쟁 이후 '민주화'와 계급 간 세력관계의 변화는 동시에 지배계급 내부의 국가와 재벌 간의 세력관계도 변화시킨 것이다. 재벌과 정권 사이의 이런 세력관계 변화는 노태우 정권 말기인 1992년 대선에 정주영 현대그룹 회장의 대선 출마로 상징적으로 표현되었다. 정주영은 통일국민당을 창당해 14대 총선에서 31석을 획득하고 제3당의 지위를 차지했다. 더 나아가 정주영은 출마 당시 어차피 대선 정치자금을 정치권에 뜯길 것인데, 차라리 그 돈으로 직접 대선후보로 나서겠다고 선언했다. 이는 하나의 에피소드이지만, 정권에 대등하게 맞짱 뜨겠다는 재벌의 의지를 상징적으로 드러낸 것이었다. 재벌과 정권 간의 이런 세력관계 변화는 김영삼 정권에 이르러 여러 방면에서 확연히 드러났다. 재벌이 국가에 대한 우위를 드러내놓고 주장하기 시작했고, 실제로 정부의 경제정책을 주도했다. 국가 우위에서 재벌 우위로 확실히 전환된 것이다.

김영삼 정권과 계급지배 전략의 변화:
신자유주의적 세계화 전략

김영삼 정권 시기(1993~1997)에 한국의 지배계급은 재벌 주도로 한국경제의 신자유주의체제 전환을 추진했다. 이 전환은 1989~1991년 소련·동유럽 등 현실사회주의의 붕괴라는 세계사적 사건으로 제국주의와 초국적 자본세력의 신자유주의 세계화 공세가 가속화하는 조건에서 이루어졌다. 이 공세는 한국에 대해서는 미국의 한국에 대한 시장개방 공세, 특히 금융시장 개방 공세로 나타났다. 재벌은 이런 정세 변화를 자신의 이해관계에 맞게 활용했다. 노동계급에 대한 대응을 신자유주의 세계화 전략으로 전환하는 한편, 국가권력과의 관계에서도 '국가 주도'에서 '재벌 주도'로의 전환에 적극적으로 활용했다.

재벌이 이 전환 과정을 주도할 수 있었던 것은 재벌의 한국경제에 대한 지배력을 발판으로 한국사회에 대한 영향력과 지배력이 그만큼 커졌기 때문이다. 전경련과 재벌경제연구소는 김영삼 정권의 경제정책 등을 주도할 수 있었고, 시민사회에 대한 영향력에서 재벌은 사회적으로 '존경'의 대상으로 바뀌었기 때문이다. 지배계급 내부에서의 세력관계는 재벌 우위로 확실히 전환되어 재벌이 주도한 경제정책은 김영삼 정권의 '신경제정책'으로 표현되었다. 그러나 '신노동정책'을 밀어붙여 '신노사관계'로 전환하려는 시도는 1996년 말 민주노조운동을 중심으로 한 노동계급의 총파업투쟁에 의해 좌절되었다. 또한 한국계 초국적 자본으로서 재벌의 세계화 전략은 미국, 일본, 유럽 등 선진국 초국적 자본세력과의 경쟁에서 패배해 1997년 IMF 사태를 맞게 되었다. 재벌은 지배계급 내부의 세력관계는 확실하게 바꾸었지만, 노동계급과의 대치에서 계급 간 세력관계를 바꾸는 것에는 실패했다. 계급 간 세력관계는 IMF 사태를 통해 초국적 자본세력의 힘을 빌려 비로소 바꿀 수 있었다. 노태우 정권 때의 '계급전쟁'을 거쳐 김영삼 정권 때 박정희체제의 국가 주도의 파쇼적 재벌체제는 재벌 주도의 신자유주의적 재벌체제로 전환되기 시작했다.

김영삼 정권은 그때까지의 군사정권, 즉 박정희—전두환—노태우에 이르는 군부독재정권과 차별화해 자신을 민간인이 대통령이라는 의미의 '문민정부'로 불렀고, 문민정부답게 군사독재의 잔재를 청산하고 '역사바로세우기'를 내세운 개혁정책을 실시했다. 또한 김영삼 정권은 1993년 8월 대통령 긴급명령으로 금융실명제를 전격 실시했다. 금융실명제는 1982년 이철희·장영자 어음사기 사건을 계기로 필요성이 제기되었으나, 전두환, 노태우 정권은 이런저런 핑계를 대며 도입하지 않았다. 금융실명제 실시는 재벌의 이해관계에 반해 실시한 경제개혁으로 진일보한 자유주의 개혁정책으로 평가할 수 있다. 그러나 진일보한 자유주의 정치·경제개혁에도 불구하고, 김영삼 정권은 한국경제의 역사에서는 신자유주의 세계화 정책을 적극적으로 도입, 실시한 첫 정권으로 기록된다. 김영삼 정권은 1990년대 초반부터 재벌이 '신경영', '세계경영' 등으로 주도한 신자유주의 세계화 전략을 뒷받침해 '신노동 정책', '세계화 정책' 등 신자유주의 세계화 정책을 적극적으로 실시했다. 재벌이 주도한 새로운 계급지배 전략을 정권 차원에서 뒷받침한 것이다. 김영삼 정권 때부터 재벌은 자신의 이해관계와 필요에 따라 국가의 경제정책을 주도했고, 재벌의 이해관계에 반하는 경제정책을 대부분 좌절시킬 수 있었다.

김영삼 정권은 노태우 정권 때 수립된 제7차 경제사회발전 5개년 계획(1992~1996)을 폐기하고 '신경제 5개년 계획'(1993~1997)으로 대체했다. '신경제정책'은 박정희체제의 국가 주도적 경제개발정책과 차별화해 재벌이 요구해온 '민간주도 경제'를 반영한 것이었다. '신경제정책'은 군부독재정권의 '국가 주도'에서 벗어난 새로운 경제운용 원리로 '민간을 중심으로 시장경제에 입각한 성장전략'을 내세웠다. 재벌은 1992년 행정규제완화 민간자문위원회가 작성한 '행정규제완화를 위한 건의'를 통해 규제완화를 집약적으로 제시했는데, 그 내용은 '신경제 계획'에 상당 부분 반영되었다. 특히 금융시장에 대한 정부의 규제를 대폭 완화했다. 1994년 말 경제기획원과 재무부가 통합해 생긴 재정경제원(재경원)은 국가 주도 개발체제의 종말을 상징했다.

노동정책과 관련해 '신경제정책'은 노태우 정권 말기인 1992년의 '신노동정책'을 그대로 따랐다. 특히 '개별적 노사관계에서의 현실성 확보'라는 명분으로 근로조건을 개악하는 노동관계법 개정을 추진하겠다고 제시했다. 이에 따라 1996년 '신노사관계' 수립을 위한 노동법 개정은 임금·고용·근로조건의 유연화에 초점이 맞춰졌고, 이는 개별자본의 노동관리능력을 강화하는 것을 목표로 했다. 노동자의 임금인상을 억제하기 위한 '고통분담' 요구도 기존 군사정권의 노동정책과 차이가 없었다. 오히려 재벌이 전경련과 경총을 통해 요구한 개별적 노사관계에서 '노동의 유연화'라는 신자유주의 전략의 핵심내용이 노동법 개정 기조로 자리 잡았다. 주목되는 것은 '대립적 노사관계'를 '협조적, 생산적 노사관계'로 전환하는 주요 기제로 "노·사·정 간 대화 활성화"를 제시하고 있다는 점이다. 이는 1996년 노동법 개정을 위한 노사정간 협의기구인 '노사관계개혁위원회'로 구체화되었다. 노동통제방식으로서 '노사정 합의주의'는 이후 김대중 정권, 노무현 정권 등 민주정부에서도 노사정위원회 형태로 계속 이어졌다. 실제 노동정책에서 김영삼 정권은 노태우 정권의 '계급전쟁' 기조를 그대로 이었다. 1993년 임금인상투쟁, 1994년 전지협 투쟁, 1995년 한국통신 투쟁 등 매년 노동조합의 투쟁이 격화되자 김영삼 정권은 노태우 정권 때와 마찬가지로 노조의 합법적 파업에도 공권력 투입으로 대응했다.

김영삼 정권은 선진국클럽인 경제협력개발기구(OECD) 가입을 국가 전략목표로 설정하고, 1995년을 '세계화 원년'으로 선포해 '세계화 정책'을 본격적으로 추진했다. 이어 1995년에 세계무역기구(WTO), 1996년 경제협력개발기구(OECD)에 가입했다. 1996년 OECD 가입계획은 노태우 정권 때인 1992년 확정되었지만, 김영삼 정권은 '선진국 진입'이라는 정치적 업적을 위해 OECD 가입을 적극적으로 추진했다. OECD 가입의 전제조건이던 자본시장 개방은 국가와 재벌의 관계에서 재벌 우위로 전환하는 데 쐐기를 박은 결정적 요인이 되었다. 재벌을 관리할 주요 수단인 돈줄을 더 이상 국가가 통제할 수 없게 되기 때문이다. 이처럼 자본시장 개방과 자유화는 재벌과 김영삼 정권의 이해관계가 잘 맞아떨어진 사안이었다.

김영삼 정권의 자본시장 개방을 위한 금융 자유화 조치 가운데 1997년 외환위기와 관련해 중요한 것은 금융 자유화에도 불구하고 유지되었던 사실상의 고정환율제 운영, 금융 자유화에 따른 단기자본차입 자유화, 그리고 종합금융회사(종금사) 허가와 확대 등이었다. 고정환율제 운영은 OECD 가입조건인 1인당 국민소득 1만 달러를 인위적으로 유지하기 위해 저환율정책(원화평가절상정책)을 고수하는 데 필요했다. 김영삼 정권은 1994년 가을부터 3개월 만기 단기달러차관 도입을 자유화하는 등 1993~1995년 사이에 단기 외자도입을 자유화했다. 또한 1994~1995년 사이에 주로 재벌 소유의 24개 투자금융회사(투금사)를 종금사로 전환해 종금사가 31개로 급증했다. 그런데 정부는 종금사에 대해 금융감독을 실시하지 않고 방치했다. 그 결과, 이 시기에 재벌의 막대한 투자수요와 종금사의 투기수요에 따라 해외차입이 급증함으로써 외채의 규모와 구조가 급속히 악화되었다.

외채 규모는 1993년 439억 달러에서 1994년 898억 달러, 1995년 1,198억 달러, 1996년 1,574억 달러로 눈덩이처럼 불어났고, 1997년 9월 총 대외채무가 1,774억 달러에 달했다. 단기외채는 1993년 말 외환보유고 대비 1.05배(192억 달러)에서 1996년 말 2.07배(759억 달러)로 급증했고, 총외채 가운데 단기외채가 차지하는 비중도 1995~1996년에 50%를 넘어섰다. 1997년 9월 단기외채 총액이 805억 달러에 달했다. 전체 기업부문의 자금조달에서 외자가 차지하는 비중은 1994년 6.6%에서 1996년 10.4%로 늘어났고, 특히 30대 재벌의 외부자금에서도 단기차입금의 비중이 같은 기간 48%에서 64%로 늘어났다. 재벌은 이런 단기차입금으로 제철(현대), 특수강(한보, 기아), 자동차(삼성) 등 이미 포화된 산업부문에 중복·과잉투자를 감행했다. 다른 한편, 종금사들은 고수익의 '엔 캐리 트레이드' 투기에 뛰어들었다. '제로금리'의 일본 자금을 1년 이하 단기로 차입해 금리가 높은 동남아와 동유럽의 만기 5년 이상의 장기채권에 투자했다. 1997년 10월 당시 종금사가 해외차입한 미화 200억 달러 중 64%인 129억 달러가 단기차입이었고, 해외에 대부한 200억 달러 중 84%인 168억 달러가 장기대부였다.

단기외채를 통한 재벌의 무모한 중복·과잉투자와 종금사의 투기는 결국 1997년 외환위기로 귀결되었다. 이 과정에서 중요한 것은 국가가 재벌에 대한 통제력을 거의 상실했다는 점이다. 세계자본주의 차원에서의 신자유주의 세계화가 1990년대 들어 가속하며 개방과 자유화 압력이 특히 미국을 통해 한국에 강력하게 들어왔는데, 재벌은 그 압력을 가장 능동적으로 자신의 전략으로 전환하면서 김영삼 정권을 내부에서 압박해 신자유주의 세계화를 추진했다. 한국경제는 김영삼 정권 때부터 '국가 주도'에서 '재벌 주도'로 확실히 바뀌었다.

재벌의 세계화 전략과 중복·과잉투자, 그리고 경제공황

'문민정부'인 김영삼 정권 들어 재벌의 행보에는 거침이 없었다. '민주화'는 재벌에게 군사정권의 오랜 통제로부터의 '자유화', 즉 '경제자유화'였다. 재벌은 이 '자유화'를 '재벌 주도 시대'로 만들어갔다. '국가 주도'를 '재벌 주도'로 전환하는 데 선두에 선 것은 삼성과 이건희였다. 이건희가 1993년 6월 독일 프랑크푸르트의 유럽 주재원 간담회에서 발언한 것이 '신경영 선언' 또는 '프랑크푸르트 선언'으로 대서특필되었다. 이건희는 "마누라와 자식만 빼고 다 바꾸라"며 포괄적인 개혁을 선언했다. 재벌은 언론을 장악했다. 삼성처럼 〈중앙일보〉를 직접 소유하거나 아니면 광고주로서 수구 보수 언론뿐 아니라 '진보'언론에도 압력을 행사할 수 있었다. 언론은 정치권력을 제치고 삼성을 사회의 최고 지위에 올려놓았다. 이를 바탕으로 이건희는 1995년 김영삼 정권의 재벌개혁정책인 '신재벌정책'에 맞서 베이징에서 정치권과 국가관료를 정면으로 비판했다. "한국이 선진국이라고 생각할지 모르지만 내가 볼 때 한국의 정치는 4류이고, 행정과 관료는 3류이며, 기업은 2류다"라고 발언함으로써 정치와 관료에 대한 재벌의 비교우위를 분명히 했다. 군부독재시절 군부의 나팔수 노릇을 했던 언론이 이제 삼성의 홍보부대로 변했다. '신경영'의 이건희와 '세계경영'의 김우중은 대학생이 가장 존경하는 인물 1, 2위에 각각 올랐다. 이처럼 재벌은 언론을 통해 여론을 파고듦으로써 시민사회에 영향력을 키워갔다.

재벌은 이제 정부의 경제정책도 재벌의 이해관계에 어긋나는 것은 무력화하고 재벌의 이해관계에 맞게 변화시켜갔다. '신경제 정책'과 같은 포괄적인 경제정책의 방향은 물론 개별적 사안도 재벌이 주도하기 시작했다. 대표적인 사례가 삼성의 승용차 사업 진출이었다. 삼성은 노태우 정권 시절부터 이건희의 숙원사업인 승용차 사업 진출을 추진했다. 그러나 승용차 사업은 이미 현대, 기아, 대우, 쌍용으로 포화상태여서 당연히 모두가 반대했다. 삼성은 정계와 관련 공무원, 언론인에 대해 강력하고 철저한 로비를 벌이고, 부산지역 여론을 움직여 1995년 회사를 설립하고 1996년 공장을 지었다. 삼성의 승용차 사업 진출은 재벌이 정권의 반대를 정면으로 거슬러 자신의 요구를 관철한 대표적 사례였다. 이제 삼성으로 대표되는 재벌이 정치, 경제, 언론 그리고 시민사회에 대한 막강한 영향력을 통해 국가권력을 주도하는 '재벌의 시대'가 열리게 되었다.

재벌의 경제정책에 대한 개입은 이제 공공연하게 이루어졌다. 김영삼 정권 출범 직후인 1993년 3월 전경련의 효율적인 운영을 위해 30대 그룹 기조실장 회의가 공식 출범했고, 이후 매월 1회 정기모임을 가졌다. 이는 재벌의 공공연한 정치세력화로, 정부 정책에 주도적으로 개입하겠다는 의지를 드러낸 것이었다. 1996년 말 '신노사관계'와 관련된 노동법 날치기 처리를 주도한 것도 30대 그룹 기조실장 회의였다. 재벌이 국가권력보다 우위에서 한국경제를 주도할 수 있었던 데에는 재벌에 의한 국가기구의 체계적 포섭 또는 포획 과정이 있었다. 국가기구의 포획 작업을 주도한 것은 '재벌 중의 재벌'인 삼성그룹이었다. 이 점에서 삼성은 재벌 중에서도 독보적이었다. 민주화 이후 '재벌의 시대'를 '재벌 공화국'이라 부르는데, '재벌 공화국'을 '삼성 공화국'이라고도 부르는 것도 국가기구 포획에서 삼성이 가신 독보석인 힘 때문이다.

1987년 6월 민주항쟁으로 군부독재시대가 물러난 뒤 재벌총수가 된 삼성 이건희는 민주화시대에 필요한 정경유착의 형태로서 국회, 관료, 사법부 등 국가기구와 언론, 학계 등 시민사회에 대한 포섭의 중요성에 주목했다. 군부독재 시절에는 독재자에게 정치자금을 헌납하고 이권을 따내는 방식이 정경유착의 주요 형태였다면, 이제 민주화 시대에는 1인 독재자가 아니라 국가기구 전체에 영향력과 지배력을 가져야 재벌의 이권을 관철할 수 있었다. 삼성의 국가기구 포섭 작업은 1987년 이후 체계적으로 발전해 나중에는 '삼성 공화국' 또는 '삼성 왕국'이라 불러도 손색이 없을 정도로 국가기구를 장악하고 막강한 영향력을 행사해 점차 '금권정치'를 할 수 있게 되었다. 입법부인 국회에 대해서는 수천 명의 삼성 임원 모두가 로비스트가 되어 개별 국회의원을 커버할 정도로 전방위 로비를 했다. 행정부인 관료사회에 대한 포섭은 이병철 시대 때부터 시작해 더욱 체계적이 되었다. 삼성은 구조조정본부에서 수백 명을 동원해 경제부처 관료들을 정기적으로 관리했을 뿐만 아니라, 김영삼 정권 때인 1995년부터 재경부, 금융감독기관 등 경제관료를 조직적으로 영입하기 시작했다. 1995년 7명을 시작으로 2005년까지 고위행정관료 63명이 삼성 임원으로 영입되었다. 특히 김대중, 노무현 정부 때 대규모였다. 삼성은 관료로서의 승진이나 퇴임 뒤의 안정적 생활을 보장함으로써 관료사회를 장악했다. 검찰, 사법부, 헌법재판소 등 법조계에도 행정관료와 마찬가지로 '떡값'과 승진 지원 등을 통해 '삼성 장학생'을 만들고 퇴임 후 영입해 안정적 생활을 보장함으로써 법조계도 장악했다. 노무관리와 관련해서는 지방 노동청과 시청 등 말단 공무원에 이르기까지 광범위한 로비를 벌였다. 언론계, 학계, 예술계 등 시민사회에서도 '삼성 장학생'을 양성해 우호적인 여론 형성을 주도했다.

삼성은 국가기구와 시민사회에 대한 이런 체계적인 포섭작업을 통해 국가기구와 여론을 재벌과 삼성의 이해관계에 맞게 조정, 통제하기 시작했다. 삼성이 '재벌 주도 시대'를 개척한 것이었다. 정부 관료들은 김영삼 정권 때부터 재벌 연수원에 들어가 교육을 받기 시작했다. 재벌은 삼성과 전경련을 중심으로 김영삼 정권의 경제정책을 재벌의 신자유주의 세계화 전략에 맞게 주도적으로 이끌어가는 한편, '세계화 전략'을 경쟁적으로 추진했다. 이를 주도한 것은 대우그룹 김우중의 '세계경영'이었다.

재벌은 중화학공업화를 통한 생산력 기반을 확보하고 한국경제에 대해 독점적 지배력을 구축한 것을 토대로 이제 '세계화'에 적극 나섰다. 재벌은 금융 자유화에 따라 종금사, 증권사, 보험사 등 제2금융권 금융기관을 소유했고, 자본시장이 자유화되자 해외차입에 나섰으며, 차입한 돈으로 해외투자에 나섰다. 한국계 초국적 자본으로 도약을 시도한 것이었다. 재벌이 '세계화 전략'에 나선 것에는 두 가지 원인이 있었다. 하나는 1987년 노동자대투쟁을 통해 등장한 민주노조운동이 노태우 정권 내내 '계급전쟁'을 벌였음에도 불구하고 파괴되지 않고 점차 계급적 운동으로 발전해 노동비용이 승가했기 때문이다. 재벌로서는 비용 절감 차원의 노동 유연화로서 세계화가 필요했던 것이다. 또 하나는 유럽연합(EU), 북미자유무역협정(NAFTA) 등 지역별 자유무역체제로 생긴 무역장벽을 우회해야 할 필요성 때문이었다. 후발 신흥국들의 추격이 거세지면서 경쟁력 유지 차원의 비용절감을 위해서는 중국과 동남아시아로 진출했고, 시장접근과 기술획득을 위해서는 유럽과 북미 등으로 진출하기 시작했다.

재벌은 중화학공업, 전자, 반도체, 자동차, 철강 등의 산업에 인수합병(M&A) 방식으로 진출했다. 재벌의 해외투자는 1993년부터 급격히 늘어 국내로 들어온 외국인직접투자보다 많아지기 시작했다. 그러나 1997년 외환위기에 이르기까지 재벌의 해외투자는 대부분 실패했다. 재벌은 의욕에 비해 초국적 기업을 운영할 실력을 아직 갖추지 못했다. 결국 '세계경영'의 원조였던 대우그룹이 과도한 부채경영과 해외투자로 1999년 그룹해체의 운명을 맞이했듯이, 재벌은 초국적 자본으로서는 이건희 말대로 아직 '2류'였다. 더 심각한 것은 재벌의 국내에서의 중복·과잉투자였다. 김영삼 정권 들어 '자유화'된 재벌들은 더 이상 국가의 통제, 즉 투자조정과 같은 산업정책에 의해 제한받지 않고 무모한 투자를 감행할 수 있게 되었다. 이에 재벌은 초국적 자본으로 도약하기 위해 몸집 키우기에 경쟁적으로 나섰고, 그 결과는 자동차, 석유화학, 철강, 전자 등에서의 중복·과잉투자였다. 재벌의 이 같은 경쟁적 과잉투자는 정부의 산업정책을 무력화시켰다. 재벌은 이런 무모한 중복·과잉투자 자금의 대부분을 차입으로 마련했다. 재벌의 부채에 의존한 과잉투자는 재벌의 한국경제에 대한 지배력을 더욱 강화했다. 30대 재벌의 계열기업도 1990년 562개에서 1997년 819개로 257개나 늘어났다. 같은 기간 30대 재벌의 매출액 가운데 5대 재벌이 차지하는 비중은 65% 안팎에서 갈수록 커지며 5대 재벌과 나머지 후위 재벌 간의 양극화도 갈수록 커졌다.

그러나 이 시기 초국적 금융자본은 한국뿐 아니라 태국을 비롯한 동남아시아 여러 나라에도 유입되어 거품성장을 일으켰다. 동아시아 지역에 초국적 금융자본이 이처럼 투기적으로 들어와 과잉투자, 거품성장을 가져왔고, 이는 필연적으로 동아시아지역의 과잉생산으로 나타났다. 1996년 반도체·철강·석유화학 등 한국의 핵심 수출품은 수출량의 정체나 감소, 또는 수출단가의 하락에 부닥쳐 수익률이 급격히 저하했다. 한국경제에 1996년부터 과잉생산공황의 조짐이 나타났고 1997년 초부터 '대마불사'를 자랑하던 재벌들이 줄줄이 부도를 맞았다. 1월 한보철강, 3월 삼미특수강, 4월 진로, 5월 대농, 6월 한신공영, 7월 기아, 10월 쌍방울, 11월 해태와 뉴코아 등으로 이어졌고, 그로 인한 부실채권으로 말미암아 금융기관들이 부도위기에 내몰렸다. 경제공황이 폭발했던 것이다.

재벌이 경쟁적으로 초국적 자본화를 위한 세계화 전략을 추진해 1993~1996년 중복·과잉투자가 과잉생산공황으로 발전해 가는 과정에서 재벌은 1996년 '경제위기' 담론을 퍼뜨리는 한편, 정리해고제·변형근로제·근로자파견제 등 노동 유연화를 제도화하기 위한 노농법 개악을 추진했다.

1996년 말 정리해고법 반대 총파업투쟁

김영삼 정권은 1996년 4월 '신노사관계 구상'을 발표하고 '노사관계개혁위원회'(이하 노개위)를 설치했다. '신노사관계 구상'은 미국식 노사관계 체제를 한국에 도입해 기업수준에서의 노사관계를 협력적 노사관계로 전환하는 것을 명시적 목표로 삼았다. '신노사관계 구상' 실현을 위해 김영삼 정권은 '노개위'에 민주노총을 끌어들여야 했다. OECD는 여러 차례의 국제회의를 통해 국제노동기구(ILO)의 권고에 기초해 한국 정부에 핵심적인 9개 사항을 요구했다. 즉 복수노조 즉시 허용(전국 및 기업 단위), 노조 전임자 임금지급 문제의 노사자율 결정, 교원 단결권 보장, 공무원 단결권 보장, 필수공익사업 축소와 직권중재 폐지, 민주노총 합법화, 해고자와 실업자의 노조가입 허용(자율결정), 제3자개입금지 폐지, 구속노동자 문제 및 형법상 업무방해죄 적용의 개선 등이다. 그러나 김영삼 정권은 이 9개 사항 중 어느 것도 그대로 노동법 개정안에 반영하지 않았다. 1996년 10월 OECD 가입이 결정되자 김영삼 정권은 12월 말 노동법을 개악해 날치기 통과시켰다. 특히 복수노조 유예(상급단체 3년 후, 단위노조 5년 후), 정리해고제와 변형근로제 도입, 제3자 개입 제한적 허용, 교원과 공무원의 단결권 금지, 직권중재 대상 공익사업장 확대, 무노동 무임금, 전임자 임금 지급 금지, 파업기간 중 대체근로 허용, 노조대표자 교섭체결권 일원화 등 노동기본권을 더욱 제한했다. 김영삼 정권이 이처럼 국제적 약속도 어기고 노동법을 오히려 개악해 날치기 통과하도록 배후에서 추동한 것은 재벌이었다. 노동법 개악 날치기 통과는 김영삼 정권 들어 재벌이 확실한 우위에서 정부를 주도했음을 보여주는 대표적인 사례다.

한편, 민주노조운동 내에서 1993~1995년 동안 노동운동 노선을 둘러싼 치열한 노선투쟁이 발생했다. 이 노선투쟁의 결과 '전투적 민주노조운동'인 전노협의 전투적·변혁지향적 운동노선은 청산되고 민주노총의 사회개혁적 노동운동 노선으로 바뀌게 되었다. 1995년 11월 건설된 민주노총 1기 지도부는 노개위 불참과 참여를 반복하는 등 재벌과 김영삼 정권의 기만책에 갈팡질팡했다. 11월 10일 10만 명 규모의 노동자대회에서 총파업을 불사하는 총력투쟁 선언, 11월 29일 단위노조대표자 결의대회와 구속결단식, 12월 4일 파업찬반투표, 12월 13일 4시간 경고파업, 16일 무기한 총파업 등 총파업투쟁 일정이 진행되는 도중에 민주노총 1기 지도부는 여전히 국회에서의 타협 가능성을 기대하며 12월 13일 경고파업을 철회했다. 그 결과, 지도부에 대한 불신과 함께 그동안 결집되었던 조합원들의 투쟁동력도 급격히 떨어져버렸다. 이 허점을 노린 김영삼 정권은 12월 26일 새벽 날치기로 노동법을 개악했다.

노동법 개악안이 날치기로 통과되자 민주노총은 즉각 총파업에 들어갔고, 이는 20여 일에 걸쳐 수백만 명의 노동자가 참여하는 한국전쟁 이래 최대 규모의 총파업투쟁이 되었다. 민주노총의 총파업은 김영삼 정권에 대한 민심이반으로 한국노총 소속의 하층 노동자들을 포함해 중간층 시민들까지 참가하는 정치적 계급투쟁으로 발전했다. 총파업투쟁이 이렇게 광범하게 확산한 것은 날치기에 대한 분노뿐 아니라 정리해고 등 고용불안에 대한 위기감 때문이었다. 민주노총 총파업에 참여한 조합원 수는 12월 26일부터 1997년 2월 28일까지 총 21일 동안 연인원으로 3,422개 노조 388만여 명(노동부 발표 125만 명)이었다. 민주노총에 이어 한국노총까지 날치기 노동법 무효화 총파업에 나서자 총노동의 공동전선이 형성되었고, 안기부법 날치기가 민주주의의 후퇴를 가져오는 데 대한 국민의 분노까지 더하여 노동계의 총파업은 국민의 광범한 지지를 받았다. 민주노총이 총파업에 들어간 직후인 12월 29일 '노동법·안기부법 개악철회와 민주수호를 위한 범국민대책위원회'(범대위)가 노동·시민·사회·종교단체들로 꾸려져 민주노총의 총파업투쟁을 범국민적 투쟁으로 확산시켰다.

총파업투쟁 초기, 재벌과 김영삼 정권은 강경했다. 재벌은 1월 6일 경제5단체 긴급 상근부회장회의를 열어 무노동 무임금 원칙을 준수하고 민주노총의 핵심간부들을 업무방해 혐의로 고발하며, 단

1997년 1월 11일 종묘공원에서 열린 민주노총 총파업 노동자대회.
제공: 사진작가 이영호

위 사업장별로 불법파업을 주도한 노조간부들을 고소하는 동시에, 파업피해에 손해배상청구 소송을 내기로 하는 등 강하게 대응했다. 그러자 천주교 사제 862명이 시국성명을 발표하는 등 총파업 투쟁이 교수, 종교인, 법조인 등 중간층으로 확산되었다. 1월 10일 범대위가 개최한 '전국사회단체 비상연석회의'에 866개 단체가 참여해 '1997인 선언'을 발표하는 등 마치 1987년 6월 민주항쟁 초기와 같은 양상으로 발전했다. 1월 10일 경찰이 가두집회에 최루탄을 발사하자 투석전으로 맞서는 등 평화적인 집회기조에서 전투적인 분위기도 나타나기 시작했다. 또한 총파업 투쟁이 노동자를 넘어 각계각층으로 급속히 확산하고 시민들도 집회나 시위에 적극 참여하기 시작하면서 요구도 '악법 철폐'를 넘어 '김영삼 정권 퇴진' 등 전국민적인 정치투쟁으로 발전했다. 이처럼 민주노총의 총파업이 범국민적인 정치투쟁, 즉 정치적 계급투쟁으로 발전하자 김영삼 정권은 물러서지 않을 수 없었다. 게다가 한국이 OECD와의 노동법 개정에 대한 약속을 어긴 데 대한 미국과 OECD로부터의 국제적 요구와 압력도 작용했다. 김영삼 정권은 총파업을 이끄는 민주노총 지도부에 대한 탄압을 유보하고 1월 21일 여야 영수회담에서 날치기 노동법을 재논의하고 노조 지도부에 내린 사전구속영장 집행을 유예하기로 합의했다. 그런데 이처럼 총파업투쟁이 절정에 이르고 범국민적인 정치투쟁으로 발전해 나가던 3단계 총파업(1월 15일~18일) 때 민주노총 지도부는 투쟁동력 부족을 이유로 전면파업에서 수요파업으로 투쟁 수위를 낮추기로 결정했다. 이렇게 민주노총이 총파업투쟁을 중단하자 범국민적인 정치적 계급투쟁 역시 급속히 냉각되었다. 그리고 정세의 주도권은 총파업투쟁을 중심으로 한 노동계와 범대위로부터 정치협상을 중심으로 한 보수정치권으로 넘어갔다. 노동법 개정안은 보수정당인 여야협상을 통해 3월 10일 재개정되었다.

재개정된 노동법은 상급단체 복수노조 허용(민주노총 합법화)과 정치활동 허용, 정리해고제 도입의 2년 유예를 제외하고는 애초 재벌의 요구를 대폭 반영한 정부안 그대로였다. 사실상 노동법은 재벌의 요구대로 개악되었다. 노조활동과 노동기본권을 크게 제한한 것이었다. 결과적으로 총파업투쟁은 한국전쟁 이래 최대 규모의 총파업투쟁으로, 그리고 범국민적 지지와 범국민적 투쟁으로 발전했지만, 승리하지 못했다. 일선 노조들은 개별 자본의 탄압으로 현장이 무력화되어 무쟁의 선언을 해야 했고, 파업에 참여한 일반 조합원들은 무노동 무임금, 손해배상 청구, 가압류, 고소·고발·징계 등으로 엄청난 피해와 고통을 겪었다.

계급 간 세력관계의 맥락에서 1996년 말 노동법 개정 총파업투쟁과 그 결과는 매우 중요하다. 왜냐하면, 이 투쟁은 1987년 6월 민주항쟁과 노동자대투쟁으로 노동자, 민중이 계급 간 세력관계를 크게 변화시켜 박정희체제를 무너뜨린 이래, 노태우−김영삼 정권 10년 동안 팽팽하게 대치한 상태에서 탄압을 뚫고 다시 한 번 노동자, 민중에 유리하도록 전진할 중요한 계기였기 때문이다. 재벌과 김영삼 정권의 노동법/안기부법 날치기 처리라는 도발적인 무리수가 만든 기회였으나, 민주노총이 주도한 총파업투쟁이 범국민적인 정치적 계급투쟁으로 발전하다가 중단됨으로써 그 기회는 무산되었다. 그 결과, 노동법 제도에서 후퇴했을 뿐 아니라 민주노총은 여러 방면에서 오히려 더 약화되었다. 이 결정적인 투쟁에서 재벌과 김영삼 정권, 그리고 보수야당 등 지배세력은 위기를 넘겼고, 계급 간 세력관계를 자신에게 유리하게 반전시켰다. 그럼으로써 재벌 중심의 지배계급이 박정희체제 이후 한국사회를 신자유주의체제로 전환할 하나의 발판을 마련했다. '정리해고제 2년 유예'가 상징하는, 불완전했던 이 전환은 1997년 IMF 사태에 의해 확실하게 이루어졌다.

1997년 IMF 사태:
신자유주의체제로 이행하는 전환점

1997년 IMF 사태의 기본 성격은 자본주의 공황이었고, 그것이 외환위기로 발전해 한국경제에 신자유주의 구조조정을 강제했다는 점에서는 신자유주의 세계화 그 자체였다. IMF 사태의 원인 제공자는 재벌이었고, 외환위기와 IMF 구조조정을 강제한 것은 미국과 초국적 자본세력이었다. IMF 사태는 이처럼 복합적 성격을 띠고 있다. 1997년 11월의 외환위기, 12월 3일 IMF협약에 따른 구제금융과 IMF에 의한 경제신탁통치, 긴축정책과 공황의 심화, 그리고 김대중 정권에 의한 신자유주의 구조조정 등 일련의 연속된 사건이 'IMF 사태'였다. IMF 사태가 기업과 금융기관의 부도, 대량해고, 고금리, 그리고 노숙자와 가족 집단자살 등 노동자·민중에게 고통을 강요했다면, 고금리에 따라 금융자산을 순식간에 배가한 강남의 금융자산 계층에게는 내심 'IMF여 영원히!'를 부르짖으며 즐기게 해준, 우리 사회의 극단적인 양극화를 가져왔다. IMF 사태의 내용을 파악하기 위해서는 IMF 사태를 전후한 역사적 맥락 속에서 계급관계와 지배세력 내부의 관계, 그리고 그 이해관계의 대립과 투쟁을 분석해야 한다.

한국 내부에서의 자본/노동 간의 계급적 대치와 지배계급의 전략 변화, 그리고 자본과 국가권력 간의 세력관계 변화는 세계자본주의 차원의 시장개방과 자유화 압력(세계화 압력)을 수용하는 과정과 맞물려 있었다. 이 세계화 압력에 대응하는 과정을 주도한 것은 재벌이었다. 재벌은 세계화 압력을 기회로 여겨 경쟁적으로 초국적 자본으로 도약을 추진했다. 재벌이 소유한 종금사를 통한 대규모 해외차입과 중복·과잉투자, 그에 따른 과잉생산은 필연적으로 공황을 가져왔다. 1997년 한국경제가 위기에 처하자 미국과 초국적 자본세력은 '워싱턴 컨센서스'에 따라 한국경제를 신자유주의 체제로 개편하기 위해 본격적으로 개입했다. 초국적 자본세력의 개입에 의해 한국경제는 외환위기로 내몰렸고 심각한 경제공황으로 IMF 사태가 시작되었다. 미국과 초국적 자본세력은 IMF 사태를 활용해 구제금융의 대가로 한국경제에 신자유주의적 구조개혁을 강제했다. 이렇게 해서 한국경제는 신자유주의체제로 전환되었다. 재벌, 김영삼 정권, 미국과 IMF 등 초국적 자본세력, 그리고 노동계급이 이 사태에 어떻게 대응했는지 간략하게 살펴보자.

김영삼 정권은 1997년 3월 노동법 재개정 이후 재벌기업의 연쇄부도와 금융기관의 부실화에 직면해 산업 구조조정과 금융 구조조정 정책을 추진했다. 그러나 이런 신자유주의 구조조정 정책은 한보사태와 김현철 국정농단 사건 등으로 이미 정치적으로 무력화된 김영삼 정권에 의해 입법화되거나 실행될 수 없었다. 반면 재벌은 노동법 개악을 토대로 경제위기를 내세우며 노동계급을 매우 공세적으로 공격했다. 단체협약을 개악하고, 총파업으로 발생한 고소·고발, 손해배상 청구, 무노동 무임금 문제 등을 활용해 개별 사업장 중심으로 '고용과 임금 맞바꾸기'를 추진했다. 민주노총의 총파업투쟁으로 유예된 정리해고제, 근로자파견제 도입 등 노동시장 유연화 작업을 계속 추진했고, 11월 21일 한국 정부가 IMF에 구제금융을 신청한 직후부터 구조조정을 대대적으로 실행했다. 11월 26일~29일 사이에 삼성의 30% 감축경영 및 임금총액 동결, 한라의 50% 인원감축과 임금 30% 삭감, 현대자동차의 4,700명 전환배치 또는 감축, 두산의 직원 30% 감축과 임금동결 등 재벌은 대규모 구조조정을 실시했다. 은행과 증권업계 등 금융기관은 대대적인 정리해고를 예고했다. 11월 26일 전경련은 정리해고제 즉각 시행, 근로자파견제와 변형근로시간제의 확대 실시 등을 요구했다. 심지어 근로기준법을 폐지하고 대신에 자유로운 계약형태의 자율근로계약법 제정까지 요구했다. 이처럼 재벌은 IMF 사태를 초래한 주범인데도 경제위기를 핑계 삼아 노동계급에 대한 무차별적 공세, 특히 감원과 임금삭감, 그리고 이를 뒷받침할 정리해고제 즉각 실시를 요구했다. 재벌과 김영삼 정권이 이처럼 신자유주의 구조조정 공세를 적극 펼친 데 비해, 민주노총은 전국적 공동투쟁전선을 형성해 총노동 차원에서 대응하지 못하고 노사정 3자 기구에 매달리며 대선 국면에서 정치세력화 문제에 집중했다.

1997년 한국경제의 위기국면에 가장 능동적으로 개입해 자신의 이해관계를 관철한 것은 미국을 중심으로 한 초국적 자본세력('미국-IMF-초국적 자본')이었다. 초국적 자본세력은 공식적으로는 IMF를 앞세웠지만, IMF와 일본 정부, 그리고 미국·유럽·일본계 초국적 금융자본을 실제로 지휘한 것은 미국 정부였다. 1997년 미국은 동아시아의 금융위기를 방조함으로써 이 지역에 신자유주의적 구조개혁과 시장개방을 강제하고 미국 자본의 투자기회를 확대하려고 했다. 미 CIA는 이미 8월에 한국경제가 재벌들의 연쇄부도로 외환위기 가능성이 있음을 보고했으나, 미국은 외환위기와 관련해 한국에 어떤 경고도 하지 않았고 외환위기의 확산을 적극적으로 막지도 않았다. 1980년대 전반기에 한국이 외채위기에 몰렸을 때 미국의 주도하에 일본의 차관을 받아 외채위기를 넘겼던 것과는 정반대로 미국은 오히려 한국경제를 외환위기로 몰아넣었다. 미국과 유럽의 초국적 자본은 물론이고 일본 정부까지 압박해 한국 정부에 대한 자금 지원을 차단해 IMF에 구제금융을 신청할 수밖에 없게 내몰았다. 김영삼 대통령과 정부 관료들은 우왕좌왕하며 혼선을 일으키다 결국 11월 21일 IMF에 공식적으로 구제금융을 신청했다. 미국은 냉전체제의 지정학적 필요성 때문에 1980년대에는 한국의 외채위기를 구제해 주었다. 하지만, 소련의 붕괴로 냉전체제가 무너진 탈냉전시대라 그런 지정학적 필요성이 사라진 1997년에는 한국의 경제위기와 외환위기를 국가부도위기로 내몰며 한국경제의 신자유주의적 구조개편을 추진했다. 한국에 대한 미국의 이해관계가 달라졌던 것이다.

12월 3일 IMF협약을 체결하고 한국은 IMF의 경제신탁통치에 들어갔다. 두 차례에 걸쳐 이루어진 IMF협약은 전형적인 IMF 구조조정 프로그램이었다. 긴축적 통화·재정정책, 주식시장·채권시장·자본시장 등 금융시장 개방, 금융부문 개혁, 기업 재무제표 투명성 개

1997년 12월 3일 미셸 캉드쉬 IMF 총재(오른쪽)와 임창렬 부총리 겸 재정경제원 장관이
서울 세종로 정부청사에서 긴급 자금지원을 받기 위한 정부 의향서를 전달한 후 기자회견을 하고 있다.
왼쪽은 이경식 한국은행 총재. 사진: 연합뉴스

선 등 기업지배구조 개혁, 노동시장 유연화 개혁 등으로 구성되어
한국경제의 신자유주의 구조조정을 강제하는 것이었다. 이 협약의
초점은 금융시장 개방은 물론이고 외국자본에 기업·금융기관 적대
적 인수합병까지 허용하는 데 맞춰져 있었다. 또한 긴축정책은 외
채를 갚기 위해 한국 노동자, 민중이 허리띠를 졸라매게 하는 것이
었다. 한국의 IMF협약이 다른 나라와 구별되는 것은 IMF 역사상
전무후무하게 외채탕감이 전혀 없었다는 점이다. 월스트리트로 대
표되는 초국적 금융자본은 어떤 피해도 보지 않고 1997년 "역사상
최고의 해"를 만끽했다. IMF 프로그램은 한국을 구제하는 것이 아

니라 미국, 유럽, 일본 은행을 구제하는 것이 목적이었고, 더 나아가 한국경제를 개방해 지구적 자본주의에 완전히 통합함으로써 이후 초국적 자본이 마음껏 이윤 추구를 할 수 있게 만드는 것이었다. 이 과정을 주도한 미국의 클린턴 대통령은 1998년 1월 자신의 정치참모였던 딕 모리스와의 전화통화에서 이를 솔직히 고백했다.

> "지금 나는 우리가 하고 있는 일들이 과연 한국인들에게 옳은지 어떤지 잘 모르겠다. 우리는 지금 그들(한국)에게 실업자를 양산하도록 강요하는 것은 물론, 외국인들이 한국 기업을 사들이도록 하고 있다. 지금 우리(미국)가 그들(한국)에게 강요하는 것은 사실, 미국에서조차도 결코 받아들이지 않을 자본주의적 관행이 아닌가?"(《월간조선》 2006년 6월)

실제로 IMF 프로그램은 외국자본에게는 최상의 바겐세일을, 한국인들에게는 대량 도산과 실업을 의미했다. 결국 IMF 사태로 인한 모든 피해는 노동자, 민중에게 떠넘겨졌다. IMF 사태의 성격이 이러했기 때문에 당시 미국의 주요 언론은 한국에서 IMF가 강요한 개혁에 저항해 노동조합들이 파업을 벌이거나 해고 사태로 인해 폭동이 일어날 것을 우려했다. 심지어 미 CIA도 IMF 프로그램의 혹독한 결과 때문에 한국의 여론이 IMF 구제금융을 '트로이의 목마'로 비난하며 반발할 것으로 예측하는 보고서를 1997년 12월 20일 제출했다. 그런데 한국은 뜻밖에도 IMF에 순응했다. 한국의 지배계급은 IMF 사태를 한국경제를 신자유주의체제로 전환하는 계기로 활용하고자 미국과 IMF를 비판하지 않았고, 오히려 초국적 자본세력에 투항해 그 요구를 100% 받아들였다. 또 노동계급을 대표하는 민주노총과 노동운동은 방향을 제대로 잡지 못하고 주저앉았기 때문에 아무런 저항을 하시 못했다.

한국 지배계급은 주도분파인 재벌의 이해관계에 따라 대응방향을 잡았다. 전경련은 IMF 사태의 원인을 정부 책임으로 돌리고 대안도 신자유주의체제로 전환할 수 있는 정부개혁에서 찾았다. 전경련은 11월 24일 발표한 '새 정부 정책 과제' 보고서에서 당시 경제위기를 "정부가 고비용−저효율 경제구조를 제때에 개혁하지 못한데다 정부의 정책 실기가 누적된 탓"으로 진단하고, "시장경제 원리와 세계화라는 두 가지 기본틀을 토대로 대내외 경쟁력을 강화해 나가야 한다"고 주장했다. 재벌이 IMF 사태를 신자유주의체제로 전환하는 계기로 활용하려는 입장은 삼성 이건희에 의해 더 노골적으로 드러났다. 삼성 이건희는 1997년 12월 7일자 〈동아일보〉와의 인터뷰에서 "정책실패, 외교미숙, 국제통화 흐름에 대한 무지, 경제실상에 대한 홍보 미숙 등이 복합적으로 작용해 오늘의 위기가 비롯했다"며 IMF 사태의 책임을 정부에 돌리고, "경제를 관치논리, 정치논리, 여론논리의 족쇄로부터 해방해 기업들이 경제논리대로 자유롭게 움직일 수 있게 해주어야 한다"며 자유시장경제 원리를 대안으로 제시했다. 또한 위기탈출의 구체적 방안으로 재계의 자율적인 구조조정(전경련을 중심으로 기업 간 사업 구조조정), 은행의

한국의 IMF사태를 지휘한 미국 클린턴 대통령과 루빈 재무장관. 사진: Flickr

민영화와 자율경영을 제안했다. 이건희의 이런 제안은 이후 김대중 정부에 의해 그대로 실시되었다.

지배계급의 이런 입장은 수구·보수언론을 통해 "국난을 극복하자", "경제체질 강화를 위해 전화위복의 기회로", "빚을 갚을 때까지 허리띠 더 졸라매야" 등으로 표현되었고, 이런 '경제 살리기' 이데올로기 공세대로 여론이 형성되었다. 그런 결과의 대표적인 예가 대한제국 시기의 국채보상운동과 비슷한 국난 극복 차원의 '금모으기 운동'이었다. 지배계급의 여론 공세가 먹혀들어 시작한지 한 달 만에 243만 명이 이 운동에 동참했다.

한편, 노동운동은 IMF 사태가 급속히 진행되는 과정에서 전혀 갈피를 잡지 못했다. 민주노총은 졸속 창당한 '국민승리 21'의 '국민

후보'로 권영길 민주노총 위원장을 내세워 선거운동에 몰두했으나 완전히 실패했고, 경제위기와 외환위기 속에서 진행된 노동자, 민중에 대한 공격에 전혀 대비하지 못했다. 민주노총은 한국노총과 함께 노사정위원회에 참여해 1998년 1월 20일 '경제위기 극복을 위한 노사정 간의 공정한 고통분담에 관한 공동선언문'에 합의했는데, 이는 민주노총 주요 대사업장에서 감원과 임금삭감 등 대규모 구조조정에 맞서 총파업투쟁을 준비하던 현장의 흐름을 거스른 것이었다. 민주노총 지도부는 더 나아가 2월 6일 정리해고제/근로자파견제의 도입을 전교조 합법화, 공무원 직장협의회 설치, 노조 정치활동 보장 등을 핵심으로 하는 노동기본권 조항과 맞교환하는 방식으로 노사정 협상을 타결했다. 이는 민주노총 대의원대회에서 부결되었고 지도부는 총사퇴했다. 그리고 총파업투쟁을 위한 비상대책위원회가 꾸려졌으나 2월 13일 예정된 총파업은 투쟁동력 부족을 이유로 전날 철회됨으로써 좌절되었다. 그 결과, 계급 간 세력관계는 내외 지배계급의 우위로 크게 기울었다.

미국을 중심으로 한 초국적 자본세력이 한국의 경제위기를 외환위기로 내몰아 IMF 구제금융을 신청하도록 유도했고, IMF협약을 통해 신자유주의 구조조정을 강제함으로써 한국경제를 신자유주의체제로 전환시킨 'IMF 사태'는 이처럼 한국의 지배계급은 물론이고 노동자, 민중의 저항도 없이 초국적 자본세력의 뜻대로 관철되었다. IMF 사태를 김영삼 정권 시기의 계급 간 세력관계의 맥락에서 보면, 재벌이 적극 추동한 노동 유연화 목적의 노동법 개정이 노동계급의 총파업을 불러일으킬 정도로 계급 간 대치가 여전한 상태에서 재벌과 김영삼 정권이 'IMF-미국-초국적 자본' 세력에 투항함으로써 신자유주의체제로의 전환을 굳히는 계기로 활용한 것이다. 이 점에서도 재벌의 이해관계가 가장 크게 작용했다. 재벌은 IMF 사태를 계급 간 세력관계에서 노동계급에 대한 우위를 제도적으로 굳힐 뿐 아니라 지배계급 내 세력관계에서도 국가권력에 대한 우위를 제도적으로 굳히는 계기로 활용했다. 요컨대, 계급 간 세력관계의 맥락에서 보면, IMF 사태의 본질은 내외 초국적 자본세력, 즉 한국계 초국적 자본인 재벌과 미국·일본·유럽계 초국적 자본세력의 한국 노동자, 민중에 대한 신자유주의적 공격이라 할 수 있다. 그런데 내외 초국적 자본세력의 이런 협공인 IMF협약에 대해 한국 노동계급이 맞서 싸우지 못함으로써 그들의 구도대로 관철된 것이다.

한국경제는 이제 신자유주의체제로 전면적으로 전환되었다. 1987년 6월 민주항쟁과 7~9월 노동자대투쟁으로 박정희체제가 붕괴한 이래 10년 넘게 진행된 한국사회의 방향을 놓고 벌인 계급투쟁과 지배계급 내 세력경쟁이 일단락되면서 한국경제는 국가 주도의 파쇼적 재벌체제에서 재벌 주도의 신자유주의적 재벌체제로 바뀌게 되었다. 정치적으로는 군사독재체제에서 재벌독재체제로 변화했다. 그 결과는 사회 양극화와 그에 따른 노동자, 민중 삶의 파탄인 '헬조선'이다.

6장

신자유주의적 재벌체제:
재벌독재체제(1997~)

지구적 자본주의의 위기와
세계적 거품경제(1997~2007)

1980년대 이래 '지구적 자본주의' 또는 신자유주의 시대 경제의 특징은 사회 양극화와 저성장, 그로 인한 경제의 금융화와 부채경제화, 그리고 제한된 세계시장을 둘러싼 경쟁의 격화 등으로 나타났다. 현재 진행중인 자본주의 제4차 구조위기인 21세기 세계장기불황은 2008년 세계금융공황으로 갑작스럽게 발발한 것이 아니었다. 위기 조짐은 10여 년 전부터 나타나기 시작했다. 1980년대 초에 수립된 신자유주의적 자본주의, 즉 '지구적 자본주의'는 안정적인 축적체제를 구축하지 못했다. 왜냐하면, 신자유주의적 자본주의하에서 자본주의의 고유한 모순인 노동계급의 빈곤화, 과잉생산경향 등이 더욱 극단화된 형태로 나타났기 때문이다. 그 결과, 일찍이 1990년대 말부터 과잉생산 위기가 나타나기 시작했다. 그 후 10년 동안 IT거품 성장과 붕괴, 주택거품 성장과 붕괴를 거쳐 2008년 세계금융공황에 이르게 되었다.

한편, 사회 양극화, 즉 노동계급의 빈곤화로 인한 만성적 저성장은 경제의 투기화를 가져와 이른바 '카지노 자본주의' 시대를 열었다. 과잉자본의 금융적 투기화는 외환시장, 채권시장, 주식시장 등 각종 자본시장에서 투기를 활성화함으로써 경제의 투기화를 가져왔다. 이는 거품성장과 붕괴를 반복적으로 초래했다. 초국적 금융자본의 제3세계에 대한 투기적 대출이나 주식·채권에 대한 투기에 의해 제3세계 나라들에서 거품성장과 붕괴가 자주 나타났다. 1990년대 말부터는 선진국에서도 IT와 주택에서 거품성장과 붕괴가 나타났다. 다른 한편, 가계와 기업의 부채경제화가 심화했다. 가계의 부채 증가는 신자유주의체제 아래 이루어진 착취 강화에 따른 필연적 현상이자, 부분적으로는 정책적으로 유도된 투기의 결과다. 1980~2007년 미국의 가계부채는 가처분소득 대비 70%에서 135%로 2배 증가했다. 기업에서는 특히 금융회사들의 부채가 투기를 위해 급증했다. 1980~2007년 미국 금융부문의 부채는 GDP 대비 25%에서 121%로 무려 5배나 증가했다.

1990년대 전반기에 동아시아 지역에서는 투자열풍이 일어났고, 산업투자 지출이 GDP의 40%에 육박했다. 투자처를 찾지 못한 세계의 과잉자본이 1990년대 전반기에 동아시아에 집중적으로 투자되었다. 이는 컴퓨터칩, 자동차, 반도체, 화학, 철강, 석유화학, 섬유광학 등에서 엄청난 규모의 과잉설비와 과잉생산을 유발했다. 이런 투기적 축적에 의한 과잉생산은 결국 1997년 동아시아 경제위기를 초래했다. 1997년 태국, 말레이시아, 한국, 필리핀. 인도네시아 등에서 발생한 동아시아 경제위기는 바로 이 과잉투자·과잉축적 때문이었다.

한국을 비롯한 동아시아 지역의 경제위기는 점차 전 세계로 확산했다. 처음에는 여타 제3세계로, 그리고 나중에는 미국으로 확산되었다. 1997년 동아시아 경제위기는 1998년 러시아 경제위기와 디폴트(채무불이행) 선언, 그리고 그 여파로 인한 미국의 롱텀캐피털 매니지먼트(LTCM) 헤지펀드의 파산과 긴급구제금융, 1999년 브라질 경제위기와 중남미 지역으로의 확산, 2000년 미국의 IT거품 붕괴와 IT기업들의 파산, 2000~2001년 아르헨티나의 경제위기 등으로 이어졌다. 이런 경제위기들은 세계 중앙은행들이 강력한 경기부양책으로 대응하고 세계의 투자가 중국으로 급속히 이동함에 따라 일정하게 조절·통제될 수 있었다.

한편, 1990년대 전반기에 신자유주의 세계화 공세가 전면화·가속화되었고, 그로 인해 노동자·민중의 삶이 황폐화되고 파괴되자, 이에 맞서 세계적 차원에서 노동자·민중의 저항이 다시 시작되고 또 점차 격화되었다. 예컨대, 1994년 북미자유무역협정(NAFTA)으로 인해 삶의 터전을 빼앗기게 된 멕시코 원주민의 무장봉기(사파티스타 투쟁), 1995년 신자유주의 구조조정에 반대한 프랑스 공공부문 총파업 투쟁, 1996년 한국 노동자들의 정리해고 반대 총파업 투쟁, 1999년 세계무역기구(WTO) 각료회의에 반대하는 시애틀 대규모 시위(7만여 명이 참여했고, 회의를 무산시켰다) 등을 대표적 사례로 들 수 있다. 1999년 시애틀 시위 이후 반신자유주의·반세계화

시위가 세계적으로 확산되었다.

1990년대 말 나타나기 시작한 과잉생산 위기에 대응해 초국적 자본/제국주의 세력은 우선 저금리와 신용팽창으로 거품을 조성하고 그에 의한 거품성장으로 과잉생산 위기를 늦추려 했다. 처음에는 IT거품 성장을 조성했고, IT거품이 2000년 붕괴해 경제위기에 빠지자 다시 초저금리와 신용팽창을 통해 주택거품을 조성해 2006년까지 거품성장을 지속함으로써 과잉생산 위기를 지연시켰다. 동시에, 초국적 자본과 제국주의 세력은 경제위기의 구조적 성격에 대응하기 위해 신자유주의 세계화 공세를 더욱 강화했다. 정리해고, 임금삭감, 노동강도 강화 등 구조조정 공세를 더욱 밀어붙임으로써 착취를 강화함과 동시에 노동자·민중의 저항을 억압하고 탄압하기 위해 '테러와의 전쟁'을 명분으로 민주적 기본권을 억압했다. 또한 대외적으로 세계화를 거부하는 제3세계 나라들에 대한 침략전쟁으로 경제위기의 돌파구를 찾으려 했다. 2001년 미국의 부시정권이 이를 주도했다. 미 부시정권은 2001년 9.11테러를 계기로 '테러와의 전쟁'을 선포하고 신자유주의 세계화를 위한 제3세계 침략전쟁에 나섰다. 2001년 아프가니스탄 침략전쟁, 2003년 이라크 침략전쟁이 그것이다.

2000년 IT거품 붕괴 후 경기회복과 성장을 주도한 것은 주택건설 산업이었다. 이 시기 경제성장률의 절반 이상은 주택가격 상승과 그에 따른 주택건설의 증대, 즉 주택경기가 만들어낸 것이었다. 그리고 주택거품 조성을 주도한 것은 금융혁신을 이룩한 은행들이었다. 부시 정부는 클린턴 정부의 주택보유 증대 정책을 이어받아 '아메리칸 드림(American Dream)'이라며 주택보유를 정책적으로 부추겼다. 주택가격의 지속적 상승을 밑받침한 것은 주택담보대출 채권을 증권화해 그것을 파생금융상품으로 만든 '금융혁신'이었다. 이 파생금융상품을 통해 주택대출 자본이 투기적으로 공급되었다. 주택거품과 관련해 가계부채와 모기지증권이 2000년 이후부터 2008년까지 급격히 증가했고, 그 규모는 비금융법인의 부채를 크게 초과했다. 또 모기지증권은 2008년 세계금융공황 직전에는 정부부채 규모보다 더 커졌다. 주택거품은 결국 터질 수밖에 없었다. 2003년 당시 1%에 머무르던 기준금리가 2004년부터 오르기 시작해 2006년 6%까지 인상되자, 고금리를 감당하지 못한 저소득 주택구매자들(비우량 주택융자)이 상환 부도를 내기 시작했다. 2006년 주택을 산 미국 흑인 중 56%가 나중에 자신의 집을 압류당했다. 이렇게 2006년 상반기에 정점이던 미국의 주택가격이 그해 하반기부터 하락하며 주택거품은 꺼지기 시작했다. 주택거품이 붕괴하자 그와 연관된 파생금융상품도 2007년부터 연쇄적으로 붕괴하기 시작했다. 이제 금융거품이 붕괴하면서 2008년 세계금융공황이 일어났다.

다른 한편, 초국적 자본과 제국주의 세력이 추진했던 제3세계 침략전쟁도 경제위기의 돌파구가 되지 못했다. 미국이 주도하고 유럽이 참여한 아프가니스탄, 이라크 침략전쟁은 이들 나라를 무력으로 점령하는 데는 성공했으나, 아프간·이라크 민중의 저항으로 인해 지정학적 요충지이자 자원의 보고인 두 나라에 친미·친서방 정권을 수립하고 경제적으로 약탈한다는 소기의 목적을 달성하는 데는 실패했다. 그러나 그 폐해는 심각했다. 아프가니스탄 전쟁에서 60~200만 명의 민간인이 희생되었고, 500만 명의 난민이 해외로 피난했다. 또 이라크 전쟁에서 최대 100만 명이 사망했을 것으로 추정된다. 이처럼 21세기 들어 자본축적의 위기가 나타나고 신자유주의 공세가 강화되며 미·유럽 제국주의가 제3세계 침략전쟁에 나서자, 이에 맞선 세계 노동자·민중의 투쟁은 더욱 대중적으로 퍼지고 급진화되었다. 2001년부터 '또 다른 세계는 가능하다'는 반(反)자본주의 구호 아래 '세계사회포럼'이 개최되어 매년 수만 명이 참가하는 등 신자유주의 반대 투쟁이 널리 퍼졌다.

한편, 중남미 나라들의 외채위기는 노동자·민중의 급진적인 저항을 불러일으켰다. 아르헨티나 노동자·민중은 2001년 수차례의 민중봉기로 제국주의/초국적 자본세력의 압력에 굴복해 신자유주의 정책을 강행했던 아르헨티나 정권을 세 차례나 붕괴시키면서 대규모 외채탕감을 이끌어냈다. 볼리비아에서는 2000년부터 2005년까지 신자유주의 정권의 물·가스·석유의 사유화 시도에 맞서 노동계급과 원주민 공동체들이 연대하여 봉기 수준의 대중항쟁을 통해 세 명의 대통령을 연이어 퇴진시키고 2005년 말 원주민 출신 에보 모랄레스가 대통령에 당선되었다. 노동자·민중의 이런 고양된 투쟁 속에서 2004년 사회주의적 호혜무역을 지향하는 중남미 8개국의 '아메리카 민중을 위한 볼리바르 동맹(ALBA)'이 쿠바와 베네수엘라의 주도로 출범했다. 베네수엘라는 2006년 '21세기 사회주의'를 지향한다고 공개적으로 천명하는 등 베네수엘라의 볼리바르 혁명은 더욱 급진화했다.

선진국에서도 신자유주의 반대투쟁이 활발해졌다. 프랑스에서 2005년 이주노동자들이 모여 사는 대도시 변두리 지역에서 유색인종 청소년들이 3주 동안 차량 1만여 대를 방화하고 파괴하는 저항이 발생했다. 2006년에는 프랑스 정부가 실업 대책으로 25세 이하청년노동자의 저임금과 해고의 자유를 허용한 노동 유연화 법안인 '최초고용계약법'을 제정하자 노동자·학생의 대규모 파업과 시위(최대 규모 300만 명의 참가)가 몇 달 동안 벌어졌고, 정부가 결국 이 법안을 폐기함으로써 노동자·학생의 연대투쟁이 승리했다. 이 투쟁에는 대학생뿐만 아니라 고등학생까지 대거 참여했다. 이처럼 21세기 들어 세계 노동자·민중의 투쟁은 더욱더 확산하고 급진화되었다.

김대중 정권과 신자유주의 구조조정을 통한
신자유주의체제로의 이행

IMF 사태 직후의 상황은 말 그대로 IMF의 '경제신탁통치'였다. 한국은 '경제주권'을 상실하고 '경제식민지'로 전락했고, 한국경제는 2년간의 IMF의 경제신탁통치 하에서 제도개혁과 4대 부문 구조조정을 통해 신자유주의체제로 전환되었다. 김대중 정권(1998~2002)

은 다른 나라에서는 20여 년에 걸쳐 이루어진 신자유주의 구조개혁을 단 5년 만에 '압축개혁'을 통해 이룩했다. 이 시기 한국의 지배계급은 재벌을 중심으로 신자유주의 세계화 논리를 새로운 지배원리로 받아들였다. 재벌이 가장 능동적으로 자신의 지배력을 강화하는 이데올로기이자 전략으로 받아들였고, 수구 보수 정치세력은 물론이고 김대중으로 대표되는 자유주의 보수세력도 마찬가지였다. 김대중은 '대중경제론'을 버리고 신자유주의를 받아들임으로써 미국의 '비토'에서 벗어날 수 있었고, 수구 보수세력인 자민련과 연합해 겨우 집권할 수 있었다. 저항도 제대로 못 해보고 IMF사태를 통해 신자유주의 구조조정의 고통을 직접 겪은 노동자, 민중에게 신자유주의 세계화는 피할 수 없는 대세로 여겨졌다. 신자유주의 세계화는 한국사회의 지배이데올로기로 자리 잡았다.

신자유주의 구조조정과 신자유주의의 제도화는 계급 간 세력관계에서 내외 초국적 자본세력의 우위를 확고하게 굳혔다. 이후 노동계급과 노동운동은 갈수록 수세에 몰리게 되었다. 개별 재벌들은 구조조정 과정에서 치열한 경쟁과 전략의 차이에 따라 운명이 달라졌다. 30대 재벌 가운데 16개 재벌이 전체 또는 부분 해체되었고, 재계 서열도 바뀌었다. 재벌 전체로 보면, 신자유주의 구조조정과 제도화가 국가권력에 대한 자본의 우위를 제도화했기 때문에 내외 초국적 자본의 주도가 제도화되었다. 외국계 초국적 자본의 움직임은 금융시장에서의 운동으로 간접적으로 드러나므로, 표면적으로 나타나는 것은 재벌, 즉 한국계 초국적 자본의 주도로 나타났다. 재벌은 김대중 정권을 거치면서 한국사회의 실질적 지배분파로 확실하게 자리 잡았고, 이후 한국사회를 실질적으로 주도했다. 특히 재벌 가운데서도 삼성의 독주가 시작되었다. 김대중 정권이 실행한 구조조정의 실질적 주체는 초국적 자본세력이었고, 김대중 정부는 초국적 자본세력의 집행자 역할을 충실히 수행했다. 초국적 자본세력은 구제금융을 무기로 한국경제를 지배하기 위해 4대 부문(금융·기업·노동·공공) 구조조정을 강제했다.

김대중 정권이 3년간 실시한 4대 부문 구조조정의 내용을 좀 더 구체적으로 살펴보자. 먼저 금융 구조조정은 '시장 주도' 또는 '금융기관 주도' 구조조정 실시를 위해 가장 먼저 이루어졌다. 부실 금융기관 정리와 구조조정에 공적자금 150조 원이 투입되었고, 금융노동자 20% 이상인 3만 명이 정리해고되었다. IMF가 엄격한 BIS(자기자본비율) 기준을 강요함에 따라 금융기관들이 모두 외자유치에 적극 나섰고, 그 결과 국내 민간은행 11개 중 7개에서 외국인이 제1대 주주가 되었다(제일, 외환, 주택, 국민, 신한, 하나, 한미 은행 등). 초국적 자본은 국내 민간은행의 70% 이상을 장악했다. 5대 재벌은 제2금융권 금융계열사를 통해 막대한 자금을 흡수해 이를 불법적으로 다른 계열사들에 배분함으로써 구조조정을 회피했다.

다음으로, 기업 구조조정은 사실상 중견대기업 이상의 재벌 구조조정이었다. 5대 재벌(현대, 삼성, 대우, LG, SK)은 정부와 직접 대화를 통해 '빅딜'과 자율적인 구조조정 형태로 기업 구조조정을 진행하는 특혜를 받았다. '빅딜'은 사업 전문화와 중복·과잉투자 축소로 국제경쟁력을 강화하기 위한 재벌 사이의 사업교환을 의미했다. 과잉투자 해소, 재벌 기업지배체제 개혁 등 재벌개혁을 위해 부실 기업 퇴출 작업이 진행됐으나, 실제 재벌 대기업들은 퇴출 대상에 포함되지 않았고, 퇴출 대상들도 대부분 다른 계열사와 합병하는 형태로 정리되었기 때문에 재벌의 과잉투자 해소와는 거리가 먼 숫자놀음의 성격이 강했다. 부채비율의 경우 주로 자산재평가나 계열사 사이의 유상증자 방식으로 이루어졌기 때문에 부채총액은 크게 줄지 않았고, 이는 2000~2001년 현대재벌의 위기로 나타났다. 또한 재벌체제의 고질인 재벌 총수 독재경영체제는 전혀 변하지 않았다. 외형상 김대중 정권이 금융제재 위협으로 기업 구조조정을 관철했을 뿐 내용적으로는 실질적인 개혁이 이뤄지지 않았다.

그러나 재벌 간에는 사활을 건 경쟁이 벌어졌다. 특히 자동차와 반도체 부문을 놓고 5대 재벌이 치열하게 경쟁한 결과, 재벌의 운명이 달라졌다. 경제위기에도 불구하고 부실기업을 인수해 사업을 확장하려던 대우와 현대는 몰락한 반면, 무노조 전략과 함께 신속한 구조조정을 진행한 삼성은 국내 최대 재벌로 올라섰다. 삼성전자는 무노조를 이용해 종업원 3분의 1을 정리해고했고, 비핵심사업부문을 매각했다. 삼성의 구조조정본부는 "IMF 관리체제 하에서 철저한 구조조정을 주도하여 그룹 임직원 20만 명 가운데 6만명을 정리했다. 인건비만으로 1조 원을 절감하여 위기탈출에 기여했다"(김용철, 2010: 156). 또한 전 임직원 급여를 20% 삭감하고 보너스를 반납하게 했다. 삼성은 이런 가혹한 구조조정을 통해 삼성의 상장 계열사들이 2000년 9월 한국 주식시장 시가총액의 21.2%를 차지하게 만들었다. 그리고 삼성은 2001년 재벌 1위를 차지했고, 초국적 기업으로 국제적으로도 두각을 나타내기 시작했다. 2001년 이래 삼성은 부동의 재벌 1위를 차지하고 있고, 재벌 가운데서도 독보적 위치를 확보했다.

공공부문 구조조정은 민영화(사유화)와 경영혁신을 중심으로 추진되었다. 포항제철, 국정교과서, 한국중공업, 한국종합기술금융, 남해화학 등의 민영화가 완료되었고, 한국통신, 한국전력, 담배인삼공사, 지역난방공사, 가스공사 등의 민영화가 추진되었다. 공공부문(중앙정부, 지자체, 공기업, 산하기관)에서 1998년부터 2000년까지 13만여 명의 인원감축(정원의 18.7%)이 이루어졌고, 퇴직금 누진제 폐지와 같은 복지후생 후퇴가 추진되었다. 명분으로 내세웠던 자율경영, 책임경영 등의 강화는 구호에 그쳤고, 낙하산 인사 등의 기존 관행은 여전했다.

4대 부문 구조조정에서 가장 성공적이었던 것은 노동부문 구조조정이었다. 고용과 임금의 유연화가 급속하게 진전되었다. IMF 사태와 경제위기 극복이라는 여론몰이로 정리해고제가 법제화된 이후, 경제불황과 맞물리며 수백만의 노동자가 길거리로 쫓겨났다. 그뿐만 아니라 비정규직 고용이 급격히 증가해 이제 정규직 고용을 능가하게 되었다. 공식 통계상으로 1999년 말에 이미 비정규직이 전체 고용의 53%를 차지하게 되었다. 성과급제가 전 업종으로 확산하고, 노동강도는 강화되었으며, 실질임금 수준 등 근로조건은 악화되었다. 신자유주의 시대의 이른바 '유연화—착취'를 위한 제도와 관행이 빠르게 뿌리내렸다. 노동부문 구조조정이 이처럼 성공적이었던 데는 김대중 정권이 '노사정위원회'를 통해 민주노총을 교란해 투쟁력을 흩트리는 한편, 노동자 투쟁에 공권력을 투입하는 등 탄압으로 일관했기 때문이다. 다른 한편으로 민주노조운동은 재벌과 김대중 정권의 정리해고 공세에 대해 공동투쟁으로 맞서지 못하고 개별 사업장별로 대응해 각개격파 당했기 때문이다. 대표적인 것이 1998년 8월 현대자동차의 정리해고 파업투쟁의 패배였다. 현대자동차는 1998년 한 해 동안 1만 명 이상의 노동자를 해고했다. 만도기계 파업에 대해 김대중 정권은 경찰을 투입해 폭력 진압했고, 42명을 구속했다. 현대자동차의 구조조정 저지 투쟁이 패배한 후 민주노조운동 내에는 패배주의가 확산되었고, 노동운동이 무력화되면서 노사협조주의가 확산했다. 김대중 정권은 이후 민주노조의 구조조정 저지 투쟁에 공권력을 투입한 폭력 진압을 반복했다. 김영삼 정권 때보다 더 많은 노동자가 구속되었고, 손배·가압류는 김영삼 정부 때의 수억 원에서 50개 사업장 1,776억 원(2003년 1월)으로 크게 늘었다. 또 다른 '민주정부'인 노무현 정부에서도 이런 추세는 이어졌다. 이처럼 노동계급에 대한 신자유주의 구조조정은 김대중 정권이 폭력적인 방식을 동원함으로써만 관철될 수 있었다.

김대중 정권의 4대 부문 구조조정 실시 이후 신자유주의적 구조조정은 한국경제에서 일상화되었다. '상시 구조조정'이 자리 잡혔다. 외국계 초국적 자본은 금융산업과 주식시장을 장악하며 한

IMF 이후 실업사태가 본격화되면서 거리로 내몰린 실직자들이 지하철 통로에서 노숙을 하고 있다.
1998년 6월. 사진: 연합뉴스

국경제의 또 다른 주인으로 등장했고, 점차 주요 기간산업과 알짜
기업들을 장악해 들어갔다. IMF협약으로 자본시장이 전면 개방되
자 초국적 자본의 한국에 대한 투자가 1998년부터 물밀 듯이 들
어왔다. 1998~2000년 3년 간 620억 달러(외국인 직접투자 401억 달
러, 외국인 간접투자 219억 달러)가 들어왔다. 이는 1962~1997년 외
국인 자본투자 누적액이 246억 달러였고, 세계화 정책이 실시된 이
후인 1995~1997년 3년간의 외국인 투자가 200억 달러였음과 비교
하면 엄청난 증가였다. 2004년에는 누적 외국인 투자액이 1,000억
달러를 넘어섰고, 외국인 직접투자 순유입액 규모가 세계 19위까지

올라갔다. 외국인의 간접투자(포트폴리오투자)는 대기업에 집중되었다. 그 결과, 국내 주요 시중은행의 외국인 지분율은 1999년 35.5%에서 2006년 64.8%에 이를 정도였다. 우리금융지주회사를 제외한 KB지주, 신한지주, 하나지주, 외환은행 등 주요 상업은행과 은행지주회사에서 외국인이 주요 주주가 되었다. 세계적으로 은행을 외국자본에 넘긴 경우는 한국과 멕시코 두 나라뿐이다. 또한 삼성전자·포스코·현대자동차 등 주요 알짜기업의 외국인 지분율도 50%를 넘었다. 10대 그룹 전체에 대한 외국인 지분율도 50%에 육박했다. 2000년대 말까지 외국인들의 주식시장 지분율은 30~40%를 차지해 한국 주식시장의 외국인 지분율은 2004년 6월 말 세계 4위까지 올랐다.

이제 은행과 기업의 운영 원리도 신자유주의 원리인 '단기수익성 제고'와 '재무건전성'으로 바뀌었다. 재벌 대기업의 운영도 기존의 목표인 사업 다각화와 공격적 투자를 통한 외형 및 시장점유율/매출 확대에서 재무건전성(현금흐름 증가, 부채비율 감축, 수익성 제고)과 노동 유연화 및 사업 전문화로 바뀌었다. 그에 따라 정리해고와 비정규 노동자 고용을 통한 노동비용 감축, 그리고 사내유보금으로 투자자본을 조달함으로써 금융비용을 줄이는 방향으로 기업을 운영했다. 이처럼 개별 자본 단위의 미시적 경제패러다임도 신자유주의 원리로 바뀌었다. 그 결과는 신자유주의 경제에 전형적인, 사회 양극화와 노동자·민중 생활의 파탄, 산업의 양극화와 경제의 불안정화 등으로 노무현 정권 시기에 신자유주의적 위기로 표출되기 시작했다.

IMF 사태 와중에 집권한 김대중 정권 5년 동안 한국사회는 신자유주의 체제로 완전히 바뀌었다. 한국의 지배계급은 초국적 자본세력에 투항했다. 노동자, 민중은 초국적 자본세력의 공격에 제대로 저항하지 못했다. 그 결과 초국적 자본세력은 무혈입성했다. 시장개방과 자본 자유화가 제도화됨에 따라 한국경제는 초국적 자본이 마음껏 이윤을 추구할 수 있게 지구적 자본주의로 전면 통합되었다. 부분적으로는 투기적 초국적 자본의 놀이터가 되었다(예컨대, 제일은행, 한미은행, 외환은행을 각각 헐값으로 인수해 '먹튀'한 투기적 '벌처펀드'인 뉴브릿지캐피탈, 카알라일, 론스타). 가장 중요한 결과는 무모한 초국적 자본화 전략으로 경제위기를 초래한 주범인 재벌이 IMF 사태를 오히려 기회로 삼아 신자유주의 세계화 전략을 완성했다는 점이다. 재벌은 개별 초국적 자본으로서는 외국계 초국적 자본세력과 경쟁하고 저항해 재벌개혁을 무산시켰지만, 계급적으로는 'IMF-미국-초국적 자본' 세력과 일체가 되어 한국사회에 신자유주의 패러다임을 제도화하는 데 성공했다. 재벌은 국가권력과의 주도권 경쟁에서 승리했을 뿐 아니라 더욱 중요하게는 노동계급과의 계급투쟁에서 승리했다. 이제 한국경제는 박정희체제와 파쇼적 재벌체제에서 신자유주의적 재벌체제, 즉 재벌독재체제로 전환되었다. 살아남은 재벌들은 이후 노무현 정권에서 날개를 달고 초국적 자본으로 도약할 수 있게 되었다.

또 한 가지 주목할 점은 한국경제를 신자유주의체제로 전환하는 데 자유주의 보수 정치세력이 앞장섰다는 점이다. 한국의 자유주의 보수세력은 지난 군사독재정권 시기, 즉 박정희체제에서는 자유주의 세력으로 군사독재에 맞서 노동자, 민중과 함께 저항했다. 그러나 자유주의 보수세력은 정권교체를 통해 집권해 지배계급으로 들어가자 내외 초국적 자본세력의 이해관계를 대변하게 되었다. 그리고 노동자, 민중에 맞서 폭력적으로 신자유주의체제로 전환하는 데 앞장섰다. 신자유주의적 재벌체제에서 이제 더 이상 자유주의 보수 정치세력은 노동자, 민중의 우군이 아닌 것이다. 자유주의 보수 정치세력은 신자유주의적 재벌체제의 정치적 지배세력 가운데 '비주류'로 편입되었다. 신자유주의적 재벌체제에서 자유주의 보수 정치세력의 이런 성격 변화는 군사독재하에서 형성된 기존의 민주-반민주 정치구도가 이제 바뀌었음을 의미한다.

재벌, 노무현 정권하에서
세계적인 초국적 자본으로 도약하다

노무현 정권(2003~2007)은 김대중 정권의 신자유주의 세계화 정책을 그대로 계승했다. 이 시기 재벌은 초국적 자본으로 도약하면서 노무현 정권의 신자유주의 세계화 정책을 더욱 가속하도록 추동해 신자유주의적 재벌체제를 확실하게 굳혔다. 1987년 이후 재벌의 '자유화' 시대에 재벌의 국가기구에 대한 포획이 상당히 축적되어 재벌은 노무현 정권 때 국가권력을 자신의 의도대로 움직일 수 있게 되었다. 이 작업은 주로 삼성에 의해 이루어졌다. 재벌은 노무현 정권을 날개로 삼아 세계적인 초국적 자본으로 도약할 수 있었다. 김대중 정권이 '재벌개혁'을 내세울 때 재벌은 반(反)재벌 정서에 맞서 세계화 시대에 국가 경쟁력 강화를 위한 '기업하기 좋은 나라'로 맞불을 놓았고, 이는 김대중 정권 말기에 사회적으로 먹혀들었다. 2002년 대선에서 수구정당인 한나라당이나 자유주의 보수 정당인 민주당 모두 '기업하기 좋은 나라'를 주장해 두 당 간의 정책적 차별성이 모호해졌다. 여기에는 국가 비전을 생산하는 싱크탱크로 성장해 사회적 의제 설정을 주도했던 삼성경제연구소의 영향력이 크게 작용했다.

노무현 정권은 삼성경제연구소를 싱크탱크로 삼아 국정을 운영했다. 노무현 정부의 이름인 '참여정부'는 삼성 구조조정본부 팀장회의에서 나왔다. 노무현 대통령의 취임 전인 2003년 2월 대통령직인수위원회에 삼성경제연구소의 〈국정 과제와 국가 운영에 관한 어젠다〉라는 400여 쪽 분량의 보고서가 제출되어 노무현 정권의 국정방향 설정부터 영향을 미쳤다. 노무현 정부가 제기했던 '동북아 경제 중심 국가론', '국민소득 2만 달러 달성', '산업 클러스터 조성' 등도 삼성이 선도적으로 제기한 정책 방향이었다. 노무현 정권은 삼성 출신을 정부 요직에 임명했고, 삼성을 통해 정부 관료들을 교육했다. 심지어 삼성경제연구소는 아예 정부 부처별 목표와 과제를 정해 주기도 했다. 노무현 정권과 삼성의 이런 밀착 관계 속에서 삼성은 노무현 정부의 관료들이 임기를 마치면 자리를 마련해주었다. 2003년에서 2005년까지 참여정부 출범 3년 사이에 34명의 관료가 삼성에 들어가거나 사외이사로 취직했다.

수많은 정부 정책이 삼성의 의도대로 실행되었다. 노무현 정권이 미국과의 자유무역협정(FTA)을 급하게 서두른 배경에도 삼성의 로비가 있었다. 삼성이 재경부 안을 만들면 재경부는 그에 따라 정책을 만드는 식이었다. 이 과정에서 노무현 정권에 참여한 민주화운동세력이 적극적인 역할을 했다. 노무현 정권은 5년 내내 삼성을 일관되게 옹호했다. 예컨대, 2005년 안기부 엑스파일 폭로 때 삼성과 검사, 관료, 언론, 대선 후보 간의 구체적인 정치자금 수수 내용이 들어 있었는데, 녹취록 내용에 대한 수사는 유야무야되고 불법 도청과 녹취록 폭로에 대한 처벌만 이루어졌다. 본말이 전도된 것이다. 또 2007년 삼성구조조정본부의 법무팀장이었던 김용철 변호사가 삼성의 국가권력기관에 대한 로비와 삼성그룹 내부의 비리를 전격 폭로해 삼성 특검이 설치되었지만, 이건희는 가벼운 처벌만 받았다. "권력은 시장으로 넘어갔다"는 노무현 대통령의 발언은 빈 말이 아니었다. 이 말은 신자유주의적 재벌체제 하에서 지배계급 내부의 세력관계에서 국가권력에 대한 재벌의 우위를 솔직하게 표현한 것이었다. 재벌은 실제로 국가권력을 주도했다. 이제 '재벌공화국'은 현실을 제대로 반영한 표현이 되었고, '삼성공화국'도 빈말이 아니게 되었다.

삼성은 대통령과 행정 관료, 국회의원, 사법 관료, 언론에 대한 체계적 로비와 네트워크 구성을 통해 국가기구에 영향력을 발휘했다. 특히 행정 관료에 대해 체계적으로 포섭했다. 김대중 정권 시절인 2001년부터 2013년 5월까지 주요 권력기관을 포함한 주요 부처의 고위 공무원 182명이 삼성에 영입되었다. 또한 삼성은 막대한 광고비를 통해 언론을 철저히 관리할 수 있었고, '삼성신화'를 언론을 통해 만들어냈다. 예컨대, 2007년 삼성에 비판적 기사를 실은 〈한겨레〉와 〈경향신문〉에 광고를 아예 끊음으로써 신문사 경영을 압박했듯이, 삼성의 광고는 언론사의 생존을 좌우했다. 삼성은 이렇게 국가기구와 관료들을 포섭해 국가기관을 사영화함으로써 노무현 정권 때부터 자신의 이익을 위해 온갖 불법·편법을 저질렀고, 이에 대해 거의 처벌되지 않거나 가벼운 처벌만 받았다. 재벌의 '금권정치' 시대가 열린 것이다. 삼성이 시작한 '금권정치'는 여타 재벌에 확산했고, 이명박 정권 때부터 재벌이 '법 위의 존재'로 사익을 추구하는 재벌들의 '금권정치'가 일반화되었다. 재벌은 정치자금과 관련해서도 갈수록 공세적 입장을 취했다. 2002년 대선을 앞두고 삼성그룹은 시장경제와 기업활동을 반대하는 후보 지원은 곤란하다며 선별지원 방침을 밝혔다. 재벌은 이제 자본의 이해관계를 공공연하게 정치권에 요구했고, 음성적인 정치자금 제공도 계속되었다. 재벌은 2002년 대선 때 불법 정치자금으로 한나라당 이회창 후보에게 823억 원, 민주당 노무현 후보에게 113억 원을 제공했다. 삼성은 재벌 가운데 가장 많은 정치자금을 제공했다. 이회창 후보에게 340억 원 이상을, 노무현 후보에게 30억 원을 제공했다.

사전적 의미의 금권정치란 '정치과정에서 돈을 이용하여 정치적 영향력을 행사하는 것' 또는 '부유계급이 자본의 힘으로 권력을 행사하며 정치에 영향력을 행사하는 것'을 말한다. 이 말은 고대에는 아리스토텔레스에 의해 '덕에 의한 정치'와 대비되어 '부에 의한 정치'라는 의미로 사용되었다. 이런 의미의 금권정치는 고대 그리스뿐만 아니라 각 시대와 각 나라에서도 나타났다. 17세기 이후에는 금권정치는 부유계급이 자본을 이용하여 불법과 탈법을 자행하며 정치를 지배하는 현상을 뜻했다. 일반적으로 자본주의에서 대자본이 선거자금의 조달·매수, 대표자의 정계파견 등을 통해 정부의 정책을 움직이는 것도 금권정치라고 말할 수 있다. 또한 20세기 들어 독점자본의 시대가 열리면서 금융자본과 산업자본이 결합해 한 나라의 경제와 정치를 지배하는 것을 '금융과두제(financial oligarchy)'라고 부르기도 한다. 한국 재벌의 금권정치는 자본주의에서 독점자본이 등장한 이후 일반적으로 독점자본이 경제와 정치를 지배하는 '금융과두제'를 넘어선 것을 뜻한다. 한국의 재벌이 독점자본의 한국적 형태이듯이, 한국 재벌의 금권정치는 '부유계급이 자본을 이용하여 불법과 탈법을 자행하며 정치를 지배하는 현상'이라는 의미로 사용할 수 있다.

노무현 정권은 특히 '능동적 개방'을 정책 방향으로 제시해 재벌의 세계화 전략을 성장의 주요 수단으로 삼기 위해 여러 나라와 동시다발로 자유무역협정(FTA)을 추진했다. 노무현 정권은 2005년 '선진통상국가'로 전환하는 것을 국정 목표로 설정하고 능동적 개방을 적극 추진했다. 개방화, 세계화의 대세에 저항하는 수세적 입장이 아니라 '호랑이 등에 올라타자'는 것이었다. 그 결과, 한국은 칠레(2004), 싱가포르(2006), 유럽자유무역연합(EFTA)(2006), 아세안(ASEAN)(2007), 미국(2007년 협상 타결) 등 동시다발적 FTA를 맺어 세계 GDP의 60%를 차지하는 시장과 통합되었다. 뿐만 아니라, EU 27개국, 캐나다, 인도, 멕시코 등 41개국과 FTA협상을 진행했다. 이 가운데 한미FTA는 국내 반대여론이 거셌는데도 노무현 대통령은 일부 경제관료와 함께 밀어붙여 성사시켰다. 한미FTA는 삼성이 제시한 프로젝트였다. 삼성은 한미FTA로 서비스산업부문이 개방되고 자유화되면 의료민영화, 병원의 영리법인화, 민간의료보험 확대 등으로 큰 이익을 보기 때문에 적극적으로 추진했다.

노무현 정권은 출범 직후인 2003년 김대중 정권 시절의 신자유주의 구조조정의 후유증인 '신용카드 대란'에 직면했다. 김대중 정권은 구조조정으로 인한 대량실업과 비정규직의 급증 등으로 사회 양극화 문제와 내수가 침체하자 신용카드를 남발해 가계부채를 늘려 소비를 유지하는 방식으로 대처했다. 그 결과, 신용불량자는 1996년 96만 명에서 1998년 193만 명, 2002년 264만 명, 2003년 372만 명으로 절정에 달했고, 2004년 362만 명으로 크게 줄어들지 않았다. 이후 줄어들었지만 2005년 297만 명, 2006년 280만 명으로 크게 감소하지 않았다. 신용카드 대란은 전형적인 신자유주의적 위기 증상이었다. 1,000만 원 미만 소액 신용불량자가 전체의 절반을 차지했고, 20대 청년 신용불량자가 20%를 차지했다.

IMF 사태 이후 내부를 정비한 재벌은 노무현 정권 때 세계화 전략에 따라 해외직접투자에 적극 나서기 시작했다. 한국의 해외투자액은 2004년 이후 증가하기 시작해 2006~2007년에 급증했다. 이후 한국은 매년 200~400억 달러의 해외직접투자를 지속하고 있다. 한국은 2005년부터 외국기업의 한국기업 순인수액보다 한국기업의 외국기업 순인수액이 더 커졌다. 즉, 한국기업의 외국기업을 대상으로 한 인수합병(M&A)이 더 많아졌다. 이 시기 해외직접투자의 절반 이상은 광공업(제조업과 광업)이 차지했고, 대기업의 비중이 3분의 2 정도를 차지했다. 제조업의 경우 중소기업도 대기업과 동반 진출하는 협력업체가 많다는 점을 감안하면, 해외직접투자의 대부분이 재벌 대기업에 의해 이루어졌다고 볼 수 있다. 해외직접투자는 아시아지역이 전체의 60%, 북미가 20% 정도를 차지했다. 아시아지역에서는 중국에 투자가 집중되었다. 중국이 2002년 세계무역기구(WTO)에 가입한 후 중국의 저임금과 거대한 시장을 겨냥한 재벌의 투자가 급증했다. 2004년에는 미국, 일본을 제치고 한국이 대중국 최대 투자국이 되었다. 이처럼 재벌은 중국, 미국, 동남아 지역에 주력해 진출하면서도 점차 신흥시장의 출현에 대응해 진출지역을 중동·아프리카·중남미 등 신흥시장으로 넓혀나갔다.

재벌의 세계화 전략, 즉 초국적 자본화 전략은 노무현 정권의 동시다발적 자유무역협정(FTA) 추진이라는 '능동적 개방' 방침을 발판삼아 비상했다. 삼성, 현대차, LG, SK 등 4대 재벌을 중심으로 한 재벌의 초국적 자본화가 빠르게 진전되었다. 이를 간접적으로 확인할 수 있는 것은 '국가별 글로벌 100대 브랜드' 평가다. 삼성, 현대자동차, LG 등 3개 브랜드가 2007년 총 244억 달러를 기록해 나라별 8위를 차지했다. 또한 반도체, LCD, 휴대폰, 철강, 자동차 등에서 재벌은 세계적 경쟁력을 갖추며 선두기업으로 부상하기 시작했다. 세계화 전략에서도 재벌 가운데 삼성그룹이 가장 앞섰다. 삼성의 해외자산은 2002년 약 113억 달러에서 2005년 약 174억 달러, 2010년 약 428억 달러로 크게 늘었다. 이에 따라 삼성의 전체 자산에서 해외자산이 차지하는 비중도 2002년 21.9%에서 2010년 36.2%로 크게 증가했다. 삼성의 해외판매는 2002년 283억 달러(전체 판매의 59.4%)에서 2005년 621억 달러(78.6%), 2010년 1,134억 달러(83.3%)로 늘어났다. 또한 삼성이 해외에서 고용한 인력도 2002년 2만8,300명(전체 고용의 34.3%)에서 2010년 7만2,612명(46.0%)로 대폭 늘었다. 삼성은 2002년 처음으로 세계 100대 비금융 초국적기업 93위로 올랐고, 2005년 87위, 2010년 63위로 오르는 등 세계적인 초국적 기업으로 발돋움했다. 재벌이 이처럼 초국적 자본과 고부가가치화로 가격경쟁력, 품질경쟁력을 갖추자 한국의 주력 수출 품목도 점차 고부가가치 품목으로 바뀌어갔다.

[표10] 역대 5대 수출 품목의 변화

순위	1977	1980	1990	2000	2006
1	의류	의류	의류	반도체	반도체
2	선박	철강판	반도체	컴퓨터	자동차
3	신발	신발	신발	자동차	무선통신기기
4	목재류	선박	영상기기	석유제품	컴퓨터
5	어류	음향기기	선박	선박	선박

출처: 한국무역협회, 통계청. 정구현 외(2008), 231쪽에서 재인용.

한편, 노무현 정권 때 비정규직의 수는 계속 늘어났고, 고용에서의 비중도 55%대를 유지했다. 김대중 정권 때의 신자유주의 구조조정 이래 자본이 '상시 구조조정'을 실시하면서 노동의 유연화를 추진했기 때문이다. 노무현 정권 초기부터 '사오정'(45세가 정년), '오륙도'(56세까지 직장에 있으면 도둑), '육이오'(62세까지 일하면 오적) 등이 유행어가 되었다. 노무현 정권 말기인 2007년 도입된 '비정규직 보호법'은 별 효과가 없었다. 비정규직을 2년 이상 고용할 경우 정규직으로 전환하도록 했으나, 자본이 이를 악용해 2년이 되기 전에 비정규직을 해고하는 방식으로 대응했기 때문이다. 비정규직 노동자의 처지도 더 나빠졌다. 정규직 대비 비정규직 임금비율은 2002년 8월 52.7%에서 2007년 8월 49.9%로 더 떨어졌다. 2007년 『88만원 세대』(우석훈·박권일)가 출간되면서 취업난과 더불어 저임금의 비정규직 공포에 시달리는 20대를 가리켜 '88만원 세대'라 부르는 게 유행했다.

2007년 7월 1일부터 적용된 비정규직 보호법은 입법 취지와는 달리 비정규직의 차별과 확산을 방지하기에 매우 미흡했을 뿐 아니라, 오히려 비정규직의 계약 해지, 단기계약 전환, 간접고용 전환을 통한 악용 등 비정규직을 남용하는 온갖 방식을 다 허용해 비정규직 악용의 면죄부로 작용했다. 노무현 정권의 '사회통합적 노사관계' 구축은 실제로는 재벌이 아니라 노동조합을 개혁의 대상으로 삼음으로써 김영삼 정권과 김대중 정권이 이어서 추진해온 '협력적 노사관계 확립'으로 구체화되었다. 이런 결과는 노무현 정권도 김대중 정권과 마찬가지로 신자유주의 세계화라는 자본의 전략이자 세계적 대세를 전제로 받아들이면서 '개혁'을 추진한 데서 비롯된 것이었다. 노무현 정권의 '양극화 해소'라는 개혁적 수사는 실행단계에서는 재벌에 포섭된 관료들에 의해 신자유주의 세계화 정책으로 그 내용이 채워졌다.

노무현 정권은 출범할 때 "'법과 원칙'을 세우되 '대화와 타협'의 장을 보장함으로써 자율과 책임의 노사 자치주의를 실현하는 것"을 근간으로 한 '사회통합적 노사관계의 구축'을 정책 목표로 삼았다. 그러나 2003년 6월 철도노조 파업에 공권력을 투입하고 대량 구속함으로써 이런 정책 기조는 바로 폐기되었다. 2003년 11월 손배가압류와 노동조합 탄압에 맞서 김주익, 이해남 열사가 분신으로 저항한 데 대해 "분신자살로 인해 목적이 달성되는 일은 없어야 한다"며 노동자의 목숨을 건 투쟁을 비하했고, 노동 유연화 정책으로 전면 선회했다. 노무현 정권 때 구속노동자 수가 급증했다. 2003년 204명, 2004년 337명, 2005년 109명, 2006년 187명, 2007년 215명 등 연평균 210명에 이르렀다. 이는 김영삼 정권 때의 연평균 126명, 김대중 정권 때의 연평균 178명을 훨씬 뛰어넘는 수치였다. 이들 대다수는 비정규직 투쟁 과정에서 발생했고, 또 대다수가 비정규직 노동자였다.

재벌과 노무현 정권이 일체가 되어 신자유주의 세계화를 가속할 때 민주노총을 중심으로 한 노동운동은 노사정 위원회 참여 여부를 둘러싼 내부 노선갈등으로 분열되어 위력적인 투쟁을 조직하지 못했다. 또한 재벌과 정권의 노동 유연화 공세에 제대로 대응하지 못하면서 노조 조직률은 크게 떨어졌다. 1989년 19.8%를 정점으로 계속 내리막길이었고, 노무현 정권 내내 10% 수준으로 주저앉았다. 전체적으로 보면, 한국의 노동계급은 IMF 사태 이후 지배계급에 유리하게 변화된 계급 간 세력관계를 반전하지 못한 채 재벌과 노무현 정권의 신자유주의 세계화 공세에 밀려 더욱 열악한 처지로 내몰렸다. IMF 사태 이후 김대중, 노무현 정권의 신자유주의 개혁 10년과 생활 파탄에 대해 노동자, 민중은 2007년 대선에서 자유주의 보수세력을 심판했다. 그 결과, 수구 보수세력인 한나라당으로 정권이 교체되었다.

2008년 세계금융공황과 세계자본주의의 제4차 구조위기

2008년 9월 세계금융공황이 발생하며 세계자본주의는 자본주의 역사상 제4차 구조위기인 '21세기 세계장기불황'에 들어섰다. 2008년 세계금융공황의 원인인 금융거품의 붕괴는 주택융자(모기지)를 증권화하는 연쇄관계에 따라 발생했다. 2006년 하반기부터 미국 주택가격이 하락하기 시작하자 비우량 주택융자의 연체와 차압률이 더욱 높아졌고, 이는 2007년 2~4월에 모기지 대출금융기관 위기로 나타났다. 모기지 대출금융기관들이 위기에 처하자 7~8

월경 파생금융상품인 모기지증권(MBS)과 부채담보부증권(CDO)으로 인한 금융기관의 손실이 확대되었다. 모기지 관련 헤지펀드의 파산이 줄을 잇자 선진국 중앙은행들은 긴급자금을 공급하고 금리인하 조치를 취했다. 2008년 연초부터 신용부도스왑(CDS)으로 인한 채권보증기관의 위기가 발생했다. 또한 신용부도스왑(CDS)을 다량 보유한 투자은행들은 금융부실의 확대로 위기에 몰리게 되었다. 2008년 6월부터는 미국 모기지시장이 붕괴하고 유럽까지 그 여파가 미쳤다. 결국, 9월 5일 미국의 국책 모기지기관인 패니매(Fannie Mae)와 프레디맥(Freddie Mac)이 부도위기에 몰리자 미 정부는 공적자금 2,000억 달러를 투입해 사실상 국유화했다. 이런 연쇄적인 금융거품 붕괴의 절정으로 2008년 9월 15일 미국 4위의 투자은행 리먼브러더스가 파산했다. 이는 채무가 6,350억 달러에 이르는 미국 사상 최대의 파산이었다. 이를 계기로 세계금융공황이 폭발했다.

이제 공황은 세계금융공황을 넘어 세계경제공황으로 발전해 나갔다. 2008년 4/4분기 세계 실물경제는 급격히 추락했다. 특히 미국 −6.2%, 유럽연합 −5.7%, 일본 −12.7% 등으로 세계경제의 3대 축이 급격히 위축되었다. 이처럼 2008년 세계금융공황이 세계경제공황으로 발전하자 2009년 초부터 미국의 대형 상업은행이 위기에 몰리면서 비상조치가 잇따랐다. 3월 미 연방준비제도이사회는 대규모 발권을 통해 통화를 공급하는 이른바 '양적 완화(quantitative easing)' 정책을 발표했다. 2008년 세계금융공황을 거치면서 세계

주식시장은 거의 50% 폭락했고, 이로 인해 금융자산 35조 달러가 사라졌다. 2009년에 들어서면서 전 세계 산업생산, 국제무역, 주식시장 가치의 붕괴는 1929년대 대공황 시절만큼 심각했고, 때로는 그보다 더 심했다. 특히 미국의 3대 자동차생산업체 가운데 두 개인 GM과 크라이슬러가 파산해 공적자금을 투입할 정도로 자동차산업의 공황이 심각했다. 실물경제의 급격한 추락에 따라 실업이 크게 증가했다. 미국의 경우, 2007년 12월 경기침체가 시작된 이래 440만 명이 해고되고, 매월 65만 명 이상이 일자리를 잃었다.

2008년 세계금융공황에 대해 미국, 유럽연합, 일본 등 선진국들과 중국, 인도, 브라질 등 신흥국들은 국제공조를 통해 2007년 말부터 제로 수준 저금리를 실시하고, '양적 완화'라는 이름으로 유동성(통화)을 무제한 공급했다. 또한 금융기관에 대한 구제금융(공적자금 투입)으로 세계금융시스템의 붕괴를 겨우 저지했다. 그리고 2009년부터 사상 초유의 재정지출을 통한 실물경제 부양책을 펼침으로써 세계생산시스템의 붕괴도 간신히 막았다. 이에 대해 미국의 연방준비제도이사회 전 의장 앨런 그린스펀(Alan Greenspan)은 "100년만의 홍수"라고 말했다. 이 당시의 여러 조치는 그 규모와 수준에서 자본주의 역사상 전례가 없는 것이었다. 이 시기 세계 각국 정부가 투하한 비용은 총 20조 달러가 넘을 것으로 추산되었다.

이처럼 대규모 구제금융과 경기부양책으로 세계 금융·경제 시스템은 붕괴를 모면했지만, 지구적 자본주의는 위기에서 벗어나지도 경기를 회복하지도 못했다. 공황에 따른 파산과 구조조정으로 실업률은 계속 상승해 미국, 유럽연합 모두 공식 실업률이 10%대로 증가했는데, 실질 실업률은 20%대(미국의 경우 약 18%)에 달했다. 고용감소, 임금삭감, 부채상환 부담의 가중으로 노동자·서민 가계가 허리띠를 더욱 졸라매자 민간소비가 계속 위축되어 소비수요가 감소하고 민간투자 역시 대폭 감축되었다. 이런 민간소비와 민간투자의 감소분은 경기부양책에 의한 정부지출 확대로 메웠다. 국제통화기금(IMF)의 추정에 따르면, 2009년 중반까지 이 공황으로 인한 자산가치의 손실은 55조 달러, 즉 1년 동안의 세계 GDP와 거의 맞먹는 액수에 달했다. 그러나 2009년 이후 경기가 회복되지 않은 상태에서 구제금융, 경기부양 등으로 재정지출이 급증하면서 유럽 등 대부분의 선진국은 재정위기에 직면하게 되었다.

이 시기 경제공황에 대한 국가 개입의 주요 수단은 구제금융과 '양적 완화' 정책, 그리고 경기부양책이었다. 구제금융은 금융기관과 제조기업의 부실화와 파산을 막기 위해 공적자금을 투입하는 것이다. '양적 완화' 정책은 중앙은행이 발권력을 동원해 화폐를 찍어 국채 등의 자산을 매입하는 방식으로 시중에 자금을 대량 공급하는 통화정책이다. 경기부양책으로는 사회복지 지출 확대, 정부 투·융자 확대, 세금감면 등 확장적인 재정정책을 사용했다. 이런 국가 개입의 주된 초점은 부실화한 거대 금융회사와 초국적 대기업의 파산을 막기 위해 막대한 돈을 은행과 기업에 쏟아 붓는 것이었다. 즉, 초국적 독점자본을 구제하기 위한 것이었다.

구제금융은 자본의 부채를 국가의 부채로 옮기는 것이다. 특히 금융회사에 대한 구제금융은 금융회사의 부실채권을 정부가 매입함으로써 자본의 부채를 정부의 부채로 전환했다. 결국, 부실화의 책임과 부담이 무모한 투기로 부실화를 초래한 자본가가 아닌 국민에게 떠넘겨졌다. 구제금융과 경기부양책에 소요된 천문학적인 재원은 국가채권 발행과 통화 발행이라는 두 가지 방법으로 조달되었다. 우선 경기불황에 따른 세금수입 감소 때문에 각국 정부는 대규모 채권 발행으로 정부 부채를 늘림으로써 재원을 조달했다. 2008년 세계금융공황 이후 선진국들은 특히 은행들에 대한 구제금융으로 막대한 자금을 투입해 재정적자가 크게 늘었다. 그 결과, 불과 2~3년의 재정적자 누적에 따라 국가부채가 GDP의 30%만큼이나 늘어났다. 경제위기 이전에 재정상태가 건전했던 나라들도 2010년에는 GDP 대비 100%에 육박하는 국가부채 비율 때문에 재정위기와 국가부도위기로 내몰리게 되었다. 다음으로, 통화 발행을 통한 재원 조달은 정부 채권을 중앙은행이 직접 인수하는 것이다. 미국은 막대한 재정적자를 사실상 달러 발행을 통해 조달했다. 영국, 일본도 마찬가지였다.

그런데 재정위기는 경제위기 시 곧바로 국가부도위기로 발전할 수 있다. 문제는 경제규모가 상대적으로 작은 주변국들만이 아니라 선진국들에서도 재정위기가 국가부도위기로 발전하기 시작했다는 점이다. 유럽연합(27개국) 내에서 자국통화를 발행할 수 없는 유로화 사용 나라들(17개국) 일부에서 재정위기가 국가부도위기로 발전했다. 위기는 그리스에서 제일 먼저 발생했다. 2010년 그리스에서 국가부도위기가 일어나자 2011년 포르투갈, 스페인, 이탈리아 등 이른바 PIGS 나라들로 확산했다. 유로존 제3의 경제대국인 이탈리아도 2012년부터 국가부도위기로 내몰렸다. 그리하여 유로화위기가 전면에 등장했다. 동시에, 유럽연합과 국제통화기금이 강요한 긴축정책 때문에 유럽의 재정위기는 해소되기는커녕 오히려 악화했다.

실제로는 국가부채의 규모와 수준에서 미국, 일본, 영국의 재정위기가 유로화 나라들보다 훨씬 더 심각했다. 미국은 2012년 국가부채가 16조 달러를 넘어섰는데, 이는 세계 최대 규모로 상환이 불가능한 액수였다. 선진국의 심각한 재정위기에 대해 초국적 자본/제국주의 세력은 재정 긴축정책으로 대응했다. 정부 차원에서 일차적으로 재정 긴축정책, 즉 세수를 늘리고 세출을 줄임으로써 재정적자 폭을 줄이고, 더 나아가 흑자재정을 운용함으로써 재정위기를 타개하려는 것이었다. 그 방법은 증세와 사회복지지출 삭감이었다. 그러나 이 방법은 한계가 분명했다. 불황으로 인해 기업 이윤이 감소하거나 기업 부도가 급증하고 대량실업이 발생한 상황에서 증세는 제한적이었기 때문이다. 더구나 대량실업, 임금삭감 등의 상황에서 사회복지지출의 삭감은 즉각적으로 노동자·민중의 저항에 부딪히게 된다. 따라서 선진국에서는 통화 증발 정책을 선호했다. 또한 '양적 완화' 정책으로 포장된 통화 증발은 인플레이션을 유발해 정부 부채를 국민에게 떠넘기는 방법이다. 미국은 이미 2006년부터 달러를 대량으로 찍어 달러가치를 떨어뜨렸다. 미국의 달러는 세계 기축통화이기 때문에 달러 증발을 통한 인플레이션, 즉 달러가치의 하락은 미국 국민뿐만 아니라 전 세계 노동자·민중에게 미국 부채의 부담을 떠넘기는 것이었다. 그런데 '양적 완화' 정책을 통한 통화 증발은 필연적으로 국가 간 통화가치 평가절하 문제, 즉 환율전쟁을 가져온다. '양적 완화' 정책은 미국, 영국이 주도했고, 유럽연합도 유로화 위기를 벗어나기 위해 유로화 공급을 편법으로 늘렸다. 일본도 아베 정권이 등장한 2013년부터 경기부양을 명분으로 '양적 완화' 정책에 공격적으로 나섰다. 이처럼 제국주의 국가들이 환율전쟁을 주도하고 나서자, 브라질 등 신흥국들은 환율전쟁에 대한 우려를 공개적으로 발표했다.

선진국에서는 긴축정책과 불황으로 인해 인플레이션이 아니라 오히려 디플레이션 경향이 나타났다. 원자재 가격과 일부 신흥국에서만 인플레이션이 부분적으로 나타났다. 그리고 막대한 유동성 공급과 저금리 기조가 계속되자 주식, 부동산 등 자산시장에서 다시 거품이 만들어졌다. 주식시장의 경우 2012년부터, 부동산시장의 경우 중국 등 신흥국 일부에서 거품이 나타났다. 2013년부터는 미국, 영국, 독일 등 선진국에서도 대도시를 중심으로 주택거품이 다시 나타났다. 그런데 선진국의 경제위기에 대한 정책적 대응은 금융위기를 다시 발생시켰고, 실물경제를 위축시켰다. 재정위기나 국가부도위기에 처한 나라의 국채 가격이 폭락함에 따라 그런 국채를 대량 보유한 대은행들이 부실화되어 은행위기가 재발했다. 2012년 독일을 제외한 프랑스, 이탈리아, 스페인, 영국 등 유럽연합의 주요 대은행들의 신용등급이 강등되었다. 미국의 대은행도 신용등급이 강등되었다. 특히 유로존에 가맹한 남유럽 나라들(그리스, 포르투갈, 스페인, 이탈리아; PIGS)이 재정위기와 국가부도위기에 빠지자, 이 나라들의 국채를 다량 보유한 유럽연합의 대은행들이 부실화되어 위기에 몰렸다. 이에 유럽중앙은행(ECB)은 저금리의 돈을 무제한으로 투입했다. 유럽의 대은행들은 유럽중앙은행의 '양적완화' 정책으로 겨우 부도를 면하고 있는 '좀비은행' 신세였다.

이처럼 유럽의 대은행들이 부도위기에 몰리고 또 유로화 위기로 번지자, 타개 방안을 둘러싸고 유럽연합(EU) 내부의 갈등이 커졌다. 상대적으로 부유한 채권국인 독일, 프랑스 등 북유럽 나라들이 상대적으로 가난한 채무국인 PIGS 등 남유럽 나라들에 대해 긴축을 통해 빚을 갚을 것을 요구하자 두 그룹의 국민 간 갈등이 커졌다. 오랜 갈등 끝에 유럽계 초국적 자본의 이해관계에 따라 유럽연합(EU)의 정치적 통합을 높이는 방향으로 갈등이 임시 땜질되었다.

다음으로, 유럽연합 나라들의 재정위기와 이를 해결하기 위해 2~3년간 계속된 긴축정책은 유럽연합의 실물경제를 크게 위축시켰다. 유럽연합의 불황은 점차 다른 선진국과 신흥국들로 확산했고, 다른 지역 나라들의 유럽연합으로의 수출 감소를 가져왔다. 특히 브릭스(BRICS; 브라질, 러시아, 인도, 중국, 남아공)를 중심으로 한 신흥국의 경기후퇴를 가져와 세계적인 불황으로 발전했다. 2012년을 지나며 선진국과 신흥국 모두 경제성장률이 떨어짐에 따라 지구적 불황국면으로 전환되었다.

2012년 이후 지구적 자본주의가 지구적 불황에 접어들자 미국, 유럽연합, 일본은 경기부양책으로 '양적 완화' 정책을 적극 사용했다. 그것으로도 부족하자 유럽연합은 2015년부터, 일본은 2016년부터 마이너스 금리정책을 실시하고 있다. 2014년부터 신흥국의 성장둔화가 더욱 악화되었다. 특히 선진국, 신흥국 모두에 큰 연쇄관계를 가지고 있는 '세계의 공장'인 중국경제의 성장둔화가 '지구적 자본주의'에 크게 영향을 미치기 시작했다. 선진국의 불황이 중국의 성장 저하를 가져왔고, 중국의 성장 저하는 중국으로 원자재, 중간부품을 수출하는 다른 선진국·신흥국들의 불황을 유발하는 한편, 선진국의 자본재 수요를 감소시킴으로써 선진국 불황을 더욱 심화시켰다. 지구적 불황은 2014년을 지나며 선진국에서 심각한 디플레이션 경향으로 나타났다. 특히 유로존 나라들은 더욱 심각해 2015년 0.2%, 2016년 0.2%로 디플레이션 공포를 불러일으켰다. 2017~2018년 선진국들은 1~2%대의 소비자물가상승률로 가까스로 디플레이션을 벗어났지만, 장기불황이 지속하면서 디플레이션 공포는 각국의 통화당국을 계속 짓누르고 있다. 이렇게 해서 2016년부터는 '뉴노멀(New Normal)'이라는 유행어가 현실이 되었다. 이 말은 저성장, 저물가, 저금리 등으로 대표되는 '비정상적인' 경제 상태가 '새로운 정상'이라는 의미로, 2008년 세계금융공황이 발생한 이후 계속된 장기불황 상태를 표현하는 용어다.

2012년 이래의 저성장 기조에 대한 초국적 자본세력의 대응은 재정확대정책 등 케인스주의적 정책으로 전환하는 것이 아니라 신자유주의 세계화를 계속하는 것이었다. 이는 세계 노동자·민중의 저항이 긴축정책 기조를 바꿔낼 정도로 강력하지 못했기 때문이다. 2011년 투기적 금융자본에 대한 규제를 요구한 미국의 '월가를 점령하라(Occupy Wall Street)' 시위운동, 2011년부터 그리스의 수차례에 걸친 총파업과 남유럽 나라들의 공동 총파업 등에도 불구하고, 초국적 자본세력은 은행위기와 경기부양을 위해 '양적 완화' 정책을 실행하면서 재정긴축 정책을 계속 밀고 나갔다. 실제로 초국적 자본세력은 2012년 다보스포럼에서 '21세기 세계장기불황'에 대해 '신자유주의의 위기'를 넘어 '자본주의의 위기'임을 인정했으나, 대안을 찾지 못했다. 그뿐만 아니라, 초국적 자본세력은 '비(非)경제적 방식', 즉 제국주의적 침략전쟁에서 출구를 찾기 시작했다. 미국·유럽 제국주의는 2011년 북아프리카지역에서 '내전'을 위장한 침략전쟁을 통해 아프리카 대륙 반제국주의 운동의 구심이던 리비아 카다피 정권을 제거했다. 그리고 2012년 시리아를 '제2의 리비아'로 만들고자 반미 알아사드 정권을 축출하는 '인도주의적 개입'을 했다. 이슬람 무장세력을 외부에서 투입해 또 다른 '내전'을 불러일으켜 2019년 현재까지 '내전'이 끝나지 않았다.

21세기 들어서, 특히 2008년 세계장기불황 이후 중국, 러시아 등 신흥국들이 선진국들보다 빠르게 성장하고 지역패권을 넓혀나가자 미국, 유럽, 일본 등 구제국주의 세력과 지역패권 경쟁이 격렬하게 벌어졌다. 성장하고 있는 중국, 러시아의 지역패권 확대에 맞서 유일패권이 갈수록 약화한 미국은 2014년 '우크라이나 사태'를 통해 러시아 봉쇄 전략을 추진했다. 이때부터 '신냉전'이 시작되었다. 21세기 '신냉전'은 20세기의 '냉전'과는 외형적으로만 유사하다. 20세기 '냉전'이 자본주의/공산주의의 동서체제 대립이었다면, 21세기 '신냉전'은 구 제국주의와 신흥강대국(또는 신흥 제국주의) 간의 패권경쟁이다.

또한 21세기 세계장기불황의 정치적 효과로 주목되는 것은 이때부터 미국, 유럽연합, 일본 등 제국주의 나라들에서 파시즘 경향이 크게 확산했다는 점이다. 파시즘화 경향은 한편으로 지배세력에 의해 노동자·민중의 저항에 대비해 위로부터 나타났다. 다른 한편은 극우세력이 정치적 영향력을 빠르게 확대해가는 아래로부터의 파시즘화 경향이다. 장기불황과 신자유주의 세계화의 강행에 따라 중산층이 급속히 몰락해 이들의 삶이 불안정해지고 전망을 찾을 수 없게 되자 불안 심리가 퍼졌다. 극우세력은 이런 불안 심리를 이용해 정치적으로 득세했다. 위로부터의 파시즘화는 상대적으로 미국, 일본 제국주의에서 강하게 나타났고, 아래로부터의 파시즘화는 프랑스, 영국, 스웨덴 등 유럽 제국주의 나라들에서 상대적으로 빠르게 확산했다.

장기불황에 따른 사회정치적 위기의 흐름에서 2016년은 중요한 전환점으로 나타났다. 2008년 세계금융공황으로 시작된 제4차 구조위기인 21세기 세계불황이 장기화하면서 사회양극화가 심화하고, 이에 따라 각국에서 사회정치적 위기가 정치적 양극화로 나타나기 시작했다. 이 과정에서 선진국 대부분에서 좌파세력이 약진하지 못한 반면, 극우 포퓰리즘 세력이 사회양극화에 따라 몰락한 중산층과 노동계급의 분노를 정치적으로 조직해 득세했다. 그 정점이자 상징이 2016년 영국의 브렉시트(Brexit)와 미국의 극우 인종주의자 트럼프의 대통령 당선이었다. 이를 앞뒤로 해 경제위기는 사회정치적 위기 및 지정학적 위기와 상호작용하면서 동시에 발전했다. 이에 따라 21세기 세계장기불황은 다음 세 가지 측면에서 그 모습이 달라졌다. 첫째, 세계장기불황을 이끄는 주동성이 선진국에서 신흥국으로 바뀌었고, 둘째, 금융부문이 아니라 실물부문의 문제가 장기불황을 주도하며, 셋째 점차 사회정치적·지정학적 요인이 경제에 반작용하여 세계장기불황의 모습을 규정했다. 이 세 측면은 2016년 이전의 모습과는 확실히 다르다. 2016년 이전에는 선진국에서 시작된 금융공황이 압도해 실물부문의 공황으로 발전했고, 이를 해결하는 과정에서 장기불황이 나타났으며, 이런 장기불황과 그에 따른 사회양극화가 사회정치적 위기와 지정학적 위기를 만들어냈다.

2017년 이래 세계경제의 모습은 미국 트럼프 정부의 보호무역주의 공세가 영국의 브렉시트와 함께 미국 패권을 급속히 해체하며, 무역전쟁과 더 나아가 중국과의 경제패권전쟁으로 발전해 세계 실물경제를 압박하고 있다. 그리고 이는 다시 취약한 세계금융시장의 불안정화를 가져오는 식으로 펼쳐지고 있다. 그런데 트럼프의 보호무역주의 공세는 돌출적인 것이 아니었다. 2008년 이래 세계불황이 장기화하면서 2015년 말부터 이미 각국의 보호무역주의 조치가 급증했다. 대부분이 G20 국가들 사이에서 이루어졌다. 미국의

트럼프 미국 대통령과 시진핑 중국 국가주석. 사진: 연합뉴스

보호무역주의 공세는 미국의 경제력 약화와 중국의 경제적 부상에 따른 것이었다. 트럼프 대통령은 철강 25%, 알루미늄 10%의 '관세 폭탄'을 부과함으로써 '무역전쟁'을 선포했고, 캐나다, 멕시코, 유럽, 일본, 한국 등 동맹국들에게도 중국, 러시아 등 적대국들처럼 무차별적으로 관세를 부과했다.

실제로 트럼프의 '미국 우선주의'와 브렉시트라는 노골적인 경제적 민족주의는 길게 보면 제2차 세계대전 이후의 세계질서, 그리고 그 내에서 1980년대부터 신자유주의적 세계화에 따라 형성된 '지구적 자본주의' 체제를 빠르게 해체하고 있다. 자본주의 역사에서 구조위기 시에는 제국주의 열강, 특히 후발 선진국이 제각각 자기

살 길을 찾는 '각자도생(各自圖生)'을 추구해 경제적 민족주의로 나아갔다. 그러나 현재의 모습은 패권 국가인 미국이 '미국 우선주의'를 공격적으로 내세워 자신이 유일패권하에서 구축해온 세계질서를 스스로 해체하려 한다는 점에서 이전과 역사적으로 구별된다. 2차 세계대전 이래 오랫동안 자본주의의 불균등발전에 따라 약화되어 온 미국의 패권이 빠르게 붕괴되고, 제국주의 열강이 서로 다투는 사실상 '군웅할거(群雄割據) 시대'로 빠르게 이행하고 있다. 현재의 구조위기 하에서도 각국 및 세계적 수준의 계급투쟁이 기본 추동력이지만, 세 차원의 대립과 투쟁이 상호의존하고 영향을 주고받으면서 세계를 변화시키고 있다. 첫째, 각국 내부의 계급투쟁, 둘째, 제국주의와 신식민지·종속국 간의 대립과 투쟁, 셋째, 한편으로 미국·유럽·일본 제국주의와 중국·러시아 등 신흥 강대국(또는 신흥 제국주의) 간의 대립과 투쟁, 다른 한편으로 미국·유럽·일본 제국주의 상호 간의 대립과 갈등이다.

미·중 경제패권 전쟁으로 인한 세계경제의 불확실성은 2008년 세계금융공황 이래 양적 완화 정책으로 형성된 주식과 부동산 시장의 자산거품을 붕괴시킬 것이다. 2019년 들어 신흥국, 선진국 모두에서 금융취약성과 금융위기 리스크가 나타나기 시작했다. 이는 쉽게 세계금융위기로 번질 수 있다. 이처럼 21세기 세계장기불황은 2016년을 지나며 그 모습이 바뀌면서 경제위기의 깊이와 폭을 심화, 확대하고 있다. 경제위기의 장기화가 사회정치적 위기와 지정학적 위기를 조성하면서 이제는 각각의 요인이 상호작용한다. 이 과정에서 각국 내부의 계급투쟁과 국가 간 대립·투쟁이 격화하는 상황이다.

이명박 정권(2008~2012)과
재벌의 '금권정치'

2007년 대선에서 이명박 후보가 200만 표라는 압도적인 표 차로 당선된 것은 '민주정부'나 '개혁정부'로 부르던 김대중·노무현 정권의 10년에 걸친 신자유주의 개혁으로 노동자, 민중의 삶이 파탄났고, 이데올로기 지형이 보수적으로 크게 기울었기 때문이다. 이명박 후보의 '747공약'은 이런 보수적 이데올로기 지형을 활용한 것이었다. "전 국민이 노력하면 7% 경제성장은 물론, 10년 내 국민소득 4만 달러 도약과 세계경제 7위 강국이 가능하다"는 것이다. 이를 위해 "세금은 줄이고, 규제는 풀고, 법질서는 세운다"('줄푸세')와 "작은 정부 큰 시장"을 구호로 내걸었다. 또한 '최고의 기업환경을 위한 4대 원칙'으로 '(1)규제 최소화 (2)세율 최저화 (3)금융 국제화 (4)노사관계에서 법의 지배원칙 확립'을 제시했다. 747 구호는 국민들에게 강렬한 인상을 심어줬다. '비즈니스 프렌들리(Business Friendly)'를 표방한 이명박 정부는 친기업 정부, 더 정확하게는 친재벌 정부로서 정권 내내 재벌의 이해관계를 정책으로 뒷받침했다.

이명박 정권은 일관되게 친재벌 정책을 밀고 나갔다. 2009년부터

2010년 9월 청와대에서 만난 이건희 삼성전자 회장, 이명박 대통령, 정몽구 현대기아차 회장.
사진: 연합뉴스

재벌의 숙원사업인 규제완화를 '대불공단의 전봇대를 뽑는' 식으로 해치웠다. 또 대기업에게 주로 혜택이 돌아간 감세정책으로 종합부동산세·양도소득세·법인세 인하를 실시했다. 나아가 재벌의 요구에 따라 재벌총수의 황제경영과 선단문어발경영을 막는 출자총액제한제도를 폐지했고, 상호출자금지 제도 축소, 채무보증금지제도 축소, 공정위 직권·현장 조사 축소 등 재벌 규제를 대폭 완화했다. 그뿐만 아니라, 재벌이 은행을 갖지 못하도록 한 금산분리원칙도 완화했다. '민주정부' 시절 IMF 사태를 계기로 형식적으로나마 마련된 재벌개혁 조치들은 거의 원점으로 되돌아가거나 후퇴했다.

재벌 대기업의 수출경쟁력을 높이기 위해 이명박 정권이 내내 실시한 저금리·고환율 정책의 부담은 물가상승으로 고스란히 국민에게 떠넘겨졌다. 이명박 정권은 각종 보조금 형태로 국민의 세금을 망설임 없이 재벌에게 퍼주었다. 재벌 건설사들에게 22조 원을 퍼준 '4대강 살리기 사업'이 대표적이었다. 이명박 정권은 친재벌 정책을 정당화하는 논리로 이른바 '낙수효과(trickle down effect)' 이론을 동원했다. 재벌이 잘 되면 중소기업과 자영업도 잘 되고, 국민도 잘살게 된다는 것이다. 그러나 결과는 '낙수효과'와는 정반대로 나타났다. 재벌과 대기업의 배만 불리고 중소기업, 자영업, 노동자, 민중은 더욱 허리띠를 졸라매야 했다. 2008~2012년 법인세 감소 효과는 총 19조8,000억 원에 달했다. 재벌은 감세혜택뿐 아니라 고환율과 저금리에 힘입어 막대한 이익을 냈다. 10대 재벌의 계열사는 2008년 405개에서 2011년 617개로 대폭 늘어났다. 재벌의 이런 사업 확장은 전통적으로 소상공인과 중소기업의 영역이던 소모성 자재구매대행(MRO), 기업형 슈퍼마켓(SSM), 외식사업, 웨딩사업등 무차별적으로 이루어졌다. 이에 따라 대기업과 중소기업·영세자영업 간의 양극화 현상은 이명박 정권하에서 더욱 심해졌다. 중소협력사에 대한 재벌 대기업의 납품단가 후려치기, 기술탈취 등 대기업의 불공정 하도급 거래행위는 줄어들지 않았다. 또 재벌의 문어발경영은 더욱 극심해져 '일감 몰아주기'를 통해 재벌 2, 3세에게 부를 대물림하는 방편으로도 활용되었다. 노무현 정권 때인 2006년 중소기업 고유업종제도의 폐지는 재벌의 이런 사업 확장에 날개를 달아주었고, 재벌의 무분별한 사업 확장은 중소기업과 영세자영업의 밥그릇까지 빼앗았다. 이처럼 이명박 정권의 친재벌정책은 재벌과 재벌을 제외한 모든 경제주체(중소기업·영세자영업·노동자·민중) 사이의 간극을 더욱 벌여놓았다. 앞선 김대중, 노무현 정권의 저성장 시기를 '잃어버린 10년'이라며 비판했지만, 이명박 정권 5년 연평균 성장률은 공약한 7%의 반도 안 되는 3.2%에 불과했다.

이명박 정권은 친재벌정책인 성장 우선주의의 하위 정책으로 노동정책을 자리매김했고, 신자유주의적 노동 유연화 정책을 전면적으로 실시하려 했다. 노동정책의 기본과제를 '노사관계 법치주의 확립', '노동시장의 유연성 제고', '규제개혁'으로 제시했다. 이를 위한 구체적인 내용은 재벌이 전경련을 통해 2008년 제출한 규제개혁과제를 그대로 받아들였다. 모두 노동조합을 무력화하고, 노동 유연화를 더욱 확대하며 근로조건을 개악하는 것들이었다. 이명박 정권은 2009년 경제위기를 핑계로 비정규직 사용기간을 2년에서 4년으로 늘이고, 파견 업종을 확대하는 법 개정을 추진했으나 노동자들과 시민사회단체의 반대와 저항으로 법 개정은 실패했다. 자본은 비정규직보호법 시행 이후 간접고용을 확대하는 방식으로 대응했다. 특히 사내하청 문제가 심각하게 제기되었다. 현대자동차의 사내하청이 불법파견이라는 대법원 판결 이후 이명박 정권은 간접고용을 확대하는 '고용서비스 활성화법'이나 최저임금 인하를 추진기도 했으나 무산되었다. 2011년 '비정규직 종합대책'으로 노동 유연화가 더욱 확대되고 공공기관 비정규직도 크게 늘었다. 다른 한편, 이명박 정권은 쌍용자동차노조의 파업사태에서 극명하게 드러났듯이 노사관계에서 '법과 원칙'을 강조하며 강경대응으로 일관했다. 노동계의 격렬한 반대에도 불구하고 2010년 노동조합법을 날치기 처리해 노조전임자 급여지급 금지와 근로시간면제제도(타임오프 제도), 그리고 복수노조의 교섭창구 단일화를 강제했다.

이명박 정권이 친재벌·반노동 정책을 강력히 추진하는 동안 정작 재벌은 세계경제위기 속에서 국내 투자를 중단하고, 해외직접투자에 적극 나섰다. 이명박 정권 5년 동안 재벌이 주도한 해외직접투자는 매년 200억 달러 이상 꾸준하게 이루어졌다. 재벌은 이와 함께 글로벌 아웃소싱(해외 외주)을 크게 늘렸다. 그 결과, 국내 중소하도급업체 수가 감소하기 시작했고 제조업 전체 부가가치 생산액, 종사자수에서 중소기업이 차지하는 비중은 2004년부터 정체 내지 감소했다. 대기업과 중소기업 간 양극화는 갈수록 커졌다. 사회 양극화가 심각해져 민심이 이반하고 정권 안정을 위협하자 이명박 정권은 친재벌 정책의 기조를 조금씩 바꾸기 시작했다. 2009년 '중도실용 친서민'을 내세우며 서민경제 위기대책으로 보금자리주택과 미소금융을 내놓았고, 2010년 6.2지방선거 패배 후 '공정사회'를 강조하며 대·중소기업 동반성장대책을 국정과제의 하나로 내걸었다. 그리고 2010년 9월 대·중소기업 동반성장종합대책을 발표했다. 그리고 2011년 3월 하도급법 개정안이 국회를 통과했다. 또 '동반성장위원회'를 설치하여 56개 대기업의 사회적 책임을 평가하는 동반성장지수와 중소기업 적합업종 선정 작업을 맡도록 했다. 대기업의 초과이익 중 일부를 협력사에게 나누어주는 '초과이익공유제'가 제안되어 사회적으로 주목을 받자, 삼성 이건희는 "자본주의 제도인지, 사회주의 제도인지 모르겠다"며 거부했고, 재벌들은 반시장적 제도라며 거세게 반발했다. 이후 동반성장종합대책은 흐지부지되었다. 사실 이익공유제는 미국, 영국 등에서 이미 오래전부터 시행되어온 것으로, 반시장적이거나 비현실적인 제도가 아니다. 그러나 한국의 재벌체제는 박정희체제 때부터 중소기업 수탈을 매개로 한 저임금-장시간노동체제에 기초하고 있기 때문에, 초과이익공유제는 재벌체제의 근간을 무너뜨릴 치명적인 정책이 될 수 있다. '동반성장종합대책'이 보여준 해프닝은 재벌 주도의 신자유주의적 재벌체제에서 재벌의 근본적인 이해관계를 거스르는 어떤 정책도 정치권력이 추진할 수 없음을 극명하게 보여주었다

이명박 정권하에서 재벌은 '금권정치'를 공공연하게 드러냈다. 2009년 12월 31일 이명박은 이건희를 위한 특별사면을 실시했다. 비리 경제인 사면을, 그것도 한 사람만을 위해 단행한 것은 매우 이례적인 일이었다. 이명박은 이건희를 사면해 삼성SDS 신주인수권부사채의 헐값 발행에 따른 배임 혐의와 조세 포탈, 증권거래법 위반 혐의에 대한 유죄선고마저 무력화시켰다. 유죄판결이 확정된 지 138일만이었다. 삼성과 이건희는 경영권 편법 세습과 관련한 법적 책임에서 완전히 자유로워졌다. 이건희는 2010년 3월 삼성전자 회장으로 복귀했고, 그룹 컨트롤타워인 전략기획실은 미래전략실이라는 이름으로 복원되었다. 이런 노골적인 '금권정치'가 처음은 아니었다. 노무현 정권 때인 2005년 '삼성 X파일' 사건으로 삼성의 경영권 세습을 위한 불법과 비리, 뇌물 증여 등이 폭로되자, 삼성은

2006년 8,000억 원의 사회공헌금을 내고 소유·경영권 승계와 관련한 불법·탈법행위에 면죄부를 받았다. 현대자동차그룹도 2006년 삼성과 똑같은 경영권 세습을 위한 불법·편법 행위에 대해 1조 원의 사회공헌금을 내고 면죄부를 받았다.

이처럼 재벌이 '법 위의 존재'로 군림한 또다른 대표적 사례는 현대자동차였다. 2010년, 2012년 두 차례에 걸쳐 대법원은 현대자동차의 사내하청이 불법파견이라고 확정판결을 했다. 그러나 2019년 현재까지 현대자동차는 이를 시정하지 않았고, 이로 인해 어떤 처벌도 받지 않았다. 고용노동부도 어떤 조치도 하지 않았다. 노조탄압행위, 경영권 세습을 위한 온갖 편법은 물론 증거인멸까지 삼성의 불법행위는 일상적이었다. 삼성 구조조정본부 법무팀장이었던 김용철 변호사의 폭로(김용철, 2010)를 통해 삼성이 재벌 총수부터 고위임원과 직원들까지 일상적으로 불법을 조직적으로 거리낌 없이 저지르는 행태가 만천하에 드러났다. 또한 삼성은 체계적인 국가기구 포섭에 필요한 막대한 자금을 대기 위해 10조 원으로 추정되는 비자금을 역시 편법·불법을 통해 조성했다. 이것이 한국 재벌의 '금권정치'의 실상이다. 재벌의 이런 공공연한 '금권정치'는 재벌에게 더욱 기울어진 계급 간 세력관계를 반영한 것이었고, 노동자, 민중의 입장에서 이런 계급 간 세력관계의 악화는 신자유주의적 재벌체제가 사실상 '재벌독재체제'임을 뜻했다. 이명박 정권 때 재벌의 '금권정치'가 널리 퍼지며 재벌의 '갑질문화'가 일상화되었고, 이는 박근혜 정권 때인 2014년 한진재벌 대한항공의 '땅콩회항' 사건처럼 밖으로 불거져 나오기 시작했다.

재벌독재체제는 초법적일 뿐 아니라 더 나아가 폭력적이기도 했다. 재벌들의 '무노조 경영'이 대표적이다. 삼성은 '무노조 경영'을 위해 불법적이고 폭력적인 방법으로 노동자를 탄압하고 노동자 인권을 유린해 왔다. 미행, 감시, 강제발령, 납치와 감금, 해고, 구속, 인간관계를 이용한 온갖 회유와 협박, 그리고 핸드폰 불법복제와 죽은 사람의 명의를 도용한 위치추적 등 상상을 초월했다. 또 경찰 및 행정관청과 결탁해 '복수노조 금지'를 악용한 노조 건설 원천봉쇄 등 온갖 수단과 방법을 동원해 무노조 경영을 관철했다. 삼성 계열사뿐 아니라 삼성 하청기업 노동자와 비정규 노동자들까지 무노조 경영을 강요하며 탄압했다. 삼성전자 반도체 기흥공장의 자살사건만 6건이 제보될 정도로 2009년부터 노동자들의 자살사건이 이어졌고, 수백 명의 노동자가 암과 희소질환의 직업병에 걸렸으며, 그로 인해 수십 명이 사망했다.

재벌이 이처럼 이명박 정권을 하수인 삼아 '금권정치'를 공공연히 휘두르며 재벌독재체제를 굳힐 때 민주노총과 민주노동당으로 대표되는 노동운동은 내부 분열과 권력투쟁으로 자멸의 길로 나갔다. 먼저 민주노총은 2005년 사회적 교섭을 둘러싼 대의원대회 폭력사태와 대기업노조 간부들의 채용비리 사건 및 수석부위원장의 뇌물수수 구속 등으로 여러 측면에서 위기 상황에 빠졌는데, 이에서 벗어나기는커녕 더욱 악화했다. 민주노총 혁신을 위한 여러 논의가 이루어졌으나 실제적인 변화는 없었다. 민주노동당을 중심으로 한 노동자정치운동은 더욱 심각하게 분열했고, 결국 2011년 통합진보당 결성 과정에서 노동자정당으로서의 민주노동당은 소멸되었다.

2012년 총선과 대선 시기엔 이명박 정권의 친재벌 일변도의 신자유주의 정책과 재벌의 '금권정치'로 인해 한나라당과 재벌에 부정적인 여론이 높았다. 특히 '경제민주화'에 대한 국민적 지지가 매우 높아 시대적 과제로 떠올랐다. 그럼에도 박근혜 한나라당 후보가 당선된 것은 결정적으로 자유주의 보수정당인 민주통합당의 우경화 때문이었다. 또한 이는 노동운동이 정치적으로 자멸하면서 자유주의 보수세력을 견인할 수 있는 힘을 상실했기 때문이었다. 자유주의 보수 정당과 수구 보수 정당인 양당 간의 정책적 차별성이 사라진 조건에서 이명박 정권이 국정원 등 국가기관을 동원해 새로운 형태의 공작정치인 '댓글공작'과 같은 선거 개입으로 대선에 영향을 크게 미칠 수 있었다.

이렇게 해서 2012년 총선과 대선이라는 정치적 계급투쟁에서 노동운동은 패배했다. 이명박 정권의 신자유주의적 독주와 재벌의 '금권정치'로 민심이 이반해 노동자 정치세력화를 더욱 전진시킬 수 있던 절호의 계기를 노동운동은 스스로 걷어차 버렸다. 오히려 노동자계급의 독자적 정치세력화가 완전히 실패하면서 노동운동은 더욱 후퇴했다.

박근혜 정권(2013~2016)의 '신공안통치'와
재벌의 '금권정치'

수구 정치세력인 한나라당은 2012년 총선/대선 국면에서 2007년 대선 때보다 더 능숙한 '대국민 사기극'을 통해 총선에서 승리하고 정권 재창출에도 성공했다. 신자유주의적 재벌체제에서 수구 보수 세력과 자유주의 보수 세력 간의 정치적 차별성은 갈수록 사라졌다. 한나라당은 '경제민주화'라는 시대적 요구를 선점해 공약으로 내걸었고, 그동안 적대시하던 빨간색을 상징색으로 삼아 변신을 꾀했다. 당명도 한나라당에서 새누리당으로 바꿔 이명박 정권과 차별화된 이미지를 조작했다.

박근혜 정권은 집권 1년 동안 '유신의 회귀' 또는 '신공안통치'라 부를 정도로 파쇼적 통치로 되돌아갔다. 여러 사건이 줄을 이었다. 국가정보원과 국군사이버사령부 대선 개입에 대한 검경 수사를 강압적으로 무산시켰다. 노무현 전 대통령의 남북정상회담 회의록을 공개해 여론을 조작했다. 반민주적인 역사교과서 논쟁을 일으켜 이념 대립을 조장했다. 이석기 국회의원 등을 내란 음모 혐의로 기소하고 통합진보당의 해산 심판을 청구했다. 민영화에 반대하는 철도노조의 파업 지도부를 검거하기 위해 불법적으로 민주노총 사무실을 사상 최초로 침탈했다. 서울시 공무원 간첩 사건 조작, 국가보안법 위반 사범의 급증 등 '신공안통치'는 군사독재정권 시절을 방불케 했다. 다른 한편으로, 재벌의 신자유주의 세계화 요구를 이명박 정권보다 더 과격하게 추진했다. 우선 '경제살리기' 또는 '경제활성화'를 위해 '규제완화'와 '민영화'를 추진했다. 경제를 살리려면 '규제혁파'가 필요하다며 규제는 "들어내야 할 암 덩어리", "쳐부숴야 할 원수", "죄악"이라는 선정적이고 극단적인 표현을 동원해 규제철폐를 국정 핵심과제로 제시했다. 박근혜 정권이 '경제민주화'와 함께 내걸었던 '창조경제'는 내용 없는 '립 서비스'였다. '창조경제'는 박근혜 정권 이전의 신자유주의 개혁 15년 동안 국민의 정부가 내세운 '지식기반경제', 참여정부의 '혁신주도형 경제'와 '동반성장', 이명박 정권의 '추종자에서 선도자로의 전환'을 모두 포괄했다. 그러나 실상은 박근혜 정권의 장관들조차 '창조경제'가 구체적으로 무엇인지 몰라 서로 논쟁이 벌어질 정도였다.

박근혜 정권 시기 한국경제에는 2008년 이래 21세기 세계장기불황의 영향이 더 직접적으로 나타나기 시작했다. 한국경제에 '중국특수'로 나타났던 중국경제의 거품성장 덕분에 한국경제는 이명박 정권 때 세계경제위기에서 쉽게 회복할 수 있었고 경제침체로 떨어지는 것을 버텨낼 수 있었다. 그 '중국특수'가 끝나기 시작했다. 중국경제의 거품성장은 2012년부터 꺼지기 시작해 중국의 경제성장률이 급격히 둔화되기 시작했다. 수출주도의 대외의존적 경제구조인 한국경제는 대중국 수출의 비중이 25%를 넘어섰기 때문에 그 타격은 직접적이었다. 박근혜 정권(2013~2016)의 연평균 경제성장률은 3.0%에 불과해 이명박 정권 때의 연평균 3.2%보다 더 낮았다. GDP 대비 가계소비 비율은 2015년 47.1%로 급락했다. 이는 IMF

사태 때인 1998년 48.6%보다 낮은 것이다. 이처럼 가계소비의 비중이 떨어진 것은 1997년 IMF 사태 이래 신자유주의적 구조개혁이 가속화되면서 사회 양극화가 심화하여 가계소득 증가율이 크게 둔화되었기 때문이다. 가계소득의 정체는 다른 한편 가계부채의 급증으로 나타났다. 가계부채의 증가 추세는 박근혜 정권이 금리 인하와 함께 건설경기 부양을 위해 주택담보대출 규제를 완화함에 따라 더욱 강화되어 2015년 1,207조 원으로 급증했다. 또한 가계 처분가능소득 대비 가계부채 비율은 2015년 143% 수준으로 올라갔다. 가계부채 문제는 이제 한국경제 위기의 '뇌관'이 되었다.

[그림2] 가계부채 규모

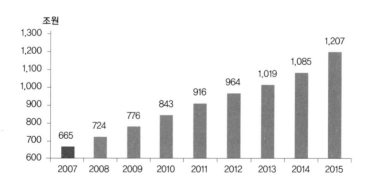

자료: 한국은행

가계소득의 정체로 가계소비가 정체할 수밖에 없던 반면, 국민총소득(GNI) 대비 기업소득 비중은 IMF 사태 이후 크게 증가했는데도 GDP 대비 투자 비중은 오히려 하락했다. 국내총투자율은 IMF 사태 때인 1998년 27.9%로 급락한 후 다시 상승해 2006~2008년에는 33% 수준으로 올라 총저축률과 비슷한 수준이 되었다. 2012년부터 총저축률과 국내총투자율의 격차가 계속 벌어져 2015년 국내총투자율은 28.5%로 IMF 사태 때인 1998년에 근접한 수준으로 떨어졌다. 이런 국내총투자율의 추이는 한국 재벌들의 초국적 자본화와 그에 따른 해외투자의 증가를 일정하게 반영한다. 삼성전자의 경우 해외자산이 2002년 약 113억 달러에서 2013년 464억 달러로 크게 증가했고, 총판매 대비 해외판매 비중이 2002년 59%에서 2013년 90%로 증가했으며, 총고용 대비 해외고용이 2002년 34%(2만8,300명)에서 2013년 62%(14만9,298명)로 크게 늘었다. 다른 한편, 기업이 투자하지 않고 사내에 유보한 현금 보유가 2008년 세계금융공황 이후 크게 증가했다. 그동안 투자율 하락과 소비침체에 따른 총수요 부족 문제를 해결해온 것은 수출의 증가였다. 2008년 세계금융공황 이후 수출주도 경제성장은 가속화되었다 국민총소득(GNI) 대비 수출 비율은 1990년 초반에 25% 수준에서 2012년 58.3%까지 올라갔다. 그러나 2013년부터 중국의 성장둔화 영향으로 수출증가 추세가 둔화하자 GNI 대비 수출 비율은 2015년 47.8%로 급격히 하락했다. 대중국 수출은 2014년부터 감소해 총수출도 2015년부터 감소했다. 또한 제조업 평균가동률은 74.2%로 1998년(67.6%) 이후 17년 만에 가장 낮은 수준으로 떨어졌다. 실물경제의 위축이 2015년부터 시작되었다.

세계장기불황이 2012년부터 중국의 성장둔화로 나타났는데, 이 것이 대중 수출의존도가 높은 한국경제에는 점진적으로 효과를 나타냈고, 2014년부터 본격적으로 나타났다. 2013년 4월 재벌 서열 13위인 STX그룹이 해체되었고, 9월에는 재벌 서열 38위인 동양그룹이 해체되었다. 그리고 11~12월에 재벌 17위 동부그룹, 재벌 9위인 한진그룹, 재벌 21위인 현대그룹이 각각 3조 원이 넘는 자구계획안과 구조조정을 발표하는 등 하위재벌들의 위기가 표면화되었다. 박근혜 정권은 이런 수출 감소와 하위 재벌들의 위기에 대해 2014년 7월 '친박 실세'였던 최경환 부총리 겸 재경부장관을 내세워 경기부양책을 실시했다. '분배를 통한 성장'을 내세운 최경환 노믹스의 주요 내용은 부동산을 담보로 쉽게 대출받을 수 있게 하고, 금리를 낮추며, 기업이 소유한 돈을 배당 확대와 사내유보금 과세 등으로 시장에 유통해 내수를 활성화하고 소비를 증대시켜 불황을 벗어나겠다는 것이었다. 이 경기부양책의 핵심은 부동산 경기 활성화였고, 이를 위해 부동산 대출 규제를 대폭 완화했다. 특히 서울 강남의 부동산가격을 끌어올려 전체 부동산시장의 붐을 일으키겠다는 것이었다. 한마디로, '빚을 내서 집을 사라'는 정책이었다. 이 정책은 중산층 이상이 부동산투기에 나서게 했다. 서울지역 아파트 가격이 오르고, 전세가격이 폭등해 서민경제를 더 어렵게 만들었다. 결국 부동산담보대출 규제 완화와 저금리는 부동산투기와 가계부채 급등을 가져왔다.

다른 한편으로, 박근혜 정권은 2015년부터 공공·금융·노동·교육 등 4대 부문 '구조개혁'에 나섰다. 김대중 정권이 IMF 사태 이후 내세운 4대 부문(노동·금융·기업·공공부문) 구조조정과 유사하지만, 실제로는 '노동개혁'('노동개악')을 중점적으로 추진했다. 박근혜 정권의 4대 부문 구조개혁은 2012년 이후 닥쳐오고 있는 경제위기에 '선제적'으로 대응하겠다는 것이었다. 박근혜 정권은 4대 부문 구조조정을 '시장 주도 구조조정'으로 실시하겠다며 '한국판 양적 완화' 정책을 추진했다. 그리고 '기업활력제고특별법'을 통해 대기업들에 상법, 공정거래법 적용을 유예하고 특례 및 세금면제 지원과 같은 특혜를 베풀며 '시장원리'에 따른 기업 간 '자율적' 구조조정을 하게 했다. 1997년 IMF 사태와 그에 따른 구조조정은 IMF-미국-초국적 자본세력이 그 실질적 주체이고, 따라서 이들의 이해관계와 요구에 따라 실시되었다. 당시 김대중 정권은 그런 구조조정의 집행 주체에 불과했고, 재벌들은 하위 파트너로서 재벌 간 경쟁을 매개로 '빅딜'과 같은 사업 구조조정의 주체로 참여했다. 이에 비해 박근혜 정권의 구조조정은 재벌이 그 실질적 주체인 '재벌 살리기'였다. 세계장기불황과 한국경제의 위기 속에서 재벌들이 부실계열사들을 정리함으로써 사업합리화를 통해 국제경쟁력을 높이고 재벌의 생존력을 강화하려는 것이었다. 따라서 재벌들은 박근혜 정권이 경제위기를 명분으로 인력감축을 중심으로 한 사업재편을 강력하게 추진할 것을 요구했다. 그리고 재벌 대기업 구조조정의 주 대상이 될 대기업 정규직 노동자의 저항을 무력화하고자 '귀족노조' 등 이데올로기 공세에 열을 올렸다.

2015년 하반기에 박근혜 정권은 '노동개혁'을 명분으로 한국노총을 들러리 세워 9월 15일 '노사정 대타협'의 외양을 갖추고 노동개악 5법을 관철하려 했다. 재벌이 요구한 '노동개혁'은 임금체계 개편, 해고규제 완화, 고용형태 및 생산과정에서의 유연화 확보, 노사 관계의 개선 등 노동 유연화였다. 이를 반영한 박근혜 정권의 노동 개악 5법은 저성과자 일반해고와 취업규칙 불이익변경 요건 완화, 비정규직 사용의 연장·확대, 휴일연장근로 허용, 임금피크제 및 성과연봉제 확산 등을 포함했다. 박근혜 정권은 외양뿐인 '사회적 타협'을 통한 관철도 쉽게 포기했다. 일반해고와 임금형태 변경 등을 자본이 일방적으로 취업규칙을 변경해 실시할 수 있도록 정부 시행령을 개정하는 방식으로 '노동개혁'을 추진했다. 또 박근혜 정권은 공공부문 성과연봉제 실시에서 불법·탈법을 가리지 않고 강행했다. 이런 모습은 세월호 대참사 문제나 역사교과서 문제 등 거의 모든 사안에서 일관되게 나타난 박근혜 정권의 파쇼적 방식이었다. 이는 당시 재벌과 박근혜 정권이 압도적으로 우세한 계급 간 세력관계를 얼마나 과신했는가를 잘 보여준 것이었다.

한편, 박근혜 정권은 미국의 중·러 봉쇄전략에 따라 미·일·한 군사동맹체제에 점차 끌려들어갔다. 2016년 2월 10일 북한의 제4차 핵실험과 장거리미사일 실험을 이유로 개성공단을 일방적으로 폐쇄해 이명박 정권 시절에도 유지되던 남북관계를 완전히 파탄 냈다. 또 7월 8일 한·미가 사드(THAAD·고고도미사일방어)를 주한미군에 배치하기로 확정했다.

박근혜 정권이 이처럼 재벌의 요구인 신자유주의 개혁을 파쇼적 방식으로 강행하고, 남북관계와 국제정치 관계에서 미 제국주의의 요구를 굴종적으로 받아들여 한국사회를 위태롭게 만드는 한편, '박근혜-최순실 게이트'로 국가권력을 사유화할 때, 재벌은 박근혜 정권의 무분별한 권력 남용과 혼란을 각자의 숙원사업을 해결할 기회로 삼았다. 따라서 '박근혜-최순실 국정농단'은 실제로는 '박근혜-최순실-재벌 국정농단'이었다. 특히 삼성은 이건희-이재용 경영권 세습 문제를 완전히 해결하고자 재벌 가운데 가장 많은 뇌물을 박근혜-최순실에게 갖다 바쳤고, 가장 큰 불법적인 특혜를 받았다. '박근혜-최순실 게이트'는 '박근혜-최순실-이재용 게이트'라 부를 만했다. 결국 '박근혜-최순실-재벌 국정농단'은 무모할 정도로 대담하게 드러내놓고 국가권력을 사유화한 재벌의 '금권정치'의 하나의 극단적인 형태였다.

삼성그룹 3대. (왼쪽부터) 이병철 전 회장, 이건희 회장, 이재용 삼성전자 부회장. 사진: 연합뉴스

수구세력인 이명박·박근혜 정권(2008~2016) 9년 동안 재벌이 주도한 신자유주의적 재벌체제는 앞에서 살펴본 대로 여러 측면에서 그 민낯을 적나라하게 드러냈다. 규제완화와 노동 유연화 등 신자유주의 개혁을 김대중·노무현 정권 10년 때보다 더욱 강력하고 노골적으로 추진해 사회 양극화는 더욱 심화했다. 재벌은 신자유주의적 재벌체제 하에서 한국경제에 대한 독점적 지배력을 더 강화했고, 노동자, 민중은 '헬조선'으로 추락했다. 재벌 주도의 신자유주의적 재벌체제는 결국 1987년 6월 민주항쟁과 7~9월 노동자대투쟁에 의해 변화되었던 계급 간 세력관계를 신자유주의 경제체제를 통해 다시 1987년 이전의 계급 간 세력관계로 되돌려 놓으려는 것이었다. 국가 주도의 파쇼적 재벌체제와 재벌 주도의 신자유주의적 재벌체제는 본질적으로 다르지 않았다. 재벌체제가 기본적으로 저임금−장시간노동체제를 토대로 한 초과착취·수탈체제라는 점과 이를 위해 노동자·민중의 무권리 상태 유지가 필수적이라는 점 등 본질은 그대로 유지되었다. 다만 통치방식에서 차이가 있을 뿐이었다. 파쇼적 재벌체제가 공안기구 등 국기기구를 통한 군사독재의 파쇼적 형태에 주로 의존했다면, 신자유주의적 재벌체제는 비정규직화 등 노동 유연화라는 시장기구를 통한 재벌독재의 경제적 형태에 주로 의존했다. 그러나 이명박/박근혜 정권은 이런 형태상의 차이조차 별로 크지 않음을 보여주었다. 신자유주의체제라는 경제적 형태는 노동자, 민중의 저항에 부딪히면 쉽게 국가기구에 의한 파쇼적 형태로 되돌아갔다. 특히 박근혜 정권은 '민간 파시즘'에 가까운 행태를 보였다. 여기에는 2008년 이래 세계장기불황이 지속되면서 선진국 지배계급에서 나타났던 '위로부터의 파시즘화 경향'과 같은 자본주의의 구조위기라는 정세적 요인도 작용했다. 한국만의 특수한 행태인 것은 아니다.

한국자본주의 역사의 맥락에서 보면, 신자유주의적 재벌체제는 이명박의 '권력형 부정부패'와 '박근혜─최순실─이재용 국정농단'에서 극명하게 드러났듯이 국가권력조차 사유화하는 '고삐 풀린 재벌체제'라 할 수 있다. 신자유주의를 자본의 이윤 추구에 대한 어떠한 사회적 규제도 모두 없앤다는 점에서 '고삐 풀린 자본주의'라고 부르는 것처럼, 신자유주의적 재벌체제는 재벌의 사적 이익 추구에 대한 어떤 사회적 규제도 사라졌다는 점에서 '고삐 풀린 재벌체제'다. 그래서 신자유주의적 재벌체제에서 재벌의 천민적이고 반동적인 성격이 가장 극단적인 형태로 드러났다. 재벌의 '금권정치'는 물론이고, 노동자를 '조선시대 노비 다루듯' 대하는 재벌의 '갑질문화'가 일반화되었다. 이런 맥락에서 파쇼적 재벌체제를 박정희체제 또는 군사독재체제로 부르듯이, 신자유주의적 재벌체제는 '재벌독재체제'라 부를 수 있다. 파쇼적 재벌체제인 박정희체제가 1987년 노동자, 민중의 계급투쟁에 의해 무너졌듯이, 신자유주의적 재벌체제가 파쇼적 형태로 되돌아가자 박근혜 정권은 2016~2017년 노동자, 민중의 반격, 즉 촛불혁명에 의해 탄핵되었다. 그러나 박근혜의 탄핵과 수구세력인 새누리당에서 자유주의 보수세력인 더불어민주당으로의 정권교체는 신자유주의적 재벌체제의 붕괴를 뜻하지 않는다. 왜냐하면, 신자유주의적 재벌체제의 지배분파는 수구 정치세력이 아니라 재벌이기 때문이다. 수구 정치세력의 상층 일부만이 탄핵과 사법적 심판을 받았을 뿐이다. 정권교체에도 불구하고, 재벌은 건재하며 수구 정치세력의 대부분도 건재하다. 자유주의 보수세력인 문재인 정권하에서도 신자유주의적 재벌체제는 계속되고 있다.

7장

신자유주의적 재벌체제 20년:
사회 양극화와 '헬조선',
그리고 '촛불혁명'

1997년 IMF 사태를 계기로 한국경제가 신자유주의적 재벌체제로 전환된 이래 20여 년의 신자유주의 개혁으로 한국사회는 완전히 탈바꿈했다. 천민적이고 반동적인 재벌체제는 한국사회를 짧은 기간 동안 극단적인 신자유주의체제로 바꾸어냈다. 마치 박정희체제가 '압축성장'으로 불과 20년 만에 자본주의적 산업화를 이룩해 파쇼적 재벌체제를 확립했듯이, 한국의 재벌은 '압축개혁'으로 불과 20년 만에 한국사회를 극단적인 신자유주의 사회로 만들었다. 그 결과, 한국에서는 극단적인 사회 양극화가 일어났고, 청년세대는 한국사회를 '헬조선'이라 부른다. 그러나 다시 극적인 반전이 일어났다. 한국의 노동자, 민중은 신자유주의적 재벌체제에 맞서 2016년 말 '촛불혁명'으로 떨쳐나섰다.

1인당 국민소득 3만 달러 시대

한국경제는 신자유주의적 재벌체제의 지난 20년 동안 눈부신 성장을 했고, 선진국 수준의 1인당 국민소득에 도달했다. 1인당 국민총소득(GNI)은 2018년 3만1,940달러에 달했다. 1994년에 1만 달러를, 2006년에 2만 달러를 넘어섰는데, 12년 만에 3만 달러를 넘어선 것이다. 이에 따라 한국은 1인당 국민소득이 3만 달러를 넘는 동시에 인구 5,000만 명을 넘는 이른바 '3050클럽'에 7번째로 가입하게 됐다. 한국에 앞서 가입한 나라는 미국, 독일, 일본, 프랑스, 영국, 이탈리아 등 6개국뿐이다. 2017년 기준 1인당 국민소득이 3만 달러를 넘는 나라는 경제협력개발기구(OECD) 회원국 중 23개국이고, OECD 회원국 평균은 3만7,273달러다. 1인당 국민소득의 세계 순위는 2016년 45위, 2017년 31위, 2018년 29위로 계속 오르고 있다.

한국의 GDP 규모는 세계 10~15위다. 1991년 세계 12위로가 된 이후 1995년에는 11위까지 올랐다. 1997년 IMF 사태로 1998년 15위로 떨어졌다가 2005년 10위가 되었다. 이후 세계금융공황이 일어난 2008년 15위로 떨어졌다가 2015/2016년 11위, 2017년 12위, 2018년 11위로 다시 올랐다. 한국경제의 대외의존적 구조 때문에 한국의 무역 관련 순위는 GDP 규모보다 더 높은 위상을 차지한다. 2017년 기준 교역 규모는 세계 9위, 수출 규모는 세계 6위, 무역수지 규모는 세계 4위를 차지했다.

재벌 대기업은 지난 20년간 더 눈부시게 성장해 세계적인 초국적 기업으로 발전했다. 미국 포춘지가 매년 선정하는 글로벌 500대 기업에 한국은 2018년 16개 기업이 들어 기업 수로는 세계 7위

(미국, 중국, 일본, 독일, 프랑스, 영국에 이어)를 차지했다. 16개 기업은 삼성전자, 현대자동차, SK홀딩스, LG전자, 포스코, 한국전력공사, 기아자동차, 한화, 현대모비스, 삼성생명보험, GS칼텍스, SK하이닉스, 삼성물산, KB금융그룹, LG디스플레이, CJ그룹 등이다. 이 가운데 삼성전자는 세계 12위로 압도적 지위를 차지한다. 그 뒤를 이은 현대자동차는 세계 78위, SK홀딩스는 세계 84위다. 16개 기업 가운데 4대 재벌(삼성, 현대자동차, SK, LG)의 계열사가 11개다. 영국의 브랜드 평가·컨설팅 업체 '브랜드파이낸스'가 발표한 글로벌 브랜드 가치 평가에서도 삼성은 2015년 2위, 2016년 3위, 2017년 6위, 2018년 4위, 2019년 5위 등 꾸준히 '톱 10'에 들어가는 세계적인 초국적 기업으로 인정받고 있다. 2019년 삼성은 미국의 아마존, 애플, 구글, 마이크로소프트에 이어 세계 5위, 브랜드 가치 913억 달러(약 103조 원)로 평가받았다. 글로벌 브랜드 가치 500위권에는 삼성 외에 현대자동차, LG, SK그룹, 한국전력, CJ그룹, 두산, 신한금융, 롯데그룹, KB금융 등이 포함되었다. 한국은 글로벌 브랜드 가치도 2019년 세계 7위를 기록했다. 2018년 세계 연구개발(R&D) 500대 기업에는 한국 기업 13개가 포함되었다. 한국은 기업 수로는 9위, 금액으로는 8위였다. 삼성전자는 세계 3위였고, 한국 기업 13개 총 투자액의 48.6%나 차지했다. 글로벌 시가총액 500대 기업의 경우 2018년 삼성전자, SK하이닉스, 셀트리온, 현대자동차 등 4개 기업이 포함되었다. 재벌 계열사들이 이처럼 세계적인 초국적 기업으로 성장하면서 한국은 제조업에서 2017년 기준 반도체 매출액 세계 1

위, 휴대폰 출하량 세계 1위, 선박 건조량 세계 2위, 조강생산량 세계 6위, 자동차 생산 세계 6위 등을 차지해 제조업 강국으로 우뚝 섰다.

그러나 한국경제의 급속한 양적 성장, 그리고 재벌 대기업의 이런 화려한 성장과는 정반대로, 한국경제의 골병은 더욱더 깊어졌다. 박정희체제 30여 년에 만들어진 파쇼적 재벌체제가 신자유주의적 재벌체제로 바뀐 20년 동안 재벌의 황제경영체제는 '금권정치'를 통해 재벌의 한국경제에 대한 독점적 지배력을 더욱 키웠고, 노동자, 민중의 삶을 한층 팍팍하게 해 '헬조선'과 '탈조선'을 유행어로 만들었다. 한마디로 신자유주의적 재벌체제는 한국사회의 양극화를 더 악화시켰다.

재벌의 경제력 집중 심화

먼저 재벌로의 경제력 집중, 즉 재벌의 한국경제에 대한 독점적 지배력을 재벌이 국민경제에서 차지하는 비중을 중심으로 살펴보자. 첫째, 시장에 대한 독과점적 지배구조가 거의 완성되었다. 공정거래위원회에서 2년마다 실시하는 '시장구조조사'에 따르면, 독과점 구조 유지 산업(공정거래법상 시장지배적 사업자 기준을 5년 연속 만족하는 산업)은 광업·제조업의 경우 2015년 기준 58개에 이른다. 2011년 59개로 크게 증가한 이래 그 수준에서 조금씩 변화하고 있다.

[그림3] 광업·제조업의 산업집중도 추이

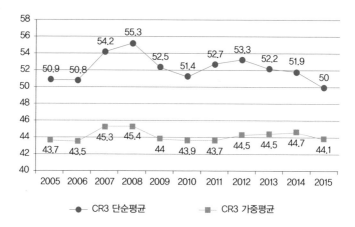

출처: 공정거래위원회. "2015년 기준 시장구조조사 결과 공표" 보도자료. 2018. 4. 26.

서비스업의 경우 33개다. 광업·제조업의 경우, 산업 내 상위 3개 기업의 집중률(CR3)의 추이는 2005년 이래 큰 변동 없이 나타났다. 이는 주요 산업에서 독과점 구조가 안정적으로 구축되었다는 것을 의미한다.

2015년 광업·제조업 분야의 출하액 중 자산총액이 5조 원 이상인 65대 대규모 기업집단이 차지하는 비중은 46.5%, 부가가치에서 차지하는 비중은 44.0%이다. 그런데 대규모 기업집단 가운데 10대 기업집단이 차지하는 비중이 압도적이다. 10대 기업집단의 비중은 출하액의 32.4%, 부가가치의 33.8%에 이른다. 상위 10대 재벌로의 경제력 집중이 문제시되는 이유다. 대규모 기업집단의 출하액 비중은 2012년 52.0%로 정점에 달했고, 그 이후 하락하는 추세다. 부가

가치 비중 역시 2012년 50.3%에 이른 이후 하락하고 있다.

둘째, 자산순위 30대 재벌(공기업집단 제외)의 경제력 집중 정도를 국내총생산(GDP), 국가 자산, 기업부문 총자산과 대비한 30대 재벌의 자산 규모의 비중을 통해 살펴보자. 30대 재벌의 GDP 대비 자산 규모는 1987년 GDP의 55.30%에서 2017년 4월 현재 100.31%다. 30대 재벌의 자산은 1997년 97.83%까지 급격히 증가했다. 1997년 IMF 사태 이후 30대 재벌의 절반 이상이 해체되면서 급격히 떨어져 2002년 59.29%로 낮아졌다. 그 후 살아남은 재벌들이 구조조정과 사업개편을 통해 활력을 되찾으며 2005년부터 급격히 증가해 2008년 84.53%까지 올라갔다. 2008년 세계금융공황 이후 증가세가 완만해지지만, 2012년 그 비중이 104.50%까지 올랐다. 그 후 다소 감소해 2017년 100.31%다.

이를 그룹별로 세분해 공정위가 발표하는 '대규모 기업집단', '공기업을 제외한 재벌', '총수 있는 30대 재벌'로 나누어 2001년 이후의 비중 추이를 살펴보자. 총수가 있는 30대 재벌의 비중은 2002년 52.7%에서 2016년 91.2%에 이른다.

2017년부터 대규모 기업집단 지정기준에서 공기업집단이 제외되었다. 공기업집단의 자산 비중도 GDP 대비 2012년 37.0%, 2013년 39.8%, 2014년 38.2%, 2015년 37.3% 등으로 절대 작지 않다. 또한 공기업집단도 계열사 확충, 비관련사업으로의 무차별한 다각화, 하도급거래의 불공정, 시장에서의 경쟁제한 등 일반재벌과 유사한 행태를 보인다. 이처럼 대규모 기업집단의 자산을 GDP와 대비한 비

[그림4] 재벌그룹 경제력 집중 추이(2001~2016년 말)(단위: %)

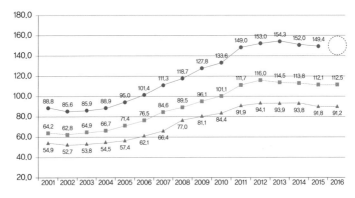

출처: 위평량(2018a), 9쪽.

중의 추이는 한국경제에서 소수 재벌에게 경제력이 집중되는 추세
를 잘 보여준다.

　다음으로 국가총자산 대비 재벌그룹 자산의 비중을 살펴보자.
먼저 기업, 가계 및 비영리단체, 일반정부로 구성되는 국가총자산
의 구성비는 다음과 같다. 이 통계치에서 비영리부문에 재벌 등 기
업 관련 재단과 교육시설 및 병원 등이 포함되어 있으므로 국가 총
자산에서 기업부문 자산 비중은 더 높아질 것이다.

[표11] 국가총자산의 구성비(2008~2016)(단위: %)

	2008	2009	2010	2011	2012	2013	2014	2015	2016
기업부문	60.39	60.69	60.83	60.57	60.92	60.93	60.96	60.93	60.72
가계 및 비영리단체	26.54	26.25	26.12	26.10	25.76	25.75	25.71	25.79	26.05
일반정부	13.07	13.06	13.05	13.33	13.32	13.32	13.34	13.28	13.23

출처: 한국은행 ecos, 위평량(2018a), 11쪽.

대규모 기업집단 가운데 공기업을 제외한 '일반재벌' 그룹은 2008 년 5.09%에서 점점 증가해 2016년 말 기준 7.31%로 증가했다. 총수 있는 30대 재벌그룹의 경우 같은 기간 4.41%에서 5.52%로 증가해 국 가자산 기준에서도 재벌의 경제력 집중도는 계속 높아지고 있다.

[표12] 재벌그룹의 국가총자산 비중(2008~2016)(단위: %)

	2008	2009	2010	2011	2012	2013	2014	2015	2016
일반재벌	5.09	5.23	5.60	6.33	7.17	7.09	7.23	7.24	7.31
총수 있는 30대 재벌	4.41	4.41	4.64	5.18	5.16	5.27	5.31	5.52	5.52

출처: 위평량(2018a), 12쪽.

기업부문 총자산 가운데 재벌의 총자산 비중은 계속 증가하고 있다. 대규모기업집단 가운데 공기업을 제외한 '일반재벌' 그룹은 2008년 8.423%에서 점점 증가해 2016년 말 기준 12.036%로 증가 했다. 총수가 있는 30대 재벌그룹의 경우 같은 기간 7.299%에서 9.098%로 증가했다. 특히 '친기업정책'을 내놓고 추진했던 이명박 정권 시기(2008~2012)에 재벌 총자산 비중이 급격히 늘었다.

[그림5] 500대 기업 매출액의 국내총생산 비중 추이(1998~2017)(단위: %)

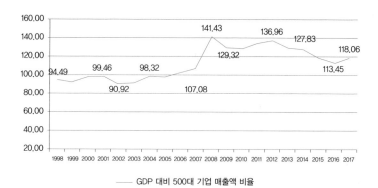

출처: 위평량(2018b), 5쪽.

끝으로, 500대 기업의 매출액이 국내총생산에서 차지하는 비중을 통해 경제력 집중 정도를 살펴보자. 이를 보면, 500대 기업 매출 규모가 2007년 이전까지는 국내총생산보다 작았으나, 2008년부터 2017년까지는 국내총생산을 뛰어넘고 있다. 이는 2008년 세계금융공황 이래 세계경제의 구조위기 속에서 재벌 대기업이 한국경제의 성장률보다 더 빠르게 성장했음을 의미한다. 다른 나라에는 우리나라와 같은 재벌그룹이 존재하지 않으므로 비교가 어렵지만, 500대 기업의 GDP 대비 비중은 비교가 가능하다. 세계적 규모의 초국적 기업이 가장 많은 미국의 500대 기업(2018년 포춘지 발표)의 2017년 매출 규모는 미국 GDP의 62.7%이다. 한국 500대 기업의 2017년 매출 규모가 한국 GDP의 118.06%로 미국의 두 배나 된다는 것은 한국의 경제력 집중이 얼마나 심각한가를 잘 보여준다.

재벌의 양극화—5대 재벌로의 집중

지금까지 신자유주의적 재벌체제하의 한국경제에서 경제력이 소수의 재벌로 집중되어 왔음을 확인했다. 이제 자산이 5조 원 이상인 공시대상 기업집단(59개) 내부에서도 양극화가 일어나 상위 5대 재벌의 비중이 갈수록 커져 왔다는 점을 살펴보자. 공정거래위원회의 발표에 따르면, 2019년 5월 기준으로 자산총액이 5조 원 이상인 공시대상 기업집단은 59개이고, 이 가운데 자산총액이 10조 원 이상인 상호출자제한 기업집단이 34개다. 먼저 자산 5조 원 이상인 공시대상 기업집단(59개)의 계열사 수, 자산총액, 매출액은 최근 5년간(2015~2019) 증가 추세다. 이를 총수 있는 집단(51개 재벌), 총수 없는 집단(8개: 포스코, 농협, 케이티, 에쓰-오일, 대우조선해양, 케이티앤지, 대우건설, 한국지엠 등)으로 구분해 살펴보면 각각의 증가 추세는 총수 있는 재벌에 의해 주도되고 있다.

그런데 상위 5대 재벌(삼성, 현대차, SK, LG, 롯데)이 기업집단 59개 전체 자산의 54.0%, 매출액의 57.1%, 당기순이익의 72.2%를 차지하고 있다. 이는 5대 재벌과 나머지 기업집단 간에 양극화가 이루어지고 있음을 의미한다. 또한 자산 대비 경영성과(매출액, 당기순이익)도 상위 집단일수록 높게 나타나 상·하위 집단 간 양극화 현상을 확인해준다.

[표13] 전체 공시대상기업집단(59개)에서 차지하는 비중(단위: %)

구분	자산총액	매출액	당기순이익
상위 5개 집단	54.0	57.1	72.2
상위 10개 집단	69.7	73.6	80.0
상위 34개 집단	90.5	91.8	92.6
하위 25개 집단	9.5	8.2	7.4

출처: 공정거래위원회. "공정위, 59개 '공시대상기업집단' 지정" 보도자료. 2019. 5. 15.

5대 재벌(삼성, 현대차, SK, LG, 롯데)은 2005년 이래 변동이 없다. 5대 재벌은 재벌 가운데서도 부동의 위치를 확보해 한국경제를 사실상 지배하고 있다.

[표14] 10대 재벌의 순위 변동(1998~2019)

	1998	2004	2005	2008	2013	2017	2019
1위	현대	삼성	삼성	삼성	삼성	삼성	삼성
2위	삼성	LG	현대차	현대차	현대차	현대차	현대차
3위	대우	현대차	LG	SK	SK	SK	SK
4위	LG	SK	SK	LG	LG	LG	LG
5위	SK	한진	롯데	롯데	롯데	롯데	롯데
6위	한진	롯데	한진	GS	현대중공업	GS	한화
7위	쌍용	한화	GS	현대중공업	GS	한화	GS
8위	한화	현대중공업	한화	금호아시아나	한진	현대중공업	현대중공업
9위	금호	금호	현대중공업	한진	한화	신세계	신세계
10위	동아	두산	금호아시아나	한화	두산	두산	한진

출처: 공정거래위원회.

다음으로, 우리나라의 대표적인 재벌 가문들은 모그룹에서 분리되어 여러 개의 그룹을 지배하는 특징이 있다. 대표적으로 현대그룹(정주영)에서 분화한 범현대가(家)와 삼성그룹(이병철)에서 분화한 범삼성가, 그리고 LG그룹(구인회, 허만정)에서 분화한 범LG가 등이다. 범현대그룹은 현대자동차그룹, 현대그룹, 현대산업개발그룹, 현대중공업그룹, 현대백화점그룹 등이고, 범삼성그룹은 삼성그룹, 신세계그룹, CJ그룹, 한솔그룹, 중앙일보사 등이며, 범LG그룹은 LG그룹, LS그룹, GS그룹 등이다. 5대 그룹은 위의 3대 가문 그룹 외에 SK그룹, 롯데그룹을 포함한다. 10대 그룹은 5대 재벌가문 이외에 한화그룹, 두산그룹, 한진그룹, 대림그룹, 금호그룹 등 '총수 있는 재벌'을 포함한다. 범삼성그룹은 독보적이므로 범삼성그룹, 5대 그룹, 10대 그룹 자산 규모의 GDP 대비 비중을 살펴보자.

10대 재벌의 자산 규모가 GDP 대비 차지하는 비중의 추이를 보면, 5대 재벌의 비중이 압도적이고, 그중에서도 범삼성그룹이 독보적임을 확인할 수 있다. 2000년 범삼성그룹의 자산은 GDP의 13.36%, 5대 재벌은 47.99%, 10대 재벌은 57.59%였는데, 2016년에 각각 26.18%, 74.33%, 84.36%로 크게 증가했다. 특히 범삼성그룹은 거의 두 배로 자산이 늘어났다. 또한 10대 재벌은 노무현, 이명박 정권 시기(2003~2012)에 그 자산 규모가 급격히 증가했고, 그이후 증가세가 정체하고 있음을 확인할 수 있다. 이런 수치들은 한국경제가 극소수의 재벌가문에 경제력이 집중된 '재벌공화국' 또는 '삼성공화국'임을 보여준다.

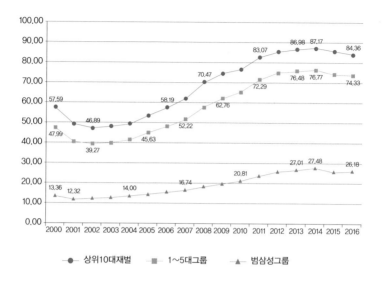

[그림6] 범삼성그룹 및 재벌가문의 경제력 집중 추이(2000~2016)(단위: %)

상위10대재벌: 57.59, 46.89, 58.19, 70.47, 83.07, 86.98, 87.17, 84.36

1~5대그룹: 47.99, 39.27, 45.63, 52.22, 62.76, 72.29, 76.48, 76.77, 74.33

범삼성그룹: 13.36, 12.32, 14.00, 16.74, 20.81, 27.01, 27.48, 26.18

● 상위10대재벌   ■ 1~5대그룹   ▲ 범삼성그룹

출처: 위평량(2018a), 14쪽.

재벌의 황제경영식 소유·지배구조와
문어발식 기업 확장

재벌의 이런 경제력 집중은 파쇼적 재벌체제에서 형성된 황제경영식 소유·지배구조 때문에 가능했다. 황제경영식 소유·지배구조는 총수와 총수 일가의 매우 적은 지분에도 불구하고 계열사를 동원해 상호출자, 순환출자 등의 방식으로 문어발식 확장을 가능하게 했다. 이것이 한국 재벌이 경제력을 집중시켜온 경영방식이었다.

재벌은 신자유주의적 재벌체제하에서 오히려 이를 더욱 강화했다. 공정거래위원회의 발표에 따르면, 2018년 총수 있는 대규모 기업집단(52개)의 내부지분율은 57.9%인데, 총수 일가 4%(총수 2.0%, 총수 친족 2.0%), 계열사 등 53.9%로 사실상 계열사의 지분율을 통해 그룹을 지배하고 있다. 총수 있는 10대 재벌의 경우 더욱 심각하다. 10대 재벌에서 총수 0.8%를 포함한 총수 일가 지분율은 2.5%에 불과하지만, 계열사 지분율 55.2%를 가지고 내부지분율이 58.0%에 달해 경영권을 안정적으로 확보하고 있다.

신자유주의적 재벌체제에서 10대 재벌 총수의 지분율은 크게 감소했다. 1997년 2.5%에서 2018년 0.8%로 3분의 1 수준으로 떨어졌다. 총수를 포함한 총수 일가의 지분율도 2001년 3.1%에서 2018년 2.5%로 크게 떨어졌다. 반면에 계열사의 지분율은 1997년 35.5%에서 2018년 55.2%로 크게 증가했다. 재벌 총수는 2.5%의 소유지분으로 그룹 계열사들에 대한 55.2%의 의결권을 행사함으로써 소유와 지배의 괴리가 더욱 커졌다.

재벌의 문어발식 기업 확장을 통한 경제력 집중을 막기 위해 재벌 계열사 간 상호출자는 1987년 제정된 공정거래법으로 금지되었다. 상호출자제한 기업집단은 처음에는 자산총액 4,000억 원 이상에서, 2000년 2조 원 이상으로, 2009년 5조 원 이상으로, 2017년 10조 원 이상으로 바뀌었다. 재벌들은 상호출자 금지를 우회해 순환출자로 문어발식 확장을 계속했다. 이를 방지하기 위한 공정거래법 개정으로 2014년 7월부터 상호출자제한 기업집단은 신규 순환출자가 금지되었다. 그 후 순환출자 고리는 대폭 줄어들었다. 대규모기업집단의 순환출자 고리는 2013년 7월 기준 9만7,658개였으나 2018년 5월 기준 대규모기업집단(60개) 가운데 순환출자를 보유한 기업집단은 6개이고, 순환출자 고리 수는 총 41개뿐이다. 10대 재벌 중에서는 삼성 4개, 현대차 4개, 현대중공업 1개의 순환출자 고리를 가지고 있다.

총수 있는 30대 재벌의 평균 계열사 수는 2001년 20.3개에서 2017년 41.9개로 두 배나 증가했다. 이는 신자유주의적 재벌체제에서 재벌의 문어발식 기업 확장이 크게 이루어졌음을 보여준다. 특히 대부분은 이명박 정권 시기(2008~2012)에 이루어졌다.

[표15] 10대 재벌의 계열사 수와 자산총액(2019년)

	삼성	현대차	SK	LG	롯데	한화	GS	현대중공업	신세계	한진
계열사수 (개)	62	53	111	75	95	75	64	31	40	32
자산총액 (조 원)	414.5	223.5	218.0	129.6	115.3	65.6	62.9	54.8	36.4	31.7

출처: 공정거래위원회.

재벌의 이런 문어발식 기업 확장에 재벌 소유의 금융·보험사들이 사금고로 이용되고 있다. 2018년 5월 기준 공시대상 기업집단(60개)에서 총수 있는 기업집단(52개) 중 31개 기업집단이 총 186개의 금융·보험사를 보유하고 있다. 금융·보험사를 많이 보유한 기업집단은 미래에셋 33개, 한국투자금융 23개, 삼성 17개 등이다.

16개 기업집단 소속 67개 금융·보험사가 157개 계열사(금융사 125개, 비금융 32개)에 출자하고, 피출자회사에 대한 평균 지분율은 31.3%다.

재벌은 자신이 주도한 신자유주의적 재벌체제 20년 동안 이런 막대한 자본축적과 경제력 집중, 즉 국민경제에 대한 독점적 지배력을 토대로 한편으로 국민과 정부를 협박하고, 다른 한편으로 행정부, 입법부, 사법부 등 국가기구를 포획해 '금권정치'를 구사하며 재벌독재 시대를 열었다. 또한 한국 특유의 재벌체제가 50년 넘게 이어지자 경영권 세습을 통해 이제 3세, 4세로 경영권이 넘겨지고 있다. 자본주의가 고도로 발전한 서구에서는 볼 수 없는 '세습자본주의'의 행태는 한국 재벌체제의 고유한 특징 가운데 하나다. 앞에서 살펴본 대로 '박근혜―최순실―이재용 게이트'의 중심에도 삼성의 3세 경영권 세습이 놓여 있었다. 최근 재벌 '금권정치'의 중심에 경영권 세습 문제가 놓여 있는 셈이다.

재벌의 초국적 자본화와 국내 제조업의 공동화,
한국경제의 저성장 기조

다음으로 재벌이 초국적 기업으로 성장한 정도를 살펴보자. 재벌은 노무현 정권 때부터 노동 유연화와 해외시장 개척 차원에서 해외직접투자를 급격히 확대했다. 2005년부터는 한국기업의 외국기업을 대상으로 한 인수합병이 외국기업이 한국기업을 인수합병한 것보다 더 많아졌다. 2006년부터 매년 한국의 해외직접투자액수가 한국에 들어온 외국의 해외직접투자액수보다 커졌다. 2008년부터 한국의 해외직접투자 잔액이 979억 달러로 한국에 들어온 외국인자본 유치액 947억 달러를 넘어섰다. 이때부터 한국은 순자본수출국이 되었다. 특히 2008년 세계금융공황 이래 세계장기불황 국면에서 재벌은 해외직접투자를 크게 확대해왔다. 2016~2018년에 매우 공격적인 해외직접투자가 이루어졌다. 2018년에는 연간 498억 달러에 달했다.

한국의 해외직접투자 잔액의 GDP 대비 비율은 2007년 6.7%에서 2017년 23.1%로 급격히 증가했다. 이 비율은 2017년 기준 유럽연합(EU) 61.4%, 미국 40.2%, 일본 31.2%이므로, 이들 나라에 비하면 낮은 수준이지만, 그 격차가 크게 줄었다. 해외투자에 따른 배당, 이자, 근로소득 등 본원소득 수입의 해외직접투자 잔액 대비 수익률은 2017년 일본 17.9%, 미국 11.9%에 비해 한국은 6.9%로 크게 낮다.

그런데 해외직접투자의 업종별 구성이 바뀌고 있다. 제조업·광업의 비중이 크게 줄고 금융보험업과 부동산업, 도소매업의 비중이 갈수록 커지고 있다. 제조업·광업의 비중이 전체 해외직접투자에서 차지하는 비중은 2008년 45.9%에서 점점 늘어 2011년 62.7%를 차지한 후에는 점차 줄어들어 2014년 48.0%, 2015년 38.0%, 2016년 28.2%, 2017년 22.3%까지 급격히 떨어졌고, 2018년 37.3%(185억 달러)로 증가했다. 반면에 금융보험업은 2008년 15.6%에서 2014

년 15.0%로 비슷한 수준을 유지하다 2015년 23.0%, 2016년 23.6%, 2017년 30.1%, 2018년 32.6%(162억 달러)로 수직 상승했다. 금융보험업은 2016년부터 제조업 비중보다 더 커져 해외직접투자에서 가장 비중이 큰 업종으로 등장했다. 그리고 부동산업도 2008년 6.7%에서 2013년 15.8%, 2014년 12.4%, 2015년 14.2%, 2016년 15.6%(62억 달러)로 높은 수준을 유지하다 다시 낮아져 2018년 10.2%(51억 달러)를 차지했다. 반면에, 광업은 2008년 17.3%에서 2010년 29.9%(76억 달러), 2011년 27.5%, 2012년 29.0%에서 점차 비중이 줄어들어 2014년 21.2%(60억 달러), 2015년 11.6%, 2016년 7.4%, 2018년 4.3%(21억 달러)로 급격히 줄었다.

해외직접투자의 업종별 구성이 이처럼 바뀌고 있는 것은 해외투자의 성격이 생산의 세계화 또는 노동의 유연화를 위한 생산적 투자에서 점점 금융보험업과 부동산업과 같은 비생산적인 지대 추구 투자로 2015년부터 그 중점이 옮겨가고 있음을 보여준다. 세계장기불황이 길어지자 생산적 투자가 줄어들고 금융적·투기적 투자가 증가한 것이다. 이는 또한 한국경제 불황이 본격화되면서 자본도피의 성격도 가진다. 이에 따라 해외직접투자의 지역별 분포도 바뀌고 있다. 2015년부터 금융보험업과 부동산업 투자가 급증하면서 미국, 유럽, 홍콩, 케이만군도 등에 투자가 크게 늘고 있다. 중남미 투자가 최근 증가한 것은 중남미지역으로 분류되는 조세회피처 케이만군도에 대한 투자(2018년 62억 달러)가 크게 늘었기 때문이다. 해외투자의 성격이 바뀌면서 2016, 2017년에는 제조업 투자 비중이 큰 아시아지역을 제치고 금융보험업과 부동산업, 그리고 도소매업을 중심으로 한 북미지역(주로 미국)에 대한 투자가 가장 많았다. 해외직접투자는 대기업이 전체 투자액의 80% 내외를 차지해 대기업 주도로 이루어지고 있고, 최근 중소기업의 해외투자가 증가하는 추세다.

재벌의 초국적 자본화를 삼성전자와 현대자동차를 통해 구체적으로 살펴보자. 삼성전자의 경우 2011년부터 국내고용보다 해외고용이 더 많아졌고, 2017년 말 기준 해외고용 비중이 70%에 달한다. 총자산 가운데 해외자산이 30% 가까이 되고, 해외에서 생산해 판매하는 해외매출이 전체 매출의 80%를 훨씬 넘어섰다. 생산과 판매 대부분이 해외에서 이루어지고, 국내는 연구개발 중심으로 운영되고 있다.

[그림7] 한국 해외직접투자의 지역별 분포(2008~2018)

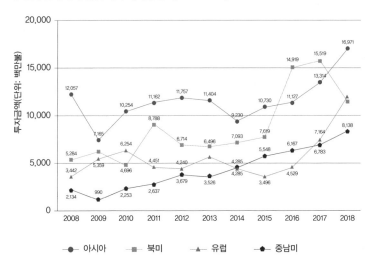

출처: 한국수출입은행 DB.

[표16] 삼성전자의 초국적화 추이(기준: 각 년 말)(단위: 억 달러, 명)

	2001	2004	2009	2012	2014	2016
해외자산 (%)	114 (21.9%)	175 (23.4%)	429 (36.2%)	464 (22.8%)	623 (30.3%)	834 (29.5%)
해외판매 (%)	283 (59.4%)	621 (78.6%)	1,114 (83.3%)	1,888 (90.0%)	1,588 (89.6%)	1,840 (86.8%)
해외고용 (%)	28,300명 (34.3%)	27,664명 (34.3%)	72,612명 (46.0%)	149,298명 (62.2%)	219,822명 (68.9%)	215,541명 (69.8%)

출처: UNCTAD, World Investment Report, 각 년도.

주: 1) 해외판매는 해외법인의 판매이다. 국내에서 생산해 수출한 것은 포함되지 않는다.
   2) 괄호(%)는 전체 자산, 판매, 고용에서 각각 해외자산, 해외판매, 해외고용이 차지하는 비중이다.

삼성전자는 2017년 말 기준 73개국에 진출하고 2,436개의 1차 협력사, 총자산 301.8조 원, 매출액 239.6조 원, 영업이익 53.6조 원, 당기순이익 42.2조 원, 연구개발비 16.8조 원을 기록하고, 임직원이 32만671명(국내 9만6,458명, 해외 22만4,213명으로 해외고용 비중 69.9%)인 초국적 기업이다. 전 세계에 217개 생산거점, 판매거점, 디자인 센터, 연구소를 보유하고 15개 지역별 총괄체제를 운영하고 있다. 삼성전자는 2017년 해외자산을 기준으로 한국에서 세계 100대 비금융 초국적기업에 든 유일한 기업이며, 세계 39위를 차지했다. 삼성전자의 성장은 눈부셨다. 2008년 총자산 100조 원, 2013년 200조 원을 돌파했으며, 2017년 300조 원을 넘어섬으로써 10년만에 자산이 3배로 늘어났다. 삼성전자는 2017년 세계 주요 상장사 가운데 연구개발(R&D) 지출에서 아마존과 알파벳(구글)에 이어 세계 3위를 차지했다. 또한 2017년 메모리 반도체 슈퍼호황 덕분에

만년 1위인 인텔을 제치고 처음으로 반도체 매출 1위 자리를 차지했다.

다음으로 현대자동차는 2017년 말 기준 총자산 178.2조 원, 450만여 대 생산, 매출액 96.4조 원, 영업이익 4.6조 원, 당기순이익 4.5조 원이고, 임직원이 12만2,217명(국내 6만8,876명, 해외 5만3,341명으로 해외고용 비중 43.6%)에 이르는 초국적기업이다. 기아자동차는 2017년 말 기준 총자산 52.3조 원, 272만 대 생산, 매출액 53.5조 원, 영업이익 0.7조 원, 당기순이익 1.0조 원이고, 임직원이 5만1,789명(국내 3만4,650명, 해외 1만7,139명으로 해외고용 비중 33.1%)이다. 현대·기아차는 2018년 기준 741만여 대를 생산해 세계 5위의 자동차회사로 성장했다. 현대차그룹은 이미 2014년에 800만 대를 생산, 판매해 세계 5위의 완성차 회사로 도약했다.

[표17] 현대자동차의 초국적화 추이(기준: 각 년 말)(단위: 억 달러, 명)

	2002	2005	2008	2011	2013	2015
해외자산 (%)	18 (8.8%)	196 (25.7%)	276 (31.5%)	254 (22.3%)	285 (21.1%)	252 (17.0%)
해외판매 (%)	120 (57.4%)	306 (44.7%)	375 (52.3%)	118 (15.6%)	470 (55.3%)	349 (43.3%)
해외고용 (%)	4,825명 (9.3%)	5,093명 (9.3%)	22,512명 (28.7%)	38,318명 (39.0%)	41,838명 (39.9%)	46,510명 (41.5%)

출처: UNCTAD, World Investment Report, 각 년도.

주: 1) 해외판매는 해외법인의 판매이다. 국내에서 생산해 수출한 것은 포함되지 않는다.
　 2) 괄호(%)는 전체 자산, 판매, 고용에서 각각 해외자산, 해외판매, 해외고용이 차지하는 비중이다.

현대차그룹은 1999년 정몽구 회장이 소위 '글로벌 탑(GT) 5 전략'을 선언하며 본격적으로 해외에 현지 생산공장을 짓기 시작했다. 현대차의 경우 2001년 약 9만 대(총생산의 6%)에서 2009년 150만 대(총생산의 48.2%)로 해외생산이 크게 늘었고, 2010년부터는 해외생산량이 국내생산량을 넘어섰다. 2017년 현대차의 생산량 450만여 대에서 국내생산이 165만 대, 해외생산이 285만 대로 해외생산의 비중이 63.4%에 이른다. 현대차는 450만여 대를 국내에 69만 대, 해외에 382만 대 판매했다. 현대·기아차의 해외생산 비중은 2013년 54.8%, 2015년 55.2%, 2016년 59.1%, 2017년 56.2%를 차지하고 있다. 2017년 기준 생산능력은 해외가 493만 대로 국내의 334만 대보다 훨씬 더 크다. 국내투자는 하지 않고 해외투자에 집중한 결과다. 현대차 그룹은 중국, 미국, 멕시코, 인도, 베트남, 러시아, 터키, 체코, 슬로바키아, 브라질 등에 현지 생산공장을 설립했다. 또 생산공장뿐 아니라 기술연구소, 디자인센터를 미국, 유럽, 중국, 인도, 일본 등에 설립했다. 현대·기아차가 해외생산 비중을 늘려감에 따라 2016년 국내 완성차 5개사의 해외생산량이 465만 대로 국내생산량 423만 대를 넘어서기 시작했다. 이에 따라 2015년까지 세계 5위였던 한국의 자동차 생산 대수 순위는 2016년 인도에 밀려 6위로, 2018년에는 멕시코에 추월당해 7위로 떨어졌다. 또한 2018년 삼성전자의 연간 휴대폰 생산능력은 5억3,400만 대인데, 한국 구미공장은 2,400만 대(4.5%)에 불과하고, 베트남 2억4,000만 대(44.9%), 인도 1억2,000만 대(22.5%), 중국 1억800만 대

(20.2%), 브라질 2,400만 대, 인도네시아 1,800만 대 등 해외생산능력이 95.5%를 차지한다.

이처럼 재벌 대기업이 초국적 자본화하면서 국내에는 더 이상 설비를 증설하지 않고 해외로 생산기지를 확장하는 추세가 급격히 진행되고 있다. 휴대폰, 반도체, 디스플레이 등 전자부품 업종과 자동차, 화학제품 등 주력 제조업이 해외로 빠져나가면서 국내 생산기반이 서서히 무너지기 시작했다. 삼성전자, 현대차 등 재벌은 그동안 중국에 집중적으로 생산기지를 늘려오다 이제 베트남, 인도 등 동남아시아 신흥국들에 해외직접투자를 집중하고 있다. 그 결과, 2018년 제조업 생산능력지수는 −1.1%로 1971년 통계 작성 이후 처음으로 감소했다. 제조업 생산능력은 기업이 정상적인 조업환경일 때 국내에서 최대로 생산할 수 있는 양을 말한다. 2018년 제조업 해외직접투자는 사상 최대로 164억 달러에 달했다. 재벌이 이처럼 해외로 진출하면서 국내 설비투자 증가율은 −4.2%로 2009년 (−9.6%) 이후 가장 크게 감소했다. 재벌의 초국적 자본화가 국내 제조업의 공동화, 즉 국내 제조업 생산기반을 무너뜨리기 시작한 것이다.

한편, 신자유주의적 재벌체제하에서 재벌 대기업은 기업운영원리를 신자유주의 패러다임으로 바꾸었다. 단기수익성 위주로 경영하고, 현금흐름을 중시하며, 노동 유연화와 사업 전문화로 경영방식을 변화시켰다. 이는 서구의 초국적기업에서 일반적으로 나타나는 이윤 분배방식으로 투자가 아닌 주주가치를 위한 배당 증가, 주가관리를 위한 자사주 매입, 그리고 현금보유 비중 증가 등을 가져왔다. 기업운영원리의 이런 신자유주의적 변화는 초국적 자본화에 따른 해외직접투자의 증가와 함께 한국경제를 저성장 기조로 전환하고 이른바 '낙수효과'를 사라지게 함으로써 한국사회의 양극화를 더욱 심화하는 데 결정적으로 작용했다.

우선 한국경제는 1997년 IMF 사태를 계기로 저성장 기조로 전환했다. IMF 사태 이전인 김영삼 정권 시기(1993~1997) 연평균 경제성장률 8.1%에 비해 김대중·노무현 정권 시기(2000~2008) 연평균 성장률은 4.6%로 반토막 났다. 2008년 세계금융공황 이후 세계 장기불황 시기인 이명박·박근혜 정권 시기(2011~2016)의 연평균 성장률은 노골적인 '친기업정책'에도 불구하고 2.8%로 다시 반토막 났다. 이런 저성장 기조로의 전환은 정권이 자유주의 정권이냐 수구 정권이냐에 관계없이 기본적으로 한국경제가 신자유주의 패러다임으로 전환되고 재벌이 신자유주의적 경영으로 전환한 결과였다. 이명박·박근혜 정권 시기는 세계경제 장기불황이라는 정세적 요인 때문에 경제성장률이 더욱 낮아진 것이었다.

배당을 통해 본 한국경제의 주인―
재벌과 외국계 초국적 자본

기업이 순이익을 주주에게 환원하는 배당 문제와 자사주 매입 문제를 살펴보자. 한국상장회사협의회의 발표(2019. 4. 29)에 따르면, 2015년부터 유가증권시장 상장사들의 현금배당금은 20조 원을 넘어섰고, 2018년에는 30조 원을 넘어섰다. 현금배당금이 최근 4년 새 두 배가량 늘었다. 자사주 매입의 경우 미국, 유럽 등 서구에서는 자사주 매입 후 바로 주식을 소각하므로 주가부양의 주요 수단으로 알려져 있지만, 한국에서는 유가증권시장 상장기업들이 대부분 자사주 매입 후 재매각한다. 이런 경향은 지주회사 전환 시 경영권 승계에 활용하거나, 경영권 방어 목적으로 우호지분을 확보하려 '백기사'에 매각하는 방식으로 나타났다. 재벌들은 내놓고 "경영권 방어 수단으로 효과를 기대할 수 있는 것은 자사주 취득밖에 없다"고 주장했다. 2000~2012년까지 자사주 취득금액 가운데 시가총액 상위 100대 기업이 85~95%를 차지하고 있어 재벌 대기업이 주로 자사주를 취득하고 있음을 알 수 있다. 2005~2011년 동안 선진국, 신흥국과의 국제비교연구에 따르면, 한국은 배당지급기업의 비중은 높으나 배당성향은 선진국은 물론 신흥국에 비해서도 낮다. 배당지급기업의 비중은 선진국 평균 44%, 신흥국 평균 43%인데 비해 한국은 68%에 이른다. 배당성향은 현금배당과 자사주 매입을 합해도 선진국 평균 71%, 신흥국 평균 44%에 비해 한국은 32%에 그친다.

선진국은 물론이고 신흥국보다 낮은 한국의 현금배당 및 자사주 매입 성향은 주주에게 환원하지 않은 당기순이익이 어디로 갔는지 의문을 불러일으킨다. 2008년 세계금융공황 이후 이윤의 상당 부분이 사내유보되면서 재벌 대기업의 현금 및 현금성 자산이 크게 증가하기 시작했다. 10대 그룹 상장사의 현금성 자산은 12년 동안 무려 9배 증가했다. 2014년 세계적 초국적 기업의 현금성 자산 '톱 5'에는 1위 애플(1,468억 달러; 약 157조 원), 2위 마이크로소프트(807억 달러), 3위 구글(565억 달러), 4위 미국 통신업체 버라이즌(541억 달러), 5위 삼성전자(490억 달러; 약 52조 원) 등이 들어갔다.

2018년 10대 그룹의 현금성 자산 248.4조 원 가운데 삼성과 현대차 그룹이 168.2조 원으로 68%를 차지한다. 4대 재벌(삼성, 현대차, SK, LG)의 현금성 자산은 209.8조 원으로 10대 그룹 전체의 84.5%를 차지한다. 삼성그룹만 125.4조 원으로 절반이 넘는 50.5%다. 삼성그룹 가운데 삼성전자의 현금성 자산은 104.2조 원이다. 2008년 이래 재벌 대기업의 현금성 자산의 이런 급격한 증가에 따라 외국인 투자자의 현금배당에 대한 요구가 거세게 일어났다. 한국 주식시장에서 외국인 투자자의 비중이 30%대를 꾸준히 유지하고 있기 때문이다. 외국인 주식투자는 매출 규모와 총자산이 큰 우량대기업에 집중되어 있다. 2016년 10월 7일 기준 10대그룹 소속 89개 상장사의 시가총액은 738.6조 원인데, 외국인 투자자 비중은 292조 원으로, 39.5%를 차지했다. 삼성그룹 상장사의 외국인 비중이 43.5%로 가장 높았고, 현대차그룹 41.7%, SK그룹 39.1%, LG그룹 34.5% 등이다. 외국인 투자자는 재벌 대기업 상장사에 집중적으로 투자하고 있는 셈이다. 유가증권시장에서 2018년 5월 기준 외국인 투자자의 주식 보유 비중이 50%가 넘는 종목이 61개이다. 여기에는 삼성전자, SK하이닉스, 포스코, SK텔레콤, LG유플러스,

한국전력 등이 모두 포함되었다. 현대차, 현대모비스도 45%가 넘는다. 특히 삼성전자의 외국인 지분율은 2017년부터 크게 증가해 2016년 말 50.8%에서 2017년 말 52.7%, 2018년 말 55.6%, 2019년 5월 57.4%에 이른다.

재벌 대기업의 외국인 지분율이 높아져 현금배당에 대한 압력이 커지면서 2012~2016년 5년 동안 10대 그룹의 배당금은 46조 원에 달했다. 이 가운데 삼성 상장사들이 18.6조 원의 배당금을 지급해 10대 그룹 전체 배당금의 40.4%를 차지했다. 삼성전자의 경우 2014년부터 배당성향이 두 자릿수로 뛰어올랐다. 박근혜 정권이 2014년 기업들의 배당확대 정책을 도입한 후 3년간(2014~2016년) 10대 그룹 상장사가 외국인 투자자에게 지급한 현금배당액은 15조 원에 달했다. 2018년에는 4대 그룹 배당총액(18조 원)의 절반이 넘는 51.1%(9.2조 원)가 외국인 배당금이었다. 2014년도 4대 그룹 상장사 주요 주주별 배당금을 살펴보면, 외국인 투자자에게 49.3%, 총수가족 및 계열사에게 25.7%로 이들에게 지급된 배당금이 전체의 75%를 차지했다. 주주환원 정책이란 사실상 외국인 투자자와 재벌 자신의 배를 불리는 정책임을 알 수 있다. 특히 재벌 대기업의 외국인 지분율이 과반을 넘는 등 높은 것을 고려하면, 주주환원 정책은 사실상 외국인 투자자를 위한 정책임을 알 수 있다.

한편, 삼성전자는 2001년부터 2014년까지 11차례에 걸쳐 16조 원 규모의 자사주를 매입했다. 삼성그룹은 2015년 이재용의 경영권 세습을 위한 삼성물산/제일모직 합병문제가 논란이 되자 경영권 세습에 대한 외국인 투자자의 지지를 얻기 위해 2015년 10월 '주가부양'을 명목으로 11조 원 규모의 자사주 매입 및 소각 계획을 발표한 후, 2015년 4.3조 원, 2016년 7.1조 원 규모로 자사주를 매입해 소각했다. 삼성전자의 이런 자사주 매입 규모는 각 년도의 유가증권시장 상장사 전체의 자사주 매입의 43.6%, 81.6%를 차지할 정도로 대규모였다. 삼성전자는 '최순실−박근혜−이재용 국정농단 사태'로 2017년 2월 이재용이 구속되자 2017년 4월 지주회사 전환 포기를 선언하고, 보유 중인 자사주 45조 원 규모(발행주식의 13.3% 해당)를 모두 소각하고, 2017년 9조 원 규모의 자사주를 추가로 매입해 소각하겠다고 발표했다. 이런 대규모 자사주 매입과 소각은 삼성전자의 주가를 폭등시켰다. 2015년 10월의 첫 발표 시점부터 2017년 4월의 대규모 자사주 소각 발표 때까지 삼성전자의 주가는 100% 넘게 올랐다.

[표18] 삼성전자 주주환원 내역(2014~2018)(단위: 조 원)

	2014	2015	2016	2017	2018
배당총액	3.0	3.1	4.0	5.8	9.6
배당성향(%)	13.0	16.4	17.8	13.7	21.7
자사주매입액	2.4	4.3	7.1	9.2	−
총 주주환원 금액	5.4	7.4	11.1	15.0	−
당기순이익	23.4	19.1	22.7	42.2	44.3
총 주주환원율(%)	23.1	38.7	48.9	35.5	

출처: 한국거래소 삼성전자 각 년도 사업보고서.

재벌 대기업 주주환원 정책의 최대수혜자는 외국인 투자자와 재벌총수 일가였다. 우선 배당금이 지분율에 따라 배분되기 때문이고, 자사주 매입과 소각이 주가를 부양할 뿐 아니라 재벌총수 일가와 외국인 투자자의 지분율을 높여주기 때문이다. 삼성전자의 경우 총수 일가 지분율은 보유주식 수에 변동이 없는데도 2015년 10월 발표 때의 17.6%에서 대규모 자사주 매입과 소각이 마무리된 2018년 9월 현재 20.1%로 2.5%포인트 올랐다. 삼성전자가 2017년 대규모 자사주 매입과 소각에 나서자 2018년부터 현대자동차, SK하이닉스 등 여타 재벌 대기업도 대규모 자사주 매입과 소각 등 주주환원 정책에 따라나서고 있다. 7대 시중은행과 금융지주회사의 경우 외국인 배당금 비중은 더 크다. 1997년 IMF 사태 이후 외국계 자본이 시중은행을 장악했기 때문이다. 2000~2010년까지 10여 년 동안 7대 시중은행의 경우 외국인 평균 지분율이 41%이고, 4.1조 원의 배당금을 지급받아 배당금 전체의 41.9%를 차지했다. 금융지주회사의 경우 외국인 평균지분율이 43.9%이고, 1.7조 원의 배당금을 받아 배당금 전체의 44.0%를 차지했다. 2018년 KB·신한·하나 금융 등 3대 금융지주회사의 외국인 배당금은 배당총액의 67.2%를 차지했다. 한국에서 외국인 투자자에게 지급하는 배당소득은 최근 2017년부터 급격하게 증가해 2018년 224억 달러에 달하고 있다.

그런데 한국 유가증권시장에 들어온 외국인 투자의 절반 이상은 영미계 자본으로 금융기관투자가나 펀드형태의 전형적인 금융자본이다. 특히 미국계 자금이 압도적이다. 외국인 투자자의 국적

별 투자액 비중은 2019년 1월 기준 미국 42.9%, 영국 8.2%, 싱가포르 5.3%, 일본 2.4%, 중국 2.0%, 조세회피처(룩셈부르크·아일랜드·몰타·케이맨제도 등) 20% 등이다. 그 결과, 재벌 대기업이 신자유주의적 재벌체제 하에서 벌어들이는 막대한 독점이윤은 그 4분의 1 이상(배당을 기준으로 하면 절반 이상)이 현금배당과 주가상승에 따른 시세차익의 형태로 초국적 자본에게 돌아가고 있다. 신자유주의적 재벌체제의 이런 현실은 한국경제의 주인이 누구인지 묻지 않을 수 없게 한다. 겉으로는 재벌들이 한국경제의 주인으로 '금권정치'를 하며 한국경제를 지배하고 있지만, 수익의 4분의 1 이상은 외국계 초국적 자본이 차지한다. 달리 말하자면, 신자유주의적 재벌체제에서는 초과착취·수탈로 얻은 초과이윤을 내외 초국적 자본세력이 공동으로 누리고 있다. 한국경제의 주인은 재벌 주도의 '초국적 자본 연합'이라 할 수 있다. 토대인 한국경제의 이런 성격은 상부구조인 한국의 정치, 군사, 문화 등의 성격을 일정하게 규정하고 제약하고 있다. 역사적, 정치적, 이데올로기적으로 한국사회가 일본에 이어 미국 제국주의에 종속되어 있을 뿐만 아니라, 토대인 신자유주의적 재벌체제 자체가 내외 초국적 자본세력에게 장악되어 있다. 한국경제의 이런 성격은 한국 정부에 대한 재벌의 우위를 더욱 강화하는 방향으로 작용하고 있다. 또한 앞으로 더욱 격화될 미·중 패권전쟁에서 재벌과 한국 정부가 어느 편에 설 것인지를 규정할 것이다.

사회 양극화의 주범은 노동 유연화 공세−
노동계급의 비정규직화

지금까지 신자유주의적 재벌체제 20년 동안의 사회 양극화의 한쪽 측면인 재벌의 경제력 집중과 초국적 자본화를 살펴보았는데, 이제 그 반대 측면인 중소·영세기업과 노동계급/농민/소상공인(자영업자) 등 민중의 빈곤화를 살펴보자. 재벌의 경제력 집중과 노동자, 민중의 빈곤화는 동전의 양면이다. 중소·영세기업은 그 중간에서 사회 양극화를 매개하고 있다. 사회 양극화 현상은 신자유주의 체제에 고유한 현상이 아니라 자본주의 자체의 본질적 측면이지만, 신자유주의적 재벌체제 20년은 파쇼적 재벌체제 30년 때보다 사회 양극화를 더 극단적으로 악화시켰다. 이 점은 1980년대 이래 세계 자본주의가 신자유주의적 자본주의로 전환된 이후 나타난 세계적 현상이기도 하다. 그런데 한국은 신자유주의적 자본주의 내에서도 그 정도가 가장 심각한 나라에 속하기 때문에 국민소득 3만 달러 시대인데도 '선진국'이 아닌 '헬조선'이라 불리게 되었다.

신자유주의적 재벌체제하에서 사회 양극화의 주범은 재벌과 정부의 노동 유연화 정책이었다. 재벌은 1990년대 초반 신자유주의 세계화 전략을 시작한 이래 김영삼 정권 때부터 본격적으로 정부를 추동해 노동 유연화 정책을 지속해 왔다. 이에 대해 노동계급이 1996~1997년 노동법 개악 저지 총파업투쟁을 통해 일시적으로 저지했으나, 1997년 IMF 사태를 계기로 노동 유연화는 전면적으로 입법화되었다. 그 이후 김대중, 노무현, 이명박, 박근혜 정권은 자유주의 보수냐 수구 보수냐에 상관없이 일관되게 노동 유연화 정책을 추진했다. 이명박, 박근혜 수구 정권이 강하고 거칠게 노동 유연화 정책을 추진했다면, 김대중, 노무현 정권은 더 완곡한 방식으로 추진한 차이밖에 없었다. 이런 역대 정권의 노동 유연화 정책은 박정희체제에서 파쇼적 방식의 저임금·장시간 노동체제를 통해 추구한 초과착취를 신자유주의적 방식으로 계속 유지하는 것이었다. 체제 운영의 주도권이 독재정권에서 재벌로 바뀌었을 뿐이다. 노동 유연화 정책과 제도는 1997년 IMF 사태 이후 계급 간 세력관계를 1987년 노동자대투쟁 이전의 상태로 되돌리는 주춧돌이 되었다. 그런 토대에서 재벌은 비정규직을 양산하며 노동계급의 저항에 대해서는 손해배상 청구와 같은 새로운 방식으로 대응했다. 더 나아가 삼성, 현대차 등 주요 재벌은 여전히 불법적인 노조탄압과 대법원판결을 무시하는 '금권정치'를 통해 노동운동을 무력화시켰다. 박근혜 정권 때는 노동자의 저항에 부딪히자 '신공안통치'와 같은 파쇼적 탄압으로 되돌아가려고까지 했다. 저임금·장시간노동체제를 유지할 수 있는 계급 간 세력관계를 만들기 위해서는 1987년 이전과 같은 노동자 무권리 상태가 필수적이었기 때문이다.

그 결과, 비정규직 노동자는 대규모로 양산되었고, 2007년 노무현 정권 때 비정규직 사용을 2년으로 제한했음에도 불구하고, 재벌은 2년이 되기 전에 비정규직을 해고함으로써 무력화시켰다. 한국사회 양극화의 첫 번째 규정요인은 바로 재벌과 정권의 노

[그림8] 비정규직 규모 추이(2001~2018)(단위: 천명, %)

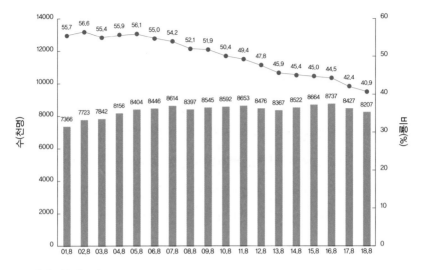

출처: 김유선(2018).

동 유연화 정책에 따라 대규모로 비정규직 노동자가 양산되었다는 점이다. 1997년 IMF 사태 이후 크게 증가한 비정규직 규모는 2001~2006년 임금노동자의 55~56% 수준까지 증가했다가 그 이후 꾸준히 감소했지만, 2018년에도 40.9%에 달한다. 이런 비정규직 비율은 세계 최고 수준이다. 절대적 규모에서는 2016년 874만 명을 정점으로 해 2018년 현재 821만 명이다.

노동부가 집계한 고용형태 공시제 결과(2018년 3월)에 따르면, 민간부문 300인 이상 대기업에서 기업규모가 클수록 비정규직 비율이 높다. 300인 이상 500인 미만 기업은 비정규직 비율이 28.2%이고, 500인 이상 1,000인 미만 기업은 36.1%인데, 1,000인 이상 기업은 40%가 넘는다. 즉 5,000인 이상 1만인 미만 기업이 43.4%로 가장 높고, 1,000인 이상 5,000인 미만 기업과 1만인 이상 거대기업은 41.9%이다. 특히 대기업은 사내하청, 파견·용역 등 간접고용 비정규직의 주범이다. 한국은 불법파견인 사내하청을 포함한 파견 근로가 2014년 기준 167만 명(8.9%)으로 OECD 국가 중 가장 높다. 2018년 3월 현재 10대 재벌 비정규직 비율은 37.2%로, 간접고용 비정규직(29.3%)이 직접고용 비정규직(7.9%)보다 4배 많다. 재벌계열 대기업일수록 사내하청을 많이 사용하고 있다. 또한 10대 재벌 비정규직 노동자 수는 삼성(12만 2,000명), 현대자동차(7만 8,000명), 롯데(7만 7,000명), SK(4만 2,000명), 포스코(3만 8,000명), LG(2만 9,000명), 현대중공업(2만 9,000명), GS(2만 6,000명), 한화(2만 3,000명), 농협(1만 8,000명) 순이다. 신자유주의적 재벌체제에서 노동계급의 차별적 구성은 고용형태와 기업 규모에 의해 이중적으로 이루어져 왔다. 정규직/비정규직의 고용형태에 따른 차별과 300인 이상의 대기업과 중소·영세업체 간의 기업 규모에 따른 차별이 그것이다. 대기업 정규직과 정부부문은 고용안정과 상대적 고임금이 보장되었고, 비정규직과 중소·영세업체 노동자는 고용불안정과 저임금으로 차별되었다. 이중적 차별 가운데 고용형태별 차별이 더 규정적으로 작용했다.

먼저 선진국의 '보장노동자'에 해당하는 고용안정과 상대적 고임금을 누리는 대기업 및 정부부문 정규직 노동자는 2017년 통계청 일자리행정통계에 따르면, 447만 명으로 전체 취업자의 19.3%, 임금노동자의 23.4%를 차지한다. 여기서 정부부문의 정규직과 비정규직의 추정비율은 300인 이상 대기업의 추정비율 정규직 60% 대 비정규직 40%를 똑같이 적용해 추산한 것이다. 또 사내하청, 파견·용역 등 간접고용 비정규직도 대기업 비정규직으로 포함한 것이다.

[표19] 대기업 정규직 및 정부부문 노동자 규모 추정(2017년)

구분		수(만 명)			취업자 비중(%)	노동자 비중(%)
		전체	민간부문	정부부문		
전체 일자리		2,316	2,072	244	100.0	–
임금노동자		1,907	1,663	244	82.3	100.0
300인 이상 기업체	계	745	501	244	32.2	39.1
	정규직	447	301	146	19.3	23.4
	비정규직	298	201	98	12.9	15.6

출처: 통계청 일자리행정통계(2017년). 김유선(2019)에서 재인용.

대기업과 정부부문의 고용 노동자가 745만 명으로 전체 노동자의 39.1%를 차지한다는 것은 노동 유연화 정책을 주도한 것이 재벌과 정권이었다는 질적 규정뿐 아니라 양적으로도 재벌과 정권이 노동 유연화 정책을 주도했다는 것을 보여준다. 곧 노동 유연화의 주범이 재벌과 정권이라는 것이다. 전체 노동자의 4분의 1에 해당하는 대기업과 정부부문 정규직 노동자를 제외한 비정규직, 중소·영세업체 노동자는 각종 차별을 받고 있어 노동계급이 크게 양극화되어 있다.

고용형태별 차별의 가장 중요한 지표인 임금격차를 살펴보면, 비정규직의 월 평균임금은 2000년 정규직의 53.7%에서 2010년 46.9%로 악화했다가 2018년 50.7%로 약간 개선되었다. 추세적으로는 격차가 더 확대된 것이다.

이를 사업체 규모별로 살펴보면, 고용형태와 사업체 규모에 따른 이중의 차별이 잘 드러난다. 2018년 8월 현재 300인 이상 사업체 정규직 노동자 임금을 100이라 할 때 비정규직 임금은 63.2%이고, 5인 미만 사업체 정규직 임금은 51.1%, 비정규직 임금은 31.0%이다. 300인 이상 대기업 및 정부부문 정규직 대 중소·영세업체 비정규직으로 크게 양극화되어 있는 것이다.

[표20] 사업체 규모와 고용형태별 월 임금총액과 임금격차(2018년 8월)

| | 월 임금총액(만 원) | | | 임금격차1(%) | | 임금격차2(%) | |
| | | | | 300인 이상 정규직=100 | | 각 규모별 정규직=100 | |
	정규직	비정규직	노동자	정규직	비정규직	정규직	비정규직
1–4인	240	128	159	58.2	31.0	100.0	53.3
5–9인	265	156	206	64.2	37.8	100.0	58.8
10–29인	293	168	241	70.9	40.8	100.0	57.5
30–99인	323	191	287	78.4	46.3	100.0	59.0
100–299인	345	221	318	83.7	53.7	100.0	64.2
300인 이상	412	261	391	100.0	63.2	100.0	63.2
전규모	321	163	256	77.7	39.4	100.0	50.7

출처: 통계청 경제활동인구조사 근로형태별 부가조사(2018년 8월) 원자료. 김유선(2019)에서 재인용.

그런데 경제활동인구조사는 기업체가 아닌 사업체 조사라는 점에서 대기업 정규직 규모를 과소 추정할 가능성이 높다. 실제로 2017년 통계청 일자리행정통계에 따르면, 300인 이상 민간 대기업과 정부부문의 정규직은 447만 명으로 추정되는데, 2018년 통계청 경제활동인구조사에서 300인 이상 사업체 정규직은 218만 명으로 추산되었다. 경제활동인구조사에서 230만 명이나 적게 추산된 것이다. 예컨대 자동차 완성업체 영업판매소 직원의 경우 기업체 기준으로는 대기업 소속이지만 사업체 기준으로는 중소·영세업체 소속이다. 은행 지점에서 일하는 은행원도 마찬가지다. 또 공립학교나 동사무소 직원은 정부부문 공무원이지만, 사업체 기준으로는 중소·영세업체 소속으로 분류된다. 이런 점을 고려하면, 대기업이나 정부부문의 정규직이 중소·영세업체 정규직으로 분류되기 때문에 기업 규모별 격차가 실제로는 더 클 가능성이 높다. 즉 경제활동인구조사가 기업 규모별 격차를 과소평가할 가능성이 높다.

남녀 성차별은 고용형태별 차별로 나타나고 있다. 2018년 8월 현재 남자는 정규직이 66.8%, 비정규직이 33.2%로 정규직이 두 배 이상 많은 데 비해, 여자는 정규직이 49.3%, 비정규직이 50.7%로 비정규직이 더 많다. 여성 비정규직 비율은 2001년 70.8%에서 2018년 50.7%로 꾸준히 감소하고 있다. 비정규직 분포에서는 여자가 54.8%로 남자 45.2%보다 더 많다.

임금노동자 내부에 고용형태와 기업 규모에 따른 이중의 차별로 발생한 양극화는 하위 10%와 상위 10%의 월 평균임금을 비교한 임금불평등(P9010)을 2000년 4.44배에서 2017년 5.63배로 더 확대했다. 촛불혁명 이후 2018년부터 최저임금이 대폭 인상됨에 따라 2018년 배율은 5.04배로 떨어졌다. 또 2018년 기준 월 임금총액 기준으로 '중위임금'(200만 원)의 3분의 2인 133만 원 미만을 '저임금계층'으로 분류하는데, 전체 노동자 2,004만 명 가운데 359만 명(17.9%)이 저임금계층이다. 저임금계층 비율은 2000~2016년까지 21.2%~26.7%에서 오르내리다가 2017년 20.5%, 2018년 17.9%로 감소하고 있다. 이것 역시 최저임금의 대폭 인상 효과다.

한국의 저임금노동자비율을 OECD 주요국과 비교하면(1992~2016), 한국은 2001~2009년까지 1위를 차지했고, 1992~2000년과 2010~2016년에는 미국에 이어 2위를 차지하고 있다. 2016년의 경우 저임금노동자 비율은 미국 24.9%, 한국 23.5%이고, 핀란드는 7.1%로 가장 낮다. 그러나 최저임금제도에도 불구하고 법정 최저임금 미달자는 2000년 53만 명(4.2%)에서 2018년 311만 명(15.5%)으로 크게 늘어났다. 이는 정부가 근로감독 행정의무를 다하지 않고 있음을 보여준다. 심지어 정부부문인 공공행정에서조차 최저임금 미달자가 2018년 16만 명(13.8%)이나 된다.

2018년 8월 현재 최저임금 미달자 비율은 여성(21.6%)이 남성(10.5%)보다 높고, 학력별로는 학생(45.1%)과 저학력층(41.4%), 연령별로는 청년(32.4%)과 고령자(30.9%)가 높다. 고용형태별로는 비정규직(32.5%) 가운데서도 특히 가내근로(54.7%)와 시간제근로(42.3%)가 높고, 종사상 지위별로 임시직(38.5%)과 일용직(40.5%)이 높다. 법정 최저임금 미달자의 이런 높은 비율은 광범위한 중소·영세업체 비정규직 노동자의 무권리상태를 그대로 보여주고 있다.

임금노동자 양극화의 주요 지표인 임금격차 외에 사회보험(국민연금·건강보험·고용보험) 가입률과 노동조건 적용률을 보면, 노동계급 내의 양극화는 더욱 커진다. 2018년 기준 사회보험 가입률은 정규직이 84~99%인데 비해, 비정규직은 33~42%밖에 안 된다. 또 정규직은 퇴직금·상여금·시간외수당·유급휴가를 67~99% 적용받지만, 비정규직은 20~33%만 적용받고 있다. 비정규직은 사회보험 가입률이 2001년 19~22%에서 2018년 33~42%로 증가했고, 퇴직금·상여금·시간외수당·유급휴가 적용률은 같은 기간 10~14%에서 20~37%로 증가했지만, 거의 정체상태에서 더 개선되지 않고 있다. 비정규직 임금이 정규직의 절반 수준이라면, 임금 외 노동조건까지 포함했을 때는 정규직의 3분의 1 수준이라 할 수 있다.

비정규직으로 대표되는 고용불안정은 고용안정의 주요 지표인 근속연수를 살펴보아도 확실히 드러난다. 2011년 기준 한국의 근속연수 1년 미만의 단기근속자 비율은 35.5%로 OECD 회원국 중 가장 높다(OECD 평균 16.5%). 반대로 근속연수가 10년 이상인 장기근속자 비율은 한국이 18.1%로 OECD 회원국 중 가장 낮다(OECD 평균 36.4%). 한국은 OECD 국가 중 근속연수가 가장 짧은 '초단기근속' 국가로 고용이 가장 불안정한 나라다. 비정규직 노동자가 정규직으로 전환할 가능성은 갈수록 낮아진다. 비정규직보호법에 따라 2년 이후에는 정규직으로 전환되어야 하나, 실제 비정규직의 정규직 전환율은 오히려 떨어지고 있다. 1년 6개월 초과 근속 비정규직의 정규직 전환율은 2012년 27.9%에서 점차 하락해 2016년 16.8%에 불과했다. 1999~2009년 임시직의 3년 후 정규직 전환율은 한국이 22%로 OECD 조사대상 16개국 가운데 꼴찌였다.

중소·영세업체 비정규직 노동자에 대한 차별을 통한 초과착취는 실질임금 인상률과 실질노동생산성 증가율의 격차로 나타났다. 1997년 IMF 사태 이전에도 임금인상률은 노동생산성 증가율에 못 미쳤지만, IMF 사태 이후 저임금 비정규직이 크게 늘어나고, 정규직도 경제성장에 못 미치는 임금인상이 이어지면서, 임금인상률과 노동생산성 증가율 격차는 크게 벌어지기 시작했다. 특히 2008년 세계금융위기 이후 이명박 정권 시기에는 노동생산성은 향상해도 임금은 상승하지 않는 '임금 없는 성장'이 이루어졌다. 이에 따른 사회 양극화는 총국민소득(GNI) 대비 가계소득 비중이 하락하고 기업소득 비중은 증가하는 것으로 나타났다. 가계소득 비중은 1998년 72.8%에서 2017년 61.3%로 크게 하락했지만, 기업소득 비중은 1998년 13.9%에서 2017년 24.5%로 크게 증가했다. 가계소득 비중은 1998년에는 OECD 평균보다 높았으나, 2017년에는 더 낮아졌다. 반면에 기업소득 비중은 1998년에는 OECD 평균보다 낮았으나, 2017년에는 훨씬 더 높아졌다. 이는 세계적인 신자유주의 체제하에서도 한국의 사회 양극화가 훨씬 더 심각하게 진행되었음을 말해준다.

1997년 IMF 사태 이후 한국의 사회 양극화가 세계 최고 수준이라는 점은 국가별 소득 불평등을 재는 주요 지표를 통해서도 확인된다. 가계소득 상위 10%의 경곗값을 하위 10%의 경곗값으로 나눈 10분위 수 배율(P90/P10), 중위소득 60% 기준 상대적 빈곤율, 그리고 지니계수 등을 통해 알아보자. 10분위 수 배율에서 한국은 2017년 5.79배로 OECD 36개 회원국 중 32위 수준이다. 한국보다 가계 간 소득 격차가 큰 나라는 멕시코(7.2배), 칠레(7배), 미국(6.3배), 리투아니아(5.8배)다. 중위소득 60% 이하 상대적 빈곤율에서 한국은 2017년 23.2%로 OECD 36개 회원국 중 29위 수준이다. 65세 이상 중위소득 60% 이하 상대적 빈곤율은 2017년 50.5%로 최하위다. 처분가능소득 기준 지니계수를 보면, 한국은 2017년 0.355로, OECD 35개 회원국 중 31위 수준이다. 한국보다 소득불평등도가 높은 나라는 멕시코(0.459; 2014년), 칠레(0.454; 2015년), 터키(0.404; 2015년), 미국(0.391; 2016년)이다. 한국의 시장소득 기준 지니계수는 1996년 0.3033에서 2016년 0.4018로 꾸준히 높아졌다. 처분가능소득 기준 지니계수도 1996년 0.2983에서 2016년 0.3353으로 높아졌다.

한국의 소득분배 악화 속도는 OECD 회원국 중 거의 독보적이다. 세계불평등데이터베이스(WID)에 따르면, 한국의 20세 이상 인구 중 소득 상위 10%에 속하는 계층의 소득집중도는 1996년 35%에서 2016년 43.3%로 크게 상승했다. 상위 1%의 소득집중도는 1996년 7.8%에서 2016년 12.2%로 높아졌다. 1997년 IMF 사태 이후 한국의 지난 20년간 소득집중도 상승 폭은 WID에 소득집중도 지표를 공개한 OECD 회원국 중 아일랜드와 함께 가장 높았다. 아일랜드의 소득 상위 10%에 속하는 계층의 소득집중도는 1996년 28.2%에서 2016년 37.2%로 높아졌다. 상위 1%의 소득집중도는 1996년 7.1%에서 2016년 11.5%로 상승했다. 한국의 소득 불평등이 세계 최고 수준이고 빠른 속도로 양극화가 진행되고 있는데, 부의 불평등은 소득 불평등보다 더 심각하다. 2000~2013년 한국의 부의 불평등을 조사한 한 연구에 따르면, 한국은 상위 10%가 부의 60~70%를 차지하고 있다. 한국은 이 비율이 70%가 넘는 미국 다음으로 부의 집중도가 높다. 이런 소득과 부의 불평등은 '기회의 불평등'으로 작용해 자녀의 학력 차이로 이어져 불평등은 세습되고 있다. 최순실의 딸 정유라의 말대로, 부모가 부자인 것이 '실력'이 된 사회, 소득과 부의 '세습공화국'이 된 것이다.

'금수저/흙수저', '헬조선'이라는 유행어는 한국사회의 소득과 부의 불평등 또는 양극화가 이처럼 더욱 커지는 현실에서 나왔다. "개천에서 용 난다"는 옛 속담 대신 "개천에서 용쓴다"는 말이 현실적이다. 한국은 갈수록 개천에서 용이 나오기 어려운 사회로 바뀌고 있다.

장시간 노동체제의 지속

한국의 노동시간은 신자유주의적 재벌체제하에서도 세계 최장이라는 오명을 여전히 벗어나지 못하고 있다. 연간 노동시간 자체는

1980년대 후반을 정점으로 단축되었다. 통계청 경제활동인구조사에서 임금노동자와 자영업자 등을 모두 포함하는 취업자 연간 노동시간은 1988년 2,910시간(주 55.8시간)을 정점으로 2016년 2,241시간(주 43.0시간)으로 28년 만에 669시간(주 12.8시간)이 단축되었다. 노동자 연간 노동시간은 1987년 2,943시간(주 56.4시간)을 정점으로 2016년에는 2,188시간(주 42.0시간)으로 755시간(주 14.5시간) 단축되었다.

노동시간의 이런 단축은 1989년 법정근로시간 단축과 2004년 주5일 근무제 시행을 계기로 이루어졌다. 1989년 법정근로시간을 주 48시간에서 44시간으로 단축한 근로기준법 개정은 1987년 7~9월 노동자대투쟁 이후 노동법 개정투쟁으로 단축을 요구했기 때문에 이루어졌다. 마찬가지로 2003년 법정근로시간을 주 44시간에서 주 40시간(주5일 근무제)으로 단축한 것도 민주노조운동이 노동시간 단축을 위해 꾸준히 투쟁하고 현대자동차 등 대기업에서 단체협약을 통해 주5일제를 쟁취한 데 따른 것이었다. 그러나 주5일 근무제의 단계적 시행으로 2011년 7월부터 5인 이상 20인 미만의 사업장에서 주5일 근무제가 시행된 이후에는 법정근로시간에 변동이 없다.

법정근로시간과 연간 실노동시간이 크게 차이가 나는 데에 여러 이유가 있다. 2015년 기준 경제활동인구조사에서 실노동시간이 주 40시간인 사람은 503만 명(26.2%)에 불과했다. 주 40시간을 초과해 연장근로를 하는 사람은 1,042만 명(54.2%)에 달했고, 주5일 근무제 적용을 받는 사업장인데도 주 52시간을 초과해 탈법적으로 장시간노동을 하는 노동자는 345만 명(17.9%)이나 되었다. 그 이유는 첫째, 5인 미만 사업장의 취업자로 주5일 근무제를 적용받지 못한 노동자가 663만 명(34.3%)이고, 근로기준법에서 여러 산업과 업무가 적용대상에서 제외되어 있기 때문이다. 둘째, 정부와 기업이 장시간 노동체제를 유지하기 위해 근로기준법을 탈법적으로 해석하고 운용해 왔기 때문이다. 예컨대, 최근에 주 52시간제를 엄격하게 적용하기 전까지 '휴일근로는 연장근로 한도에 포함되지 않는다'는 노동부의 탈법적인 해석에 따라 주 68시간까지 허용되었다. 셋째, 법을 어겨도 벌칙을 적용받는 사례가 거의 없었듯이, 친기업적인 정부가 법 집행을 방치하기 때문이다. 넷째, 박정희체제 때와 마찬가지로 노동자 입장에서도 저임금을 벌충하기 위해 연장근로 등 장시간노동을 하지 않을 수 없기 때문이다.

연간 노동시간을 OECD 회원국들과 비교해 보면, 한국의 장시간 노동체제가 잘 드러난다. 한국은 연간 노동시간이 1980년대 2,800시간대, 1990년대 2,600~2,800시간으로 세계 최고의 장시간노동이라는 악명을 떨쳤다. OECD의 취업자 연간 노동시간 통계에 따르면, 한국은 2007년까지 1위를 계속 유지했고, 2008년부터 멕시코(2,264시간)에 이어 2위(2,209시간)를 계속 유지하고 있다. 2017년에도 멕시코 2,258시간에 이어 한국은 2,024시간으로 2위를 차지하고 있다. 2016년을 기준으로 살펴보면, 한국은 취업자의 연간 노동시간이 2,069시간으로 멕시코(2,257시간)에 이어 2위를 기록했다.

이해 OECD 35개국의 평균인 1,764시간보다 305시간 많았다. 하루 법정 노동시간 8시간으로 나누면, OECD 평균보다 38일을 더 일한다. 한 달 22일 근무한다면, 1.7개월 더 일한 꼴이다. 연간 평균 노동시간이 가장 짧은 독일(1,363시간)보다 넉 달(88일)을 더 일했다. 일본(1,713시간)과 미국(1,786시간)은 OECD 평균 수준이다. 한국은 일본보다 44일, 즉 두 달 더 일하는 셈이다.

그런데 OECD 통계에 나오는 한국의 연간 노동시간은 통계청의 경제활동인구조사에 의한 연간 노동시간과 다르다. 통계청이 연간 노동시간을 OECD에는 크게 축소해 보고하기 때문이다. 2000년부터 2016년까지 경제활동인구조사의 연간 취업자 노동시간은 OECD에 126~219시간 축소해 보고되었다. 예컨대, 2009년 경제활동인구조사의 취업자 연간 노동시간은 2,393시간이었으나, 2016년 OECD 통계에 보고된 수치는 2,232시간이었고, 2017년 보고된 수치는 2,174시간이었다. 2016년에는 161시간을, 2017년에는 219시간을 축소해 보고한 것이다. 취업자뿐 아니라 노동자 연간 노동시간 통계도 마찬가지로 크게 축소돼 보고되었다. 이런 축소 보고된 통계를 바로잡아 경제활동인구조사의 수치로 비교하면, 한국 취업자의 연간 노동시간은 2015년까지 OECD 회원국 가운데 1위를 계속 유지했고, 2016년에 2,241시간으로 멕시코(2,255시간)에 이어 2위를 차지했다. 한국의 장시간 노동체제가 신자유주의적 재벌체제에서도 계속 유지되고 있다는 점은 일본의 노동정책연구·연수기구의 2016년을 기준으로 주 49시간 이상 근무하는 노동자의 비중을 분석한 결과에서도 드러났다. 한국(2015년 기준)이 전체 노동자의 32%로 OECD 나라들 가운데 압도적인 1위였다. 2위인 일본은 20.1%였고, 미국 16.4%, 프랑스 10.5%, 독일 9.3% 등이었다. 신자유주의적 재벌체제에서 노동자, 민중은 여전히 저임금−장시간노동으로 고통받고 있음을 알 수 있다.

최악의 산업재해 지속

이제 산업재해를 살펴보자. 산업재해는 조금씩 개선되어 왔다. 산업재해율과 산재사망률은 꾸준히 감소하는 추세다. 재해율은 2001년 0.77%에서 2018년 0.54%로 떨어졌고, 사망만인율은 2001년 2.60%에서 2018년 1.12%로 감소했다. 그런데 한국의 산업재해율은 실제보다 크게 낮은 것으로 추정된다. 산재로 인한 사망은 숨길 수 없지만, 그렇지 않은 산재는 기업이 산재보험료 인상 등을 이유로 철저히 은폐하기 때문이다. 한국의 2013년 산업재해율은 0.59%로 OECD 평균 2.7%의 4분의 1에도 못 미친다. 그러나 국가인권위원회가 2014년 발표한 '산재 위험직종 실태조사' 보고서에 따르면, 일터에서 다친 조선·철강·건설플랜트 하청노동자 343명 중 산재 처리가 된 사람은 36명(10.5%)에 그쳤다. 개인이 비용을 부담하거나 아예 치료를 받지 못한 사람이 122명(35.6%), 원·하청업체의 비용으로 공상처리한 사람이 185명(53.9%)이었다. 산재사고의 90%

가 은폐된 것이다. 산업재해율이 산재사고의 은폐 때문에 과소 산정되어 있다는 점은 다른 조사(국회 환경노동위원회 은수미 의원)에서도 밝혀졌다. 산재 위험성이 큰 조선·기계, 자동차, 화학, 정유, 건설, 철강 등 6개 업종 16개 대기업에서 일하는 하청노동자 39만여 명(3년 치 합계)의 2011~2013년 치 건강보험 사용 내역을 분석한 결과, 이들의 추정 재해율은 7.168%로 공식 재해율 0.308%의 평균 23배에 달했다. 현대중공업은 42배, 대우조선해양은 60배, 삼성중공업 31배, 현대자동차 11배에 달했다. 조선업체 하청 노동자의 산재 은폐가 유난히 높은 이유는 원청이 하청업체를 선발하는 평가에서 산재 발생 건수를 반영하기 때문이다.

은폐할 수 없는 산재 사망률을 OECD 회원국과 비교해 보면, 한국은 박정희체제 시기의 최악의 산업재해국이라는 오명을 여전히 유지하고 있다. 2012~2016년 산재로 인한 사망률의 5년 평균값에서 한국은 압도적인 1위다. 한국은 1994년부터 계속 1위를 기록하고 있다. 유럽 나라들과 일본의 6~8배이며, 가장 낮은 영국의 무려 25배에 달한다.

[표21] 산재사망 10만인율 평균값 국제비교(2012~2016)(단위: 10만 명당 건)

순위	국가	평균값	순위	국가	평균값
1	한국	11.35	14	폴란드	2.47
2	멕시코	8.50	15	일본	2.00
3	터키	6.20	16	덴마크	2.00

4	스위스	5.73	17	캐나다	1.90
5	포르투갈	3.60	18	스페인	1.88
6	미국	3.30	19	헝가리	1.83
7	프랑스	3.00	20	오스트레일리아	1.75
8	에스토니아	2.90	21	노르웨이	1.65
9	슬로베니아	2.80	22	독일	1.57
10	슬로바키아	2.73	23	그리스	1.30
11	체코	2.65	24	스웨덴	1.00
12	오스트리아	2.60	25	핀란드	0.80
13	벨기에	2.60	26	영국	0.45

출처: 통계청, 국제기구 회원국별 통계.

한국에서 2001년부터 2018년까지 18년간 산업재해로 사망한 노동자 수는 3만8,501명에 달한다. 그런데 2018년 중대재해 사망자의 85%가 하청노동자 등 비정규직 노동자들이다. 안전사고와 중대재해를 예방하고 책임져야 할 사용자의 의무까지 인건비 절감을 이유로 하청업체로 외주시키는 이른바 '위험의 외주화' 때문이다. 이에 따라 하청, 파견, 특수고용 노동자 등 비정규직 노동자들은 불안정 고용에 더해 안전과 생명까지 위협당하고 있다. 최근 크게 사회적 문제가 된 2016년 서울지하철 구의역 스크린도어를 홀로 수리하다 사고로 숨진 외주업체 직원 김모 군(19세) 사건, 2018년 충남 태안화력발전소 컨베이어벨트에 끼어 사망한 협력업체 비정규직 노동자 김용균 씨(24세) 사건이 대표적이다. 산업안전의 사각지대에서 죽음으로 내몰린 비정규직 노동자들은 "죽지 않고 일하게 해 달라"

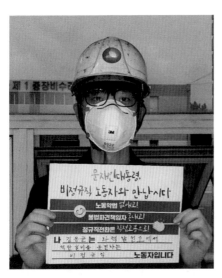
2018년 충남 태안화력발전소에서 산업재해로 사망한 비정규직 노동자 고 김용균 씨. 제공: 김용균 재단

며 절규하고 있다.

산재로 인한 사망에는 사고로 인한 사망과 질병에 의한 사망이 모두 포함된다. '위험의 외주화'는 여러 업종 가운데서도 건설업이 가장 심각하다. 2018년 산업재해 사고 사망자 971명 중 485명이 건설현장에서 발생했다. 노동자 1만 명당 산재 사고 사망자를 비율로 나타내는 사고 사망만인율은 제조업과 서비스업에서 2010년부터 감소하는 추세인데, 건설업은 크게 개선되지 않고 있다. 건설업의 사고 사망만인율은 제조업의 3배가 넘는다. 건설업에서 다단계 재하도급이 가장 성행하기 때문이다.

노동계급 다수의 무권리 상태 지속

지금까지 신자유주의적 재벌체제하에서 노동자, 민중의 임금, 노동시간, 산업재해 등 기본적인 노동조건을 살펴보았다. 1987년 6월 민주항쟁과 7~9월 노동자대투쟁으로 계급 간 세력관계가 변화해 한국사회가 군사독재에서 벗어나고 '민주화'를 이룩했다. 그리고 노태우 정권 시기의 '계급전쟁'을 거쳤지만, 그 후의 계급투쟁에서 노동계급은 승리하지 못했다. 특히 1996년 말 노동법 개악 총파업투쟁에서 노동법 개악을 완전히 저지하지 못하고 실패했으며, 결정적으로 1997년 IMF 사태 때 신자유주의 공세에 맞서지 못하면서 계급 간 세력관계는 다시 1987년 투쟁 이전 상태로 돌아가기 시작했다. IMF 사태 이후에도 민주노조운동은 재벌과 정권의 신자유주의 공세에 효과적으로 대응하지 못하고 계속 수세에 몰렸다. 2012년 총선·대선을 전후해 노동계급의 정치세력화가 완전히 실패하면서 계급 간 세력관계는 1987년 이전 상태로 거의 되돌아갔다. 박근혜 정권의 '신공안통치'와 같은 파쇼적 행태의 부활이 이를 보여주었다. 또 계급 간 세력관계의 변화를 객관적으로 보여주는 것이 앞에서 살펴본 노동자, 민중의 임금, 노동시간, 산업재해 등 기본적인 노동조건의 현재 상태다. 파쇼적 재벌체제의 본질적 특징인 저임금-장시간노동체제는 신자유주의적 재벌체제에서도 거의 변함없이 유지되고 있다. 한국경제의 생산력 발전과 '민주화'의 일정한 진전으로 절대적인 수준은 향상되었지만, 한국의 국민소득에 걸맞게 OECD 회원국과 비교해 보면 한국 노동계급은 여전히 '최악' 상태를 벗어나지 못하고 있다. 특히 신자유주의적 재벌체제하에서 더욱 확대된 사회 양극화의 폐해는 중소·영세 비정규직 노동자에게 집중되었다. 한국 노동계급은 노동계급의 20% 안팎을 차지하는 대기

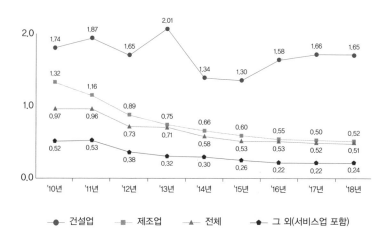

[그림9] 사고사망만인율 추이(%)

출처: 고용노동부, 「2018년 산업재해 현황」.

업 및 정부부문 정규직 노동자와 나머지 80%를 차지하는 중소·영세·비정규직 노동자로 크게 분할되었다.

　재벌 주도의 신자유주의적 재벌체제는 20여 년의 신자유주의 공세의 핵심인 노동의 유연화 공세를 통해 노동계급을 이처럼 크게 양분해 분할지배 통치를 관철했다. 그 결과, 조직화된 재벌 대기업 정규직과 정부부문을 제외한 80%의 노동자들은 신자유주의적 재벌체제 아래 여전히 무권리상태에 놓여 있다. 이 점에서도 파쇼적 재벌체제의 토대, 즉 저임금-장시간노동체제를 유지하는 데 필수적인 노동계급의 무권리 상태는 신자유주의적 재벌체제에서도 그대로 유지되고 있다. 군사독재의 공안기구 등 국가기구를 통한 파쇼적 형태가 아니라 비정규직이라는 경제적 형태를 통해 노동자의 무권리 상태를 유지한다는 점에서 달라졌을 뿐이다. 말하자면, 군사독재체제에서 재벌독재체제로 바뀐 것이다. 노동기본권을 부정하고 노동조합 자체를 인정하지 않는 재벌의 입장이 파쇼적 재벌체제에서는 물론이고 신자유주의적 재벌체제에서도 전혀 변하지 않았다는 것은 쉽게 확인된다. 신자유주의적 재벌체제를 주도하는 재벌, 재벌 가운데서도 독보적인 위치에서 한국사회를 지배하고 있는 삼성은 지금도 '무노조 경영'을 고수하고 있다.

더 나아가 삼성은 초국적 자본으로서 동남아시아에 빠르게 진출하고 있는데, 베트남, 인도네시아, 인도 등에서 청년노동자들을 비정규직으로 고용해 초저임금-장시간노동체제를 구축하고 극단적인 초과착취로 악명을 떨치고 있다. 2019년 6월 〈한겨레〉의 심층취재인 '글로벌 삼성, 지속 불가능 보고서'에 따르면, 삼성은 국내에서 해온 그대로, 불법·편법을 동원해 노동자를 감시하고 노조를 탄압하며 '노동의 삼성화'로 현지의 노동조건을 최저수준으로 끌어내리고 있다. 현지 정부기관과 언론을 포섭해 산업재해를 은폐하고 노조에 대한 불법적인 감시·매수·폭행 등으로 탄압하며, 심지어 베트남의 공안기관까지 동원하고 있다. 산업안전을 무시한 초저임금-장시간노동으로 무자비하게 초과착취하는 한편, 노동인권은 물론 노조결성 등 노동기본권마저 깡그리 무시해 노동자들을 쓰고 버리는 '크리넥스'처럼 다루는 삼성의 악랄한 경영방침의 희생양은 주로 삼성전자의 생산공장이 위치한 동남아시아의 20대 초반 청년노동자들이다. '초일류 삼성'은 아시아 청년의 눈물로 쌓은 것이다. 현지 하청업체를 악랄하게 수탈하는 수법도 국내에서와 똑같다. 삼성전 자는 아시아 공장에서의 이런 노동권 침해로 인해 2019년 7월 프랑스 파리 지방법원에 의해 기소되었다. 이처럼 노동권을 부인하고 '무노조 경영'으로 노동자를 무권리 상태에 묶어두는 것은 저임금− 장시간노동체제의 필수적 조건이다. 재벌의 '금권정치'는 한국에서 행정부·입법부·사법부 등 권력기관과 언론을 포섭해 노동자의 무 권리 상태를 계속 유지하고 있다. 삼성의 불법적인 노조탄압뿐만 아니라 현대자동차는 10년이 넘게 대법원의 불법파견 판결을 무시 하고도 아무런 처벌을 받지 않고 있다.

최근의 사례를 하나 더 들 수 있다. 유럽연합(EU)은 2018년 12월 한국이 국제노동기구(ILO) 핵심협약 4개 조항 비준을 이행하지 않 은 것을 문제 삼아 한−EU 자유무역협정(FTA)의 분쟁해결 절차 규 정에 따라 정부 간 협의를 공식 요청했다. EU가 FTA 체결 상대국 에 대해 '무역과 지속가능발전' 조항의 분쟁해결 절차에 들어간 것 은 처음이다. 한국은 1991년 ILO에 가입했지만, 핵심협약 8개 조 항 중 가장 중요한 4개 조항을 재벌의 반대로 28년째 비준하지 않 았다. ILO 핵심협약 4개 조항은 노동자의 단결권 보장을 중심으로 한 노동기본권이다. 이 핵심협약 4개 조항은 ILO 187개 회원국 중 에서 154~185개국이 이미 비준했다. 이 핵심협약 4개 조항을 비준 하지 않은 것은 한국이 노동자의 단결권조차 보장하지 않는 '노동 권 후진국'임을 보여주는 상징이었다. 이 문제에 대해 재벌의 입장을 대변하는 경총 중심의 4개 자본가단체는 2019년 3월 '공동 입장문'을 발표했다. ILO 핵심협약 비준에 따라 단결권만 확대된다면 "노사 간의 힘의 불균형이 심화할 것"이기 때문에 핵심협약 비준이 "시기상조"라는 것이다. 그러면서 한국은 노사관계에서 자본가에게 불리한 '기울어진 운동장'이라고 주장한다. 따라서 "단결권 확대라는 노동기본권 강화와 함께 사용자 측의 '생산활동 방어기본권' 보장 차원"에서 5대 요구사항을 제시했다. 대체근로 허용, 사용자의 부당노동행위 처벌 폐지, 사업장 내 쟁의행위 금지, 쟁의행위 찬반투표 요건 강화, 단체협약 유효기간 확대 등이 그것이다.

자본가단체의 이런 요구는 노동기본권으로 당연한 노동자의 단결권 보장을 '거래대상'으로 보고 대가를 제시한 것이다. 그런데 재벌이 단결권이라는 노동기본권도 보장되지 않는, 자본에게 크게 유리하게 기울어진 계급 간 세력관계를 거꾸로 자본에게 불리하게 '기울어진 운동장'이니 '노사 간의 힘의 불균형'이라 평가하는 점이 주목된다. 재벌의 이런 평가는 바로 1987년 이전의 노동자 무권리 상태에 따른 자본가 압도적 우위의 계급 간 세력관계를 기준으로 한 것이다. 재벌은 1987년 이전의 계급 간 세력관계가 '정상적'이고 '노사 간 힘의 균형' 상태라고 생각하고 있다. 그리고 재벌 대기업 정규직 노동자를 중심으로 한 민주노조운동이 그나마 확보한 불완전한 노동3권마저 박탈하기 위해 단체행동권을 무력화하는 방안을 단결권 확대의 대가로 요구하고 있다. 신자유주의적 재벌체제는 이처럼 노동자의 무권리 상태를 현실에서도 관철하고 있을 뿐 아니라

'정상적인' 것으로 여전히 요구한다.

　재벌의 이런 요구에 맞서 싸워야 할 노동계급의 노조 조직률은 11~12%대를 벗어나지 못하고 있다. 한국의 노조 조직률은 OECD 34개 회원국 중 31위로 최하위권이고, 단체협약 적용률은 34위로 가장 낮다. 프랑스는 노조 조직률이 한국보다 낮지만, 단체협약 적용률이 90%가 넘어 미조직 노동자에도 단체협약이 확대 적용된다. 한국은 조직된 노동자 외에는 단체협약이 적용되지 않는다. 특히 정규직 노동자들의 조직률이 20% 안팎인 데 비해 비정규직 노동자들의 조직률은 3% 안팎을 넘어서지 못하고 있다. 노동계급의 무권리 상태가 비정규직 노동자에 집중되어 있음을 보여준다.

'잠재적 실업자'인 영세자영업자

　신자유주의적 재벌체제에서 계급 간 세력관계가 노동계급에게 불리하게 전환되며 재벌의 노동 유연화 등 신자유주의 공세가 그대로 관철되자, 재벌의 상시적인 구조조정으로 50대 초반에 실업자로 밀려난 50대들('사오정', '오륙도')은 다른 일자리를 구하지 못해 '생계형 자영업'으로 떠밀렸다. 그 결과 한국은 경제발전 수준에 비추어 자영업의 비중이 비대한 현상이 나타나고 있다. 이는 1997년 IMF 사태로 대량실업이 발생한 후 지속한 현상인데, 김대중 정권과 2008년 세계금융공황 이후 이명박 정권이 자영업 창업을 주요한 실업대책으로 지원한 정책적 결과이기도 하다. 김대중 정권은 실업대책으로 자영업자의 주택과 상업용 부동산담보대출을 용이하게 하고 신용카드나 마이너스 통장 등 소비자신용을 대폭 완화함으로써 자영업 창업을 지원했다. 구조조정으로 쫓겨난 퇴직자들은 치킨집, 슈퍼마켓, 피자가게 등을 차렸다. 이런 가계부채를 통한 경기부양과 실업대책의 후과는 시차를 두고 노무현 정권에서 2003년 '신용카드 대란'으로 터져 나왔다. 자영업 종사자 수는 1998년 562만여 명에서 2002년 621만여 명으로 증가했다. 특히 신규 자영업자들이 음식·숙박업과 도·소매업 등 기술 없는 생계형 자영업에 집중적으로 진출하자, 이미 포화상태에 있던 이 업종들의 과당경쟁으로 수익성이 떨어지는 구조가 형성되었다. 노무현 정권은 2000년대 중반에 자영업 구조조정 정책으로 전환했지만, 자영업 비중은 크게 줄어들지 않았다. 취업자 중 자영업자의 비중은 2002년 27.9%(621만여 명)에서 2007년 25.7%(605만여 명)로 소폭 감소했다.

2008년 세계금융공황으로 경기가 침체하고 실업이 증가하자 이명박 정권은 정책을 바꿔 자영업자들에 대한 지원을 늘렸다. 2009년 이명박 정권은 자영업 경쟁력 강화를 위해 '프랜차이즈 산업 활성화'를 추진했다. 2000년대 들어 늘기 시작한 프랜차이즈 가맹점은 이명박 정권하에서 급격히 증가했다. 2015년에는 프랜차이즈 치킨집 수가 3만6,000여 개로 전 세계 맥도날드 매장 수보다 많을 정도였다. OECD의 발표에 따르면, 2017년 기준 한국의 단순 자영업자 수가 556.3만 명으로 OECD 국가 중 3위였다. 고용원이 있는 자

영업자가 158만여 명, 1인 자영업자가 398만여 명으로 영세자영업
자가 다수다.

　한국의 전체 취업자 대비 자영업자 비율은 2017년 25.4%(단순 자
영업자 21.2%+무급 가족종사자 4.2%)로 OECD 회원국 가운데 5위다.
한국보다 자영업자 비율이 높은 나라는 그리스(34.1%), 터키(32.7%),
멕시코(31.5%), 칠레(27.4%) 등이다. 미국(6.3%)의 4배, 일본(10.4%)과
독일(10.2%)의 2.5배이다. 캐나다 8.3%, 스웨덴 9.8%, 프랑스 11.6%
등 선진국들이 대부분 10% 내외인 것에 비하면 한국의 자영업자
비율은 두 배 이상이다(OECD 평균은 16.9%). 자영업자 비율은 그
리스, 터키, 멕시코 등 관광산업에 크게 의존한 나라거나 산업화가
뒤처진 경우에 높다. 대부분의 선진국은 산업화의 진전에 따라 자
영업자 비율이 많이 감소했다. 한국도 추세적으로 비임금노동자(자
영업자+무급 가족종사자)의 비중은 감소하고 있다. 1980년 52.8%,
1987년 43.8%, 1997년 36.8%, 2008년 31.2%, 2018년 21.5%로 꾸
준히 줄었다. 그러나 한국의 경제발전 수준과 국민소득 3만 달러에
비추어 보면 자영업 비율이 상대적으로 크고 줄어드는 속도는 더
디다. 이는 신자유주의적 재벌체제 아래 사회보장제도가 거의 부
재한 상태에서 정부가 실업대책의 일환으로 자영업을 지원, 육성했
고, IMF 사태 이후에도 사회보장제도가 제대로 갖춰지지 않아 일
자리에서 밀려난 40~50대 중장년층이 갈 곳이 없기 때문이다. 자
영업 비중의 감소에도 불구하고 자영업자의 절대 수는 2008년 601
만여 명에서 2018년 564만여 명으로 거의 줄어들지 않고 있다.

따라서 치킨집, 카페, 제과점, 프랜차이즈 등 생활밀접형 업종에서는 과당경쟁과 출혈경쟁으로 자영업자의 소득은 줄고 부채는 늘고 있다. 2015년 기준 자영업자의 매출액 규모를 보면, 연 매출액이 1,200~4,600만 원 구간에 속하는 자영업자 비중이 30.6%로 가장 크고, 연 매출액 8,800만 원 이하인 자영업자는 전체의 66.4%다. 이런 자영업의 공급과잉과 저소득으로 인해 영세자영업자들은 끝없이 폐업으로 내몰리고 있다. 2017년 자영업 폐업률은 2016년보다 10.2%포인트 높은 87.9%로 역대 최고치를 기록했다. 국세청 통계에 따르면, 도·소매업과 음식, 숙박업 등 자영업 4대 업종은 2017년 48만3,985개가 새로 생기고 42만5,203개가 문을 닫았다. 한쪽에서 가게 10곳이 새로 문을 열면 다른 쪽에서는 9곳이 간판을 내린 셈이다. 상가정보연구소의 분석에 따르면, 2017년 하반기 전국 8대 업종 폐업률은 2.5%로 창업률 2.1%를 앞질렀다. 따라서 자영업자의 생존율은 매우 낮다. 2017년 기준 자영업자가 밀집된 도·소매업과 음식·숙박업의 5년 생존율은 각각 25.4%, 18.9%에 불과하다. 폐업한 영세자영업자는 많은 부채와 함께 빈곤층으로 추락할 가능성이 크다.

고도의 산업화에도 불구하고 자영업 비중이 과도한 것은 영세자영업이 임금노동 일자리에서 밀려난 노동계급의 막다른 길로서 '잠재적 실업' 형태라는 것을 말해준다. '2013년 전국 소상공인 실태조사 보고서'에 따르면, 소상공인의 창업 동기는 '생계유지를 위해(다른 대안이 없어서)'가 82.6%로 압도적 1위다. 1980년 이전에 농촌지역에 광범한 '잠재적 과잉인구'가 존재했다면, 신자유주의적 재벌체제에서는 도시 영세자영업자들이 바로 '잠재적 과잉인구' 또는 '잠재적 실업자'다.

신자유주의적 재벌체제의 최대 피해자인 사회적 약자층— 노인, 청년, 여성

사회 양극화가 심화한 한국의 현실에서 그 폐해는 사회적 약자층에 집중되었다. 1996년 선진국클럽인 OECD 가입에도 불구하고 한국은 사회보장제도와 소득재분배 정책이 개선되지 않았다. 한국 사회보장제도의 기초인 4대 보험이 비정규직 노동자에게 적용률이 매우 낮다는 점은 앞서 살펴보았다. 소득재분배 정책은 조세제도와 복지제도를 통해 이루어지는데, 한국의 조세와 복지제도를 통한 소득재분배 기능은 OECD 회원국 중 최하위권이다. 한국의 재정 지출을 통한 소득재분배 효과가 매우 낮다는 것은 다른 지표인 재정의 불평등 완화 기여도에서도 드러난다. 한국은 재정 지출이 소득불평등 완화에 기여하는 정도도 OECD 회원국 가운데 최하위권이다. 이처럼 신자유주의적 재벌체제의 사회 양극화는 국가의 사회보장제도나 소득재분배 정책에 의해 크게 완화되지 못함으로써 그 폐해는 사회적 약자층인 노인, 청년, 여성에게 집중되었다.

한국은 2017년 만 65세 이상의 고령인구가 712만 명으로 전체

인구의 14.2%를 차지해 '고령사회'(만 65세 이상 인구의 비율이 14%를 넘긴 사회)로 들어섰다. '고령화사회'(고령인구 비율이 7%를 넘긴 사회)에 들어선 지 17년 만에 세계에서 가장 빠른 속도로 고령사회가 되었다. 그런데 한국의 노인은 세계 최고 수준의 노인 빈곤율, 노인 고용률, 노인 자살률이라는 가슴 아픈 기록을 세우고 있다. 노인 인구의 절반 수준이 빈곤층이고, 거의 개선되지 않았고 오히려 악화되었다. 한국은 상대적 노인빈곤율에서 OECD 회원국에서 계속 압도적인 1위를 차지하고 있다(OECD 평균의 4배 안팎). 대부분의 OECD 회원국에서 근로연령층의 빈곤율과 퇴직연령층의 빈곤율 간 차이가 크지 않고, 상당수 국가는 오히려 노인 빈곤율이 청장년 빈곤율에 비해 낮은 수준인 데 비해, 한국은 노인 빈곤율이 청장년 빈곤율의 5.4배 더 크다(2015년 기준).

OECD 회원국들이 평균적으로 생애주기별로 빈곤율이 일정한 반면, 한국은 평균 퇴직 나이인 51세 이후 시기부터 빈곤율이 급격하게 증가하기 시작한다. 이는 노인에 대한 공적이전소득이 매우 낮기 때문이다. 2014년 기준 국민연금, 기초연금, 기초보장제도를 모두 합한 공적이전소득만으로 빈곤을 탈피할 수 있는 노인의 비율은 최저생계비 기준으로 16.9%, 중위소득 50% 기준으로 11.1%에 불과했다. 수급액이 최대 30만 원인 기초연금 수급자가 2019년 3월 기준 520만 명을 넘어섰다. 만 65세 이상 노인의 67%다. 빈곤한 노인들은 다시 일할 수밖에 없다. 65~79세 노인 10명 중 4명은 아직도 경제활동을 한다(2019년 5월 경제활동참가율 41.1%). 정부통

[그림10] 근로연령과 퇴직연령 간 상대배율(2015년 기준)(단위: 배율)

출처: 한국보건사회연구원.

계에 의하면, 55~79세 연령층 10명 중 6명은 일하기를 원했고, 평균 73세까지 일하기를 희망하고 있다. 그 이유로 '생활비를 보태기 위해서'가 가장 높게 나타났다. 한국 노인의 이런 고달픈 삶은 세계 최고 수준의 노인 자살률로 나타난다.

한국의 자살률(인구 10만 명당 자살자 수)은 1995년 10.8명에서 1998년 18.4명으로 1997년 IMF 사태 이후 크게 증가했다. 2003년 신용카드 대란, 2008년 세계금융공황 등을 겪으며 자살률이 수직 상승한 후 원상회복되지 않고 높은 수준을 유지하고 있다. 한국은 다른 선진국들과 달리 소득불평등 등 경제적, 사회적 요인이 자살에 큰 영향을 끼쳤다. 자살률은 2011년 31.7명을 정점으로 계속 감소해 2017년 24.3명으로 줄었으나, OECD 회원국과 비교하면 압도적인 1위다. 한국에서는 2016년 하루 평균 36명, 연간 1만3,092명이 자살했다. 한국의 높은 자살률의 주요 원인은 높은 노인 자살률에서 비롯된다. 2017년 한국의 노인 자살률 47.7명은 OECD 평균 노인 자살률 18.4명의 거의 3배 수준이다. 그리고 한국에서 전체 자살률과 노인 자살률의 격차가 벌어지기 시작한 것은 1997년 IMF 사태 이후부터다.

우리나라 노인의 이와 같은 비극은 신자유주의적 재벌체제에서 가장 큰 피해자가 노인층이라는 점을 말해준다. 파쇼적 재벌체제에서 사회보장제도와 노인복지가 거의 갖춰지지 않은 상태에서 10년의 과도기를 거쳐 1997년 IMF사태 이후 신자유주의적 재벌체제로 전환되면서 노인복지와 공적 부조가 제대로 마련되지 못했기 때문이다. 노동운동이 강력했던 유럽이 2차 세계대전 이후 경제발전과 함께 노인에 대한 사적 부양을 사회적 부양 또는 공적 부양으로 대체하는 복지국가로 발전했던 것과 비교하면, 한국은 국민소득 1만 달러 달성 이후 그와 같은 사회보장제도나 노인복지를 마련해야 할 시기에 신자유주의체제로 전환되면서 사회복지 문제를 개인 책임으로 떠넘기는 사적 부양을 오히려 강화했다. 이런 열악한 사회복지 상태에서 한국의 부모들은 자녀의 양육, 교육, 취업, 결혼 등 모든 것을 사적으로 해결해야 했고, 평균적으로 50대 초반에 퇴직으로 내몰리면서 자신의 노후를 준비할 경제적 여력이 없었다. 그 결과가 극심한 노인 빈곤과 높은 자살률이다.

다음으로, 신자유주의적 재벌체제하에서 청년세대는 취업난, 불안정한 일자리(비정규직), 집값 폭등 등에 따른 생활고에 내몰려 있다. 청년세대의 이런 고난은 2010년대 들어 '삼포세대'(연애, 결혼, 출산을 포기한 세대)라는 신조어를 만들어냈다. 박근혜 정권에 이르러 '5포세대'(3포+내 집 마련, 인간관계를 포기한 세대), '7포세대'(5포+꿈, 희망을 포기한 세대)로 진화했고, 급기야 2015년경 'N포세대'로까지 나아갔다. 청년세대의 고난이 갈수록 심해져 이제는 거의 모든 것을 포기해야 하는 세대라는 것이다. 그와 같은 맥락에서 사회 양극화와 비정규직화의 피해를 가장 극심하게 입은 청년세대가 '헬조선'과 '수저계급론'(금수저/흙수저)을 사회적으로 확산시켰다. 청년세대의 고난은 높은 실업률, 즉 청년실업으로 대표된다. 또 실업 상태를 벗어나기 위해 저임금 비정규직 일자리라도 찾을 수밖에 없어 청년 취업자의 비정규직 비율은 다른 연령대와 달리 계속 높아지고 있다. 청년들은 신자유주의적 교육개혁으로 무한경쟁에 내몰려 '입시지옥'을 가까스로 통과하더라도 다시 취업 무한경쟁에 내팽개쳐져 '취업지옥'을 겪어야 했다. '헬조선'이라는 표현은 청년세대의 현실을 정확하게 반영한 말이었다. 한국의 청년 고용률은 2015년 기준 OECD 34개 회원국 중 다섯 번째로 낮다. 청년 실업률은 전체 실업률의 두 배를 훨씬 뛰어넘는다. 전체 실업률이 2000년 4.4%에서 2017년 3.7%로 약간 감소했지만, 청년 실업률은 2000년 8.1%에서 2017년 9.8%로 더 높아졌다.

공식 실업률이 현실을 제대로 반영하지 못하기 때문에 통계청은 2015년부터 '체감 실업률'(실업자+고용보조지표3)을 추가로 조사해 발표하고 있다. 체감 실업률은 공식 실업률의 2배를 훌쩍 뛰어넘고 있다. 전체 체감실업률은 2015년 11.2%, 2016년 10.7%, 2017년 11.1%, 2018년 11.6%이다. 청년 체감실업률은 2015, 2016년 22.0%, 2017년 22.7%, 2018년 22.8%이다. 청년 5명 중 1명꼴로 사실상 실업자인 것이다. 2016년 공식 실업자 101만 명의 43.0%(44만 명), 체감 실업자 310만 명의 35.6%(110만 명)가 청년이다.

청년실업 문제는 우리나라만이 아니라 1980년대 신자유주의적 자본주의가 등장한 이래 세계적 현상이다. 이에 따라 OECD에서는 공식 교육·훈련과 취업에서 배제된 청년(15~29세)을 청년 니트(NEETs; Not in Employment, Education or Training)라 정의한다. 2016년 한국의 경우 청년 인구 943만 명 중 재학생 419만 명

(44.5%), 취업자 346만 명(36.7%)을 제외하면 청년 니트가 178만 명 (18.9%)이다. 청년 니트는 실업자 39만 명(4.1%)과 비경제활동인구 139만 명(14.8%)으로 구성된다. 한국의 청년 니트 비율은 OECD 34개 회원국 중 일곱 번째로 높다. 그런데 한국의 청년 니트는 OECD 회원국 중 학력 수준이 가장 높다. OECD 회원국의 청년 니트는 고등학교를 마치지 않은 저학력자가 36.1%이고, 대졸 고학력자가 16.5%인데, 한국은 대졸 고학력자가 42.5%로 가장 많고, 고등학교를 마치지 않은 저학력자는 6.8%로 가장 적다. 청년의 취업난은 청년들을 공무원 시험에 몰리게 한다. 2019년 대학생과 취업준비생을 대상으로 한 설문조사에서 응답자의 24.7%가 공무원 시험을 준비하고 있다. 대학생과 취업준비생 4명 중 1명이 공무원 시험을 준비하고 있는 것이다. 청년실업과 비정규직화에 대한 대안을 청년층은 고용안정과 노후가 보장되는 공무원 시험에서 찾고 있다. 이처럼 청년실업이 높다는 것은 청년빈곤 문제로 이어지고, 심리적 불안과 소외로 인해 청년의 육체적·정신적 건강을 해치게 된다. 또한 안정된 직업이 보장되지 않으면 결혼이 늦어지고 출산율도 낮아질 수밖에 없다. 청년들의 실업문제와 저임금 비정규직 일자리 문제를 해결하지 않고서 저출산 문제 해결은 어려울 것이다.

60세 미만 노동자 가운데 청년층만 비정규직 비율이 높아졌다. 30대~50대 임금노동자의 비정규직 비율은 모두 감소한 반면, 청년 임금노동자 가운데 비정규직 비율은 2003년 8월 기준 31.8%에서 2017년 8월에는 35.7%로 3.9%포인트 높아졌다. 특히 청년의 신규채용은 갈수록 비정규직 일자리다. 신규채용 청년 중 비정규직의 비율은 2007년 54.1%에서 2015년 64.0%로 높아졌다. 2017년 10월 기준 청년층 취업자의 일자리는 음식점 및 주점업 51만4,000명으로 가장 많았고, 그 다음이 소매업 45만6,000명이었다. 이 업종들은 아르바이트나 일용직 등 비정규직 노동자가 많은 업종이다. 일자리를 못 구하거나 저임금 비정규직으로 취업한 청년들은 부모와 함께 사는 '캥거루족'이 되었다. 월평균 소득 100만 원 이하 청년 취업자의 캥거루족 비율은 81.9%에 달했다. 청년들의 이런 고난은 청년층의 정신건강을 크게 해치고 있다. 2012~2016년 국내 청년층 인구 10만 명당 우울증 환자의 연평균 증가율은 4.7%로 전체 평균 1.6%의 3배에 달했다. 청년층 불안장애, 공황장애 환자도 빠르게 늘어나는 추세다. '헬조선'의 또 다른 민낯이다. 한국의 자살률은 2011년을 정점으로 감소하는 추세이고 대부분의 연령대에서 감소해 사망자가 21% 감소했다. 그런데 20대의 자살률은 감소하지 않고 '제자리걸음'이다. 개선되지 않는 청년세대의 고난을 보여주는 지표다.

끝으로, 여성의 열악한 처지를 살펴보자. 한국은 OECD 회원국 중 최악의 성차별로 악명을 떨치고 있다. OECD가 성별 임금격차를 발표한 2002년(2000년 기준)부터 한국은 한 번도 1위 자리를 내놓지 않았다. 수치로도 압도적이다. 2016년 기준 한국 여성 노동자의 중위임금은 남성의 그것보다 36.7%나 적어 OECD 29개 회원국 중 1위를 차지했다. OECD 평균 14.1%의 거의 3배에 가깝다. 2008년

36.8%, 2017년 37%로 성별 임금격차는 크게 개선되지 않고 있다.

한국은 2016년 세계경제포럼(WEF)의 '성별격차지수'의 측정 지표 중 하나인 '유사업무의 남녀임금' 격차에서 조사대상 144개국 중 125위로 최하위권이었다. '경제 참여 및 기회' 부문은 123위였고, 종합적인 성별격차지수는 116위였다. OECD 회원국뿐 아니라 전 세계에서도 성별 임금격차가 최하위권인 것이다. 또 2018년 영국 주간지 〈이코노미스트〉가 발표한 '유리천장 지수'(직장 내 성평등을 평가해 여성 근무여건의 열악 정도를 측정)에서도 6년째 꼴찌를 기록해 한국은 여성이 일하기에 최악의 나라로 꼽히고 있다.

여성의 열악한 처지는 신자유주의적 재벌 체제에서 여성이 노동의 유연화로 인한 비정규직 노동의 양산, 기업 규모별 차별 등의 폐해를 남성보다 더 많이 겪고 있기 때문이다. 2018년 8월 기

[그림11] OECD 주요 회원국 성별 임금격차(단위: %)

* 남성 중위임금이 100일 때 여성과의 격차. 2016년 혹은 최근치.
  OECD 평균 14.1%(2016년)

출처: OECD 성별 임금격차(Gender wage gap)

준 여성 노동자 중 비정규직 비율은 50.7%로 남성 노동자 중 비정규직 비율 33.2%보다 훨씬 더 높다. 또 전체 여성 임금노동자 중에서 35.7%가 10인 미만 사업장에서 일한다(남성 노동자의 이 비율은 22.7%). 그 결과, 2016년 8월 기준 저임금 노동자 중 여성이 차지하는 비율이 63.4%로 저임금 노동자의 거의 3분의 2를 차지한다. 여기에 임신·출산·육아와 가족 돌봄 등으로 경력단절이 발생한 이후 노동시장에 재진입할 경우, 기존의 정규직 일자리가 아닌 비정규직·시간제근로나 저임금 직종으로 하향 진입하게 된다. 실제로 재취업 여성들이 경력단절 이전에 가졌던 일자리는 62.9%가 정규직이었으나 이후에 새로 얻은 일자리는 정규직이 28.5%에 불과했다.

이처럼 신자유주의적 재벌체제에서 사회적 약자층인 노인, 청년, 여성은 탐욕스러운 재벌의 초과착취와 수탈의 가장 큰 희생자가 되었다.

'헬조선'과 '촛불혁명'

신자유주의적 재벌체제 20년이 지난 한국은 앞에서 살펴본 대로 생산력 차원에서 보면 '선진국'이지만, 생산관계 차원에서 보면 말 그대로 '헬조선'이다. 재벌을 제외한 모든 경제 주체들은 재벌의 초과이윤을 위한 제물이 되고 있다. 파쇼적 재벌체제에서 형성된 재벌체제의 본질인 저임금-장시간 노동체제와 노동계급의 무권리 상태는 신자유주의적 재벌체제에서도 약간의 변화는 있지만 실질적으로 거의 그대로 유지되고 있다. 약간의 변화는 한국자본주의의 생산력 발전과 대기업 정규직 노동자의 조직화에 따라 부분적으로 민주노조운동의 진지가 구축된 데 따른 것이다. 그러나 정부부문과 대기업 정규직 노동자를 제외한 80%의 절대다수 노동자, 민중은 파쇼적 재벌체제 때와 똑같은 저임금—장시간노동과 무권리 상태에 여전히 머물러 있다. 계급 간 세력관계도 박근혜 정권 때에 이르러 수구세력이 '신공안통치'를 시도하고 파쇼적 행태를 거리낌 없이 강행할 정도로 거의 파쇼적 재벌체제 시기로 되돌아갔다.

신자유주의적 재벌체제가 파쇼적 재벌체제와 구별되는 가장 큰 차이점은 국가기구를 동원한 파쇼적 통치 형태보다는 '신자유주의적 세계화'라는 새로운 무기로 경제적 방식에 주로 의지해 노동계급을 분할통치해 초과착취·수탈한다는 점이다. 그러나 민주노조운동을 중심으로 한 노동계급의 저항에 부딪히면 수구 보수정권은 물론이고 김대중, 노무현 자유주의 보수정권도 노동운동을 탄압했다. 신자유주의적 재벌체제에서 지배계급 내의 주도분파는 재벌이기 때문이다. 자유주의 보수정권이 내세우는 '민주정부'는 신자유주의적 재벌체제의 주인인 내외 초국적 자본세력의 이해관계에 부딪히면 쉽게 반(反)노동자·민중적으로 변질되었다. 그래서 자유주의 보수세력은 집권하면 말과 행동이 다른 '위선적인' 모습을 보여주었다. 노동자, 민중의 입장에서 보면, 신자유주의적 재벌체제에서 수구 보수세력과 자유주의 보수세력은 큰 차이가 없었다. 수구세력은 파쇼적 재벌체제에서는 지배계급의 주도분파로서, 그리고 신자유주의적 재벌체제에서는 지배계급의 하위분파로서 재벌체제를 드러내놓고 옹호했지만, 자유주의세력은 신자유주의적 재벌체제에서 지배계급의 하위분파로서 재벌 주도의 경제적 방식에 가려져 두드러지게 드러나지 않았을 뿐이다.

신자유주의적 재벌체제 20여 년 동안 쌓인 노동자, 민중의 고통과 분노는 2014년 세월호 참사 때부터 터져 나오기 시작했다. 이때 시작된 촛불시위는 보수야당인 새정치민주연합과 진보정당, 그리고 노동운동세력이 노동자, 민중의 분노와 자발적 행동을 제대로 조직하지 못하면서 오히려 박근혜 정권이 지방선거와 보궐선거에서 우세하자 촛불항쟁으로 발전하지 못하고 수그러들었다. 그러나 노동자, 민중의 억눌린 분노는 2년 뒤인 2016년 박근혜–최순실 국정농단 사태를 계기로 폭발적으로 터져 나와 '촛불혁명'으로 발전했다.

2014년 4월 16일 단원고 수학여행 학생들을 주로 태운 제주도행 세월호가 진도 앞바다에서 침몰했다. 사망자 304명, 실종자 10명, 구조 0명의 대참사가 일어났다. 세월호 참사의 원인은 2019년 현재 아직도 규명되지 않았다. 박근혜 정권 때는 물론이고 문재인 정권하에서도 자유한국당 등 수구세력의 방해와 저지로 진상조사와 원인 규명 작업이 본궤도에 오르지 못하고 있다. 세월호 참사는 후진국형 대형 인명사고였다. 1993년 서해훼리호 사건(292명 사망), 1995년 삼풍백화점 붕괴사고(500여 명 사망) 등과 유사하다. 근본적인 원인이 이윤추구라는 자본주의 원리와 안전문제를 도외시한 자본가의 탐욕에서 비롯되었다는 점에서도 그렇다. 또한 해상운송이라는 공공서비스나 대형백화점 등 안전점검이 필수인 영역에 대한 정부의 안전관리 부실이 또 하나의 원인이었다는 점에서도 유사했다. 그러나 세월호 참사는 유사한 다른 사고보다도 온 국민에게, 그리고 전 사회적으로 훨씬 더 충격적이고 강한 영향을 미쳤다. '사회적 울분장애'를 가져왔고 재벌을 대변하는 수구언론조차 '국가개조'를 주장하지 않을 수 없게 만들었다. 그 이유는 첫째, 250여 명의 어린 고등학생이 주된 희생자였기 때문이다. 둘째, 사고과정과 구조과정에서 신자유주의적 재벌체제가 안고 있는 모든 문제가 그대로 드러났기 때문이다. 해상운송이라는 공공서비스 영역에서 자본의 극단적인 이윤추구(안전을 도외시한 불법 개조, 선장을 포함한 선원 다수의 비정규직 고용, 안전장비 미비와 안전교육 무시 등), 운송여객의 안전을 담보해야 할 관리감독기관들이 자본과 결탁해 공적 역할을 방기한 점('해피아'), 사고 후 구조과정에서 정부 관료들의 무책임과 무능 및 관료적 태도(대통령부터 말단 공무원까지), 언론의 거짓보도 등이 그것이다. 셋째, 박근혜 정권이 2014년 들어 경제침체와 청년실업을 핑계로 재벌을 위한 전면적인 '경제살리기'에 나서면서 그 핵심수단으로 규제완화와 민영화, 즉 자본의 이윤활동의 자유를 대폭 확대하는 신자유주의 정책을 더욱 강화했기 때문이다.

세월호 참사에 분노한 노동자, 민중, 시민들은 자발적으로 촛불시위에 나섰다. 단원고가 위치한 안산에서 세월호 유가족과 안산시민(주로 노동자)에 의해 시작된 촛불시위는 전국 각지로 빠르게 확산했다. 박근혜 정권은 악덕 개인들(선장과 선원들, 그리고 선주 세모그룹 유병언 회장)과 집단들(해피아)을 희생양 삼아 넘어가려 했고, 촛불시위를 좌파세력·불순한 정치세력(야당)의 정치적 악용이라는 거짓선전으로 몰아붙였다. 국민의 분노가 광범하고 깊었기 때문에 박근혜 정권의 그런 시도는 모두 수포로 돌아갔다. 하지만 노동자, 민중의 광범한 분노와 자발적 행동에도 불구하고 그런 '분노의 에너지'를 정치적으로 조직할 정치세력이 없었다. 보수야당인 새정치민주연합은 오로지 6.4지방선거에서의 득실관계라는 관점에서 '어부지리'를 노리며 적극 나서지 않고 관망했다. 통진당, 정의당 등 '진보정당'은 2011~2012년 총선·대선 국면에서 통진당 사태로 정치적으로 괴멸되면서 영향력을 상실했으며, '야권연대'에 매달려 정세에 전혀 영향을 미치지 못했다. 촛불시위는 6.4지방선거와 7.30보궐선거에서 '박근혜정권 심판론'을 내세운 야당(새정치민주연합)의 '사실상 패배'로 더 이상 촛불항쟁으로 발전하지 못하고 정치적으로 좌절되었다. 새정치민주연합은 6.4지방선거를 앞두고 국민의 분노 정서에 편승해 '세월호 심판론'만 내세울 뿐 뚜렷한 대안을 제시하지 못하고, 국민의 분노를 조직화하려는 노력도 기울이지 않았다. 그 결과가 6.4지방선거의 '사실상 패배'였다. 7.30국회의원보궐선거에서 새누리당은 15석 중 11석을 획득함으로써 '압승'했고, 새정치민주연합은 '참패'했다.

세월호 참사 직후에 '정권심판론'으로 치러진 지방선거와 재보궐선거에서 야당이 '사실상 패배'함에 따라 정치적 위기를 벗어난 박근혜 정권은 '경제살리기'를 앞세워 노동 유연화를 위한 '노동개혁'을 중심으로 한 4대 부문 구조조정을 파쇼적 방식으로 강행했다. 박근혜 정권의 파쇼적인 구조조정 공세에 맞서 민주노총을 중심으로 한 노동운동은 정면으로 맞섰다. 민주노총은 2015년 초부터 "노동개악"(노동개혁)을 강행하는 박근혜 정권 퇴진투쟁을 전개했다. 또한 2015년 하반기 민주노총은 총파업투쟁과 농민, 빈민 등 민중과 함께 '민중총궐기투쟁본부'를 결성해 박근혜 정권의 파쇼적 공세에 투쟁으로 맞섰다. 2015년 11월 제1차 총궐기대회에서 백남기 농민이 경찰의 물대포에 의해 사망한 사건은 이후 대중투쟁의 주요 동력으로 작용했다. 노동자, 민중의 완강한 대중투쟁이 2016년 4.13 20대 총선에서 박근혜 정권과 새누리당에 대한 심판과 야당의 압승을 가져와 정세를 반전시켰다. 박근혜 정권이 경제위기에 대한 대응으로 재벌의 요구를 그대로 받아들여 노동개악과 파쇼적 공세를 강행할 때 더불어민주당 등 자유주의 보수야당들은 동요하거나 야합하는 모습을 보였다. 이렇게 무기력하고 분열된 보수야당들은 안철수의 국민의당 주도로 '중도보수' 경쟁을 벌이며 정치적으로는 더욱 우경화되었다. 이는 당시 미국 대선에서 비주류인 민주당의 버니 샌더스와 공화당의 트럼프가 돌풍을 일으키는 등 세계적으로 사회 양극화가 정치적 양극화로 나타났던 것과는 대조적이었다.

　노동자, 민중은 4.13총선에서 기득권 보수양당인 새누리당과 더불어민주당을 모두 심판했다. 우선적으로는 새누리당을 참패시켜 여소야대 국회(더불어민주당 123석, 새누리당 122석, 국민의당 38석, 정의당 6석, 무소속 11석)를 구성함으로써 박근혜 정권과 새누리당을 심판했다. 동시에 더불어민주당은 호남에서 참패하고 전국 정당지지율 2위를 국민의당에 빼앗김으로써 더불어민주당도 노동자, 민중에 의해 심판되었다. 4.13총선에서 'N포세대'로 고통받는 20대 청년의 투표율이 2012년 19대 총선 때보다 13%포인트 높아졌고, 이들은 야권에 몰표를 행사했다. 이런 변화는 2016년 말 촛불항쟁에 젊은 세대가 적극 참여하는 것으로 발전했다. 4.13총선에서 노동자, 민중, 그리고 중산층이 박근혜정권과 새누리당을 심판해 여소야대 국회를 구성한 것은 하나의 대반전이었다. 지배계급의 주류인 재벌과 박근혜정권은 4.13총선에서 야권분열을 지렛대로 새누리당의 압승과 더불어민주당의 참패를 기대하고 총선 후 더불어민주당을 해체하는 정계개편까지 꿈꾸었기 때문이다. 이른바 '진보정당'세력은 4.13총선에서 19대 총선 때보다 더 후퇴했다. 19대 총선에서 정당투표 11.9%(통합진보당 10.3%, 진보신당 1.1%, 녹색당 0.5%)를 얻었는데, 20대 총선에서는 정당투표 9.0%(정의당 7.2%, 녹색당 0.8%, 민중연합당 0.6%, 노동당 0.4%)를 얻었다. 2012년 총선과 대선 국면에서 '통합진보당' 사태로 노동자 정치세력화가 자멸적으로 실패한 후 '진보정당'은 노동자, 민중의 신뢰를 회복하지 못했기 때문이다. 따라서 4.13총선에서 노동자, 민중 등 국민이 보수양당을 심판했음에도 불구하고 이후 정치지형은 크게 달라지지 않았다.

한편, 미국은 정치적으로 무기력한 박근혜 정권을 압박해 2016

년 2월 개성공단 폐쇄에 이어 7월 주한미군에 사드(THAAD; 고고도미사일방어) 배치 결정, 11월 한·일 군사정보보호협정(지소미아; GSOMIA) 체결을 일방적으로 관철했다. 한국을 대중국 포위공세의 일환인 미·일·한 군사동맹체제에 편입시키려는 것이었다.

이때 수구세력의 한 분파는 19대 대선에서 수구세력의 정권재창출을 위해 박근혜-김기춘 등 집권파를 제거한 수구세력 개혁을 추진한다며 박근혜-최순실 국정농단 사실을 2016년 7월 폭로하기 시작했다. 그러나 '박근혜-최순실 게이트'는 수구세력의 의도대로 제한된 범위에 그치지 않고 전방위적으로 폭로되었다. 9월부터 '박근혜-최순실 게이트'는 '박근혜-최순실-재벌 게이트'로 확대되었다. 10월 24일 JTBC가 국정농단을 적나라하게 드러낸 최순실 태블릿 PC를 보도하자, 세월호 사태에도 불구하고 억눌렸던 노동자, 민중의 분노는 폭발했다. 10월 29일 민중총궐기투쟁본부 주최로 5만 명의 촛불시위가 시작되었다. 촛불시위가 순식간에 촛불항쟁으로 발전하자 2차 촛불집회인 11월 5일부터는 1,533개 시민사회단체가 참여한 '박근혜정권 퇴진 비상국민행동'(약칭 '퇴진행동')이 집회를 주관했다. 11월 12일 민중총궐기투쟁본부의 2차 민중총궐기투쟁과 동시에 개최된 3차 촛불집회는 1987년 6월 민주항쟁 이후 최대 인원인 100만 명이 참가했다. 3월 10일 헌법재판소가 박근혜의 탄핵을 만장일치로 결정할 때까지 19차에 걸친 촛불집회에 연인원 1,580만 명이 참가했다. 탄핵 결정 이후 4월 29일 23차까지의 촛불집회에 연인원 1,685만 명이 참가했다. '퇴진행동'은 5월 24일 해산했다.

촛불시위가 순식간에 거대한 횃불로 타올라 촛불항쟁으로 발전하는 과정에서 제도정치권 야당은 정의당을 포함해 모두 초기에 '질서 있는 퇴진'론을 주장했다. 문재인 더불어민주당 전 대표가 11월 20일 "대통령의 명예로운 퇴진에 협력하겠다"고 발언한 데서 드러나듯이, 자유주의 보수세력은 보수양당체제에서 '그들만의 리그'로 '박근혜-최순실-재벌 국정농단' 사태를 해결하려고 했다. 그러나 '촛불혁명'이라 부를 정도의 폭발적인 민심은 제도정치권의 그런 '망상'을 날려버렸다. 촛불항쟁 과정에서 제도권 야당은 촛불항쟁의 주체로 참여한 게 아니라 촛불민심에 떠밀려갔다. 새누리당조차 촛불민심에 떠밀려 일부(비박계)가 박근혜 탄핵에 찬성했고, 결국 탈당해 '바른정당'을 창당했다. 이처럼 박근혜의 탄핵과 구속은 제도정치권의 구상이 아니었다. 5개월 동안의 거대한 촛불항쟁이 제도권 야당, 국회, 사법부 등 국가기구를 압박해 쟁취한 것이었다. 촛불민심에 어긋나는 제도권의 저항이 느껴질 때마다 촛불은 더 밝게 켜졌다. 추위도, 눈보라도, 비도, 연말연시라는 한계도 촛불시민의 적폐청산과 기득권체제 개혁의 뜨거운 열망을 가로막지 못했다. 촛불항쟁은 2017년 2월 17일 신자유주의적 재벌체제의 정점에 있는 삼성그룹의 사실상 총수인 이재용 부회장을 구속시켰다. "재벌도 공범이다"는 광장의 외침처럼 삼성, SK, 롯데 등 주요 재벌그룹은 박근혜-최순실 국정농단을 활용해 자신들의 숙원사업을 해결했다. 박근혜-최순실 게이트의 실체는 바로 재벌의 '금권정치'였다. 촛불항쟁이 신자유주의적 재벌체제의 핵심문제를 제기한 셈이다.

2016년 11월 광화문 촛불집회. 국정농단 규탄, 박근혜 대통령 퇴진 촛불집회에
연인원 1,600여만 명이 참석했다. 사진 김용욱

촛불항쟁의 가장 큰 성과는 시민의 각성과 이데올로기 지형의 변화였다. 촛불시민은 짧은 기간에 수백만이 결집하고, 그 과정에서 박근혜–최순실 게이트가 단지 박근혜 일당 몇몇을 구속, 처벌하는 문제가 아님을 깨닫게 되었다. 1945년 해방 이후 70년 동안 쌓인 적폐를 청산하고 기득권체제를 개혁하는 것이 문제라는 정치적 자각에 이르렀다. 친일–독재–부패세력의 인적 청산과 신자유주의적 재벌체제의 파쇼적 요소(박정희체제의 유산)와 신자유주의적 반노동자·민중, 친재벌의 제도와 정책 등을 청산하는 제도개혁을 통해 '진짜 민주주의', '노동자, 민중, 시민이 주인되는 민주공화국'을 만들자는 요구로 발전했다. 특히 '헬조선'의 '흙수저'라고 자조하던 10대,

20대, 30대의 젊은 세대가 촛불항쟁의 주역으로 등장했다. 이런 광범한 시민적 자각은 한국 이데올로기 지형의 지각변동을 예고했다. 1987년 민주항쟁과 노동자대투쟁이 쟁취한 민주화의 한계로 인해, 그리고 1997년 IMF사태로 신자유주의적 재벌체제로 전환된 이후 한국의 이데올로기 지형은 오히려 보수화되었다. 자유주의 보수세력(김대중, 노무현 정권)이 집권해 신자유주의적 재벌체제로 전환되면서 민주-반민주 구도는 해체되었다. 그 대신 새누리당 같은 수구세력이 '보수세력'으로, 더불어민주당 같은 자유주의 보수세력이 '진보세력'으로 둔갑해 왜곡된 '진보-보수' 구도가 자리 잡았다. 이런 이데올로기 지형에서 민주노총이나 민주노동당 등 진정한 진보세력은 '극좌'나 '종북좌파' 정도로 매도되었다. 촛불항쟁은 이런 보수화된 이데올로기 지형을 획기적으로 바꿀 수 있는 전기를 마련했다. 촛불항쟁은 수구세력을 주변화하고 자유주의 보수세력을 보수세력으로 자리매김하며 노동자·민중이 정치세력화를 통해 진정한 진보세력으로 등장할 수 있는 계기를 마련했다.

촛불항쟁은 박근혜의 탄핵과 구속 후 2017년 5월 9일 19대 대선을 통해 더불어민주당으로 정권을 교체해 문재인 정권을 탄생시킴으로써 1단계 마무리되었다. 이런 촛불항쟁을 '촛불혁명'이라 부를 수 있는가? 부를 수 있다. 촛불항쟁의 밑바닥에는 신자유주의적 재벌체제 20년 동안의 노동자, 민중의 생활 파탄이 자리 잡고 있다. 그 바탕 위에서 2014년 세월호 사태 이래 정부의 무능과 무책임에 대한 정치적 불만과 분노가 박근혜-최순실-재벌 게이트를 계기로 폭발했기 때문에 정치혁명의 성격을 띠었다. '모든 권력은 국민으로부터 나온다'는 주권의식, '진짜 민주주의', '새로운 민주공화국' 등에 대한 요구와 열망은 이번 촛불항쟁이 다음과 같이 급진민주주의 혁명의 성격을 가짐을 보여준다. 첫째, 1987년 민주항쟁으로 형식적 민주주의가 갖춰진 상태에서 '진정한 민주주의', '실질적 민주주의'를 요구하는 민주주의 혁명이므로 '급진민주주의 혁명'이었다. 대의민주주의라는 형식적 민주주의체제에서 일어난 국정농단과 부정부패였기 때문에 대의민주주의를 넘어선 직접민주주의의 도입을 요구한 것이다. 이는 국가권력의 분권화와 각종 국가기구에서 국민선출제, 국민소환제, 국민발안제 등의 요구로 제기되었다. 둘째, 박정희체제(파쇼적 재벌체제)의 유물인 파쇼적 국가기구(국정원, 검찰, 경찰 등)의 청산과 개편 요구라는 점에서도 급진민주주의 혁명이었다. 특히 노동기본권의 완전한 보장을 요구하는 점에서 그러했다. 셋째, 극단적인 신자유주의 제도와 정책의 수정을 요구하는 점에서는 사회개혁적 성격도 포함하고 있는 급진민주주의 혁명이었다. 따라서 촛불혁명은 박근혜의 탄핵과 구속, 그리고 정권교체로 끝난 것이 아니다. 박근혜 정권의 퇴진과 정권교체는 촛불혁명의 끝이 아니라 시작이다. 이런 맥락에서 보면, 촛불혁명은 진행 중인 혁명이다.

촛불항쟁 과정에서 노동자, 민중운동의 역할은 매우 컸다. 2015년부터 박근혜 정권의 파쇼적 탄압과 구조조정 공세에 맞서 민주노총을 중심으로 한 노동자, 민중운동은 총파업투쟁과 민중총궐기투쟁 등 완강한 투쟁을 벌였고, 민중총궐기투쟁본부가 1차 촛불집회를 시작함으로써 촛불항쟁의 '마중물 역할'을 했다. 백남기 농민의 죽음, 한상균 민주노총 위원장을 포함한 수많은 노동자들의 구속과 같은 희생이 촛불항쟁의 밑거름이 되었다. 예컨대, 이번 촛불항쟁의 중요한 특징 중의 하나로 이야기되는 '평화시위' 기조는 백남기 농민의 물대포 살해사건으로 노동자·민중의 투쟁과 여론의 공세 때문에 수세에 몰린 경찰이 촛불항쟁 초기에 강압적인 폭력진압으로 나설 수 없었던 데서 가능했다. 경찰이 폭력적으로 진압했다면, 노동자·민중은 당연히 대항폭력으로 맞섰을 것이고, 폭력시위로 발전했을 것이다. 신자유주의 세계화로 인한 사회 양극화에 맞선 전 세계 노동자, 민중의 투쟁이 선진국, 제3세계 가릴 것 없이 공통으로 폭력진압에 맞서 폭력시위로 나타나고 있듯이 말이다. 이처럼 민주노총을 중심으로 한 노동운동이 촛불항쟁의 촉발과 진행 과정에서 주도적 역할을 했음에도 불구하고 노동운동은 촛불항쟁 과정에서 기층 조합원들을 정치적으로 활성화하는 데 큰 한계를 드러냈다. 촛불항쟁에 참여한 미조직 시민들이 참여과정을 통해 정치적으로 각성하고 활성화된 점에 비추어 볼 때, 노동운동은 촛불항쟁을 조합원들의 정치적 활성화와 이를 바탕으로 지역의 미조직 시민들에 대한 정치적 영향력을 확대함으로써 독자적인 정치세력화의 토대를 쌓을 수 있었는데, 그런 기회를 놓쳤다.

객관적으로 보면, 이번 촛불항쟁은 계급 간 세력관계에서 반전의 계기를 마련했다. 지배계급 내 세력관계에서 노동자, 민중의 숨통을 죄어오던 수구세력인 박근혜 정권을 끌어내리고 자유주의 보수세력으로 정권을 교체함으로써 노동자, 민중이 사회적, 정치적으로 진출할 수 있는 공간을 열어놓았다. 다만 정권교체 자체가 계급 간 세력관계의 변화를 가져온 것은 아니다. 신자유주의적 재벌체제에서는 재벌이 주도분파이고 수구세력이든 자유주의 보수세력이든 정치적 지배세력은 하위파트너이기 때문이다. 따라서 촛불항쟁이 계급 간 세력관계의 변화를 가져와 '헬조선'을 변혁하는 문제는 다시 촛불시민, 즉 노동자·민중에게 달려 있지, 집권한 자유주의 보수세력에 달려 있지 않다. 무엇보다도 중요한 것은 촛불항쟁이 비교적 장기간에 걸쳐 진행되었고, 그 과정에서 촛불집회 참여 여부와 관계없이 광범한 시민의 정치적 각성의 계기가 되었다는 점이다. 이 점만으로도 촛불항쟁은 이후 발전할 수 있는 싹을 틔웠다고 할 수 있다. 특히 젊은 세대에게 '촛불혁명'의 가능성과 자신감을 뿌리내렸다. 박근혜 퇴진과 정권교체 직후 각 직장, 부문, 지역에서 벌어진 적폐청산운동, 즉 '미투운동', '갑질문화' 근절운동 등과 검찰개혁, 언론개혁, 정치개혁 등 각종 사회개혁 요구가 광범하게 나타나고 있는 점이 이를 잘 보여준다. 또한 노동계급 내에서도 젊은 세대를 중심으로 한 비정규 노동자 등 미조직 노동자의 광범한 조직화 흐름은 20만 명이 넘는 신규조합원의 민주노총 가입으로 나타났다. 이런 작은 변화들은 앞으로 다가올 한국사회의 대변혁, 즉 '촛불혁명'의 거대한 발전을 예고한다.

다른 한편으로, 촛불항쟁 이후 남북분단의 한반도 정세가 역사적인 전환기에 들어서고 있다. 이는 남한에서의 촛불항쟁, 그리고 세계자본주의의 제4차 구조위기가 장기화, 심화하는 세계정세와는 상대적으로 독립적인 북미대결의 역사적 과정 자체의 발전에 따른 것이었다. 북한은 2017년 9월 3일 제6차 핵실험, 11월 29일 ICBM급 화성 15호 미사일 시험발사에 성공함으로써 미국 본토에 도달할 수 있는 핵미사일 개발을 거의 '완성'했다. 이것이 '게임 체인저'가 되어 2018년부터 북미 비핵화 협상 국면이 열렸다. 이로써 한반도의 70년 역사를 규정해온 분단체제가 해체되기 시작했다. 물론 지난 70년간의 적대적인 북미관계가 비핵화 협상을 통해 하루아침에 개선되고 분단체제가 한반도 평화체제로 전환되기는 어렵겠지만, 많은 우여곡절을 통해 결국 그런 방향으로 갈 수밖에 없을 것이다.

이처럼 촛불항쟁 이후 한국사회는 진행 중인 '촛불혁명'이라는 내부의 대변혁과, 분단체제의 평화체제로의 이행이라는 한반도 정세의 역사적인 대전환, 그리고 세계자본주의의 제4차 구조위기의 심화, 확대라는 세계사적인 대격변 등 삼중의 역동적 대변혁의 시대를 맞이하고 있다. 이런 대변혁의 시대에 한국사회의 미래를 개척하고 헤쳐 나가는 과제는 다시 우리 노동자, 민중의 어깨에 올려져 있다.

마치며

한국자본주의의 역사는 이 땅에 사는 노동자, 민중의 계급투쟁 역사였다.

한국사회가 역사적인 매 시기에 해결해야 했던 시대적 과제—조선 후기와 대한제국 시기 봉건제의 해체와 근대로 이행하는 과제, 19세기 말부터의 제국주의의 침략 공세에 맞선 자주독립의 과제, 일본 제국주의의 식민지로 전락한 후 반제 민족해방의 과제, 해방 후 분단을 극복하고 친일세력 및 봉건적 지주제를 청산하는 민족통일과 민주주의 혁명의 과제, 이승만 독재정권에 맞선 민주화 과제, 박정희에서 전두환으로 이어지는 박정희체제(파쇼적 재벌체제)를 극복하는 과제, 1997년 IMF 사태 이후의 신자유주의적 재벌체제를 극복하는 과제 등—를 해결하기 위해 이 땅의 노동자, 민중은 한국사회와 역사의 주인으로서 계급투쟁으로 맞서왔다.

한국자본주의의 역사는 동학농민전쟁, 의병전쟁, 3.1운동, 지하적색노조/농조운동과 만주항일무장투쟁, 해방공간 전평의 총파업투쟁, 4.19혁명, 부마항쟁과 광주민중항쟁, 1987년 6월 민주항쟁과 7~9월 노동자대투쟁, 그리고 2016~2017년 촛불혁명 등 역사의 주요 고비마다 거대한 계급투쟁으로 한국사회와 역사의 주인이 노동자, 민중임을 거듭 보여주었다. 그리고 이런 노동자, 민중의 투쟁과 희생이 현재 한국사회의 민주주의와 경제발전을 실제로 이룩해왔다.

외세인 제국주의 세력은 물론이고, 이 땅의 지배계급은 수탈과 초과착취, 그리고 이를 관철하기 위한 정치적 억압과 지배로 일관해 왔다. 또한 조선 말기 제국주의의 침략이 본격화될 때부터 최근의 1997년 미 제국주의와 초국적 자본세력의 경제적 침략인 IMF 사태에 이르기까지 이 땅의 지배계급은 외세인 제국주의에 맞서 저항하기보다는 투항해 자신의 지배권력을 유지하기에 급급했다.

일제 강점기 때 식민지 자본주의로 시작된 한국자본주의는 해방 후의 원조경제를 거쳐 패권국가인 미국의 제3세계 전략의 변화에 따라 박정희 군사정권 때 급속한 자본주의적 산업화를 이룩했다. 박정희 군사정권은 파쇼적 통치를 통해 저임금－장시간노동체제에 기초한 재벌체제를 형성했고, 이 재벌체제는 전두환 군사정권 때 완성되었다. 이것이 '파쇼적 재벌체제'다.

1987년 6월 민주항쟁과 7~9월 노동자대투쟁의 거대한 계급투쟁은 계급 간 세력관계를 변화시켜 '파쇼적 재벌체제'를 해체했다. 그 이후 한국사회와 경제의 미래 방향을 놓고 1997년 IMF 사태 때까지 격렬한 계급투쟁이 벌어졌다. 이 10년간의 계급투쟁에서 노동자, 민중이 결국 패배함으로써 한국경제는 미국과 초국적 자본세력의 주도로 '신자유주의적 재벌체제'로 재편되었다. 이 과도기 또는 이행기 동안 지배계급 내 세력관계는 군사독재로 상징되는 국가 우위에서, 재벌 우위로 재편되었다. '신자유주의적 재벌체제'는 미국과 초국적 자본세력의 압력 하에서 자유주의 보수정권인 김대중, 노무현 정권에 의해 한국사회에 정착되었다. 그리고 한국경제는 한국계 초국적 자본인 재벌이 주도하는 내외 초국적 자본세력에 의해 지배되었다. 재벌의 '금권정치'에 의해 주도되는 '신자유주의적 재벌체제'는 '재벌공화국'으로 부르는 재벌독재체제로 나타났다. 재벌독재체제 20년의 결과가 극단적인 사회 양극화로 요약되는 '헬조선'이다. 그리고 이 '헬조선'에서 '흙수저'들이 일으킨 반란이 '촛불혁명'이다.

이제 한국사회는 세계사적 차원, 한반도 차원, 그리고 한국사회 내부 차원이라는 삼중의 역사적 대변혁기를 맞이하고 있다. 한국사회의 앞날은 우리 노동자, 민중의 계급투쟁에 달려 있다. 우리 노동자, 민중이 바로 한국사회다.

[참고문헌]

1장

마르크스. 김수행 옮김. 2015. 『자본론』 1권. 비봉출판사.

박승호. 2015. 『좌파 현대자본주의론의 비판적 재구성(2판)』. 한울.

W. Z. 포스터. 정동철 옮김. 1986. 『세계노동운동사 1』. 백산서당.

홉스봄. 김동택 옮김. 1998. 『제국의 시대』. 한길사.

2장

역사학연구소. 2016. 『함께 보는 한국근현대사(개정판)』. 서해문집.

홉스봄. 김동택 옮김. 1998. 『제국의 시대』. 한길사.

홉스봄. 이용우 옮김. 1997. 『극단의 시대: 20세기의 역사』. 까치.

3장

공제욱. 1993. 『1950년대 한국자본가연구』. 백산서당.

공제욱·조석곤 공편. 2005. 『1950~1960년대 한국형 발전모델의 원형과 그 변용 과정』. 한울.

김양화. 1984. 「1950년대 미국의 대한원조와 한국의 자본축적」, 『노동복지협의 회 연구논총』.

브루스 커밍스. 김동노·이교선·이진준·한기욱 옮김. 2001. 『브루스 커밍스의 한 국현대사』. 창비.

송종래 외. 2004. 『한국노동운동사 4: 정부수립기의 노동운동 1948~1961』. 지식마당.

암스트롱 외. 1993. 『1945년 이후의 자본주의』. 동아출판사.

역사학연구소. 2016. 『함께 보는 한국근현대사(개정판)』. 서해문집.

정진상. 2000. 「한국전쟁과 전근대적 계급관계의 해체」, 『한국전쟁과 한국자본주의』. 한울.

홉스봄. 이용우 옮김. 1997. 『극단의 시대: 20세기의 역사』. 까치.

4장

공제욱·조석곤 공편. 2005. 『1950~1960년대 한국형 발전모델의 원형과 그 변용과정』. 한울.

김기원. 2002. 『재벌개혁은 끝났는가』. 한울.

김수행·박승호. 2007. 『박정희 체제의 성립과 전개 및 몰락: 국제적·국내적 계급관계의 관점』. 서울대학교출판문화원.

김정렴. 1990. 『한국경제정책 30년사-김정렴회고록』. 중앙일보사.

김진업 편. 2001. 『한국자본주의 발전모델의 형성과 해체』. 나눔의 집.

동일방직복직투쟁위원회 엮음. 1985. 『동일방직 노동조합 운동사』. 돌베개.

박근호. 김성칠 옮김. 2017. 『박정희 경제신화 해부-정책 없는 고도성장』. 회화나무.

박승호. 2015. 『좌파 현대자본주의론의 비판적 재구성(2판)』. 한울.

박승호. 2015. 『21세기 대공황의 시대』. 한울.

박영대. 2013. 「한국의 1980년대 초반 외채위기 극복요인에 관한 연구: '신냉전'의 영향을 중심으로」. 서울대학교 사회학과 석사학위논문.

배긍찬. 1999. 「1970년대 전반기의 국제환경 변화와 남북관계」, 『1970년대 전반기의 정치사회변동』. 백산서당.

서관모. 1987. 「한국사회 계급구성의 연구」. 서울대학교 사회학과 박사학위논문.

역사학연구소. 2016.『함께 보는 한국근현대사(개정판)』. 서해문집.

이병천 엮음. 2003.『개발독재와 박정희시대』. 창비.

이완범. 1999.「제1차 경제개발5개년계획의 입안과 미국의 역할」,『1960년대의 정치사회변동』. 백산서당.

이원보. 2004.『한국노동운동사5 —경제개발기의 노동운동/1961-1987』. 지식마당.

이종보. 2010.『민주주의 체제하 '자본의 국가 지배'에 관한 연구』. 한울.

이태호. 1984.『불꽃이여 이 어둠을 밝혀라: 70년대 여성노동자의 투쟁』. 돌베개.

전 YH 노동조합·한국노동자복지협의회 엮음. 1984.『YH 노동조합사』. 형성사.

정성진. 2005.『마르크스와 한국경제』. 책갈피.

한국사회과학연구소. 1998.『다이어그램 한국경제(개정판)』. 의암출판.

한국정신문화연구원 편. 1999.『1970년대 전반기의 정치사회변동』. 백산서당.

한국정신문화연구원 편. 1999.『1970년대 후반기의 정치사회변동』. 백산서당.

한국정신문화연구원 편. 1999.『1960년대 한국의 공업화와 경제구조』. 백산서당.

한국정신문화연구원 편. 1999.『1960년대의 정치사회변동』. 백산서당.

한국정신문화연구원 편. 1999.『1960년대의 사회변화연구: 1963~1970』. 백산서당.

5장

김금수. 2004.『한국노동운동사 6—민주화 이행기의 노동운동/1987-1997』. 지식마당.

김창우. 2007.『전노협 청산과 한국노동운동—전노협은 왜 청산되었는가』. 후마니타스.

김창우. 2018.「민주노총의 운동노선과 노동법 개정 총파업 투쟁, 1996~1998」. 한국학중앙연구원 한국학대학원 사회학 박사학위논문.

데이비드 맥낼리. 강수돌·김낙중 옮김. 2011. 『글로벌 슬럼프』. 그린비.

미셸 초스도프스키. 이대훈 옮김. 1998. 『빈곤의 세계화: IMF 경제신탁통치의 실상』. 당대.

박승호. 2015. 『좌파 현대자본주의론의 비판적 재구성(2판)』. 한울.

박승호. 2015. 『21세기 대공황의 시대』. 한울.

역사학연구소. 2016. 『함께 보는 한국근현대사(개정판)』. 서해문집.

이교관. 1998. 『누가 한국경제를 파탄으로 몰았는가』. 동녘.

이원보. 2004. 『한국노동운동사 5—경제개발기의 노동운동/1961~1987』. 지식마당.

이종보. 2010. 『민주주의 체제하 '자본의 국가 지배'에 관한 연구』. 한울.

이종보. 2017. 『삼성 독재—삼성권력 80년, 민주주의를 지배하다』. 빨간소금.

전태일을 따르는 민주노조운동연구소. 1997. 『경제 대공황과 IMF 신탁통치』. 한울.

정구현 외. 2008. 『한국의 기업경영 20년』. 삼성경제연구소.

정성진 외. 2015. 『세계화와 한국의 축적체제 변화』. 한울.

지주형. 2011. 『한국 신자유주의의 기원과 형성』. 책세상.

최영기·김준·조효래·유범상. 2001. 『1987년 이후 한국의 노동운동』. 한국노동연구원.

6장

김기원. 2002. 『재벌개혁은 끝났는가』. 한울.

김용철. 2010. 『삼성을 생각한다』. 사회평론.

김유선. 2012. 「비정규직 규모와 실태」, 《한국노동사회연구소 이슈페이퍼 2012-6호》.

데이비드 맥낼리 저. 강수돌·김낙중 옮김. 2011. 『글로벌 슬럼프』. 그린비.

미국 국가정보위원회(NIC). 박동철 외 옮김. 2017. 『글로벌 트렌드 2035—진보의 역설』. 한울.

박승호. 2015. 『좌파 현대자본주의론의 비판적 재구성(2판)』. 한울.

박승호. 2015. 『21세기 대공황의 시대』. 한울.

유태환 외. 2008. 『양극화 시대의 한국경제: 노무현 정부의 경제정책에 대한 평가』. 후마니타스.

이병천 조원희 편. 2001. 『한국경제, 재생의 길은 있는가』. 당대.

이종보. 2010. 『민주주의 체제하 '자본의 국가 지배'에 관한 연구』. 한울.

이종보. 2017. 『삼성 독재—삼성권력 80년, 민주주의를 지배하다』. 빨간소금.

정구현 외. 2008. 『한국의 기업경영 20년』. 삼성경제연구소.

정성진 외. 2015. 『세계화와 한국의 축적체제 변화』. 한울.

조돈문. 2011. 「비정규직 노동자 실태와 비정규직 투쟁」, 《한국비정규노동센터 이슈페이퍼 2011-01》.

지주형. 2011. 『한국 신자유주의의 기원과 형성』. 책세상.

홉스봄. 이용우 옮김. 1997. 『극단의 시대: 20세기의 역사』. 까치.

7장

강소연 외. 2013. 「국내 상장기업 배당정책: 평가와 시사점」, 《자본시장연구원 이슈&정책(13-10)》.

김민창. 2019. 「최근 20년간 총국민소득 대비 가계 및 기업소득 비중 추이와 시사점」, 《지표로 보는 이슈 제136호 2019년 4월 22일》(국회입법조사처).

김우진·임지은. 2017. 「한국 기업의 자사주 처분 및 소각에 관한 실증연구」, 《한국증권학회지》 46권1호.

김유선. 2015. 『한국의 노동 2016』. 한국노동사회연구소.

김유선. 2017a. 「노동시간 실태와 단축 방안」, 《한국노동사회연구소 이슈페이퍼 2017-2호》.

김유선. 2017b. 「한국의 청년 니트 특징과 경제적 비용」, 《한국노동사회연구소 이슈페이퍼 2017-10호》.

김유선. 2017c. 「통계청 마음 내키는 대로 줄어드는 한국의 노동시간」, 《한국노동사회연구소 이슈페이퍼 2012-13호》.

김유선. 2018. 「비정규직 규모와 실태」, 《한국노동사회연구소 이슈페이퍼 2018-16호》.

김유선. 2019. 「한국 노동시장의 구조와 쟁점」, 《한국노동사회연구소 이슈페이퍼 2019-4호》.

김유선·박관성. 2018. 「대기업 비정규직 규모」, 《한국노동사회연구소 이슈페이퍼 2018-12호》.

여유진. 2019. 「한국의 노인빈곤과 노후소득보장」, 《보건복지 ISSUE & FOCUS 제364호》(2019. 7. 1)(한국보건사회연구원).

위평량. 2018a. 「재벌로의 경제력 집중: 그 동태적 변화와 정책적 시사점」, 《경제개혁연구소 경제개혁리포트 2018-02호》(2018. 2. 19).

위평량. 2018b. 「한국 500대 기업의 동태적 변화 분석과 시사점(1998~2017)」, 《경제개혁연구소 경제개혁리포트 2018-08호》(2018. 8. 29).

이한득. 2012. 「국내 기업 배당지급 여력 낮다」, 《LG Business Insight 2012. 5. 2》.

정병기·도묘연·김찬우. 2018. 『2016~17년 촛불집회: 민주주의의 민주화, 그 성격과 의미』. 영남대학교출판부.

한국자본주의 역사 바로 알기

2020년 2월 24일 초판 1쇄 발행
2021년 3월 2일 초판 3쇄 발행

지은이   박승호
기획   전국금속노동조합

편집   최인희
디자인   이경란
인쇄   도담프린팅
종이   타라유통

펴낸곳   나름북스
펴낸이   임두혁
등록   2010.3.16. 제2014-000024호
주소   서울 마포구 월드컵로 15길 67(망원동) 2층
전화   (02)6083-8395
팩스   (02)323-8395
이메일   narumbooks@gmail.com
홈페이지 www.narumbooks.com
페이스북 www.facebook.com/narumbooks7

ISBN 979-11-86036-52-5 03300
값 15,000원